21世纪市场营销立体化系列教材 编委会

主　任：万后芬（中南财经政法大学）

编　委：（以姓氏笔画排序）

丁桂兰（中南财经政法大学）　　田志龙（华中科技大学）

汤定娜（中南财经政法大学）　　张广玲（武汉大学）

杜兰英（华中科技大学）　　　　余序洲（中南民族大学）

陈志浩（中南财经政法大学）　　陈　涛（武汉科技大学）

周　玫（江西财经大学）　　　　黄　静（武汉大学）

景奉杰（华东理工大学）

21世纪市场营销立体化系列教材

New Product Management

新产品管理
（第二版）

⦿ 主　编　黄　静
　副主编　苏　婕　曹　源

华中科技大学出版社
http://www.hustp.com
中国·武汉

图书在版编目(CIP)数据

新产品管理/黄静主编.—2 版.—武汉：华中科技大学出版社，2020.1（2024.7 重印）
21 世纪市场营销立体化系列教材
ISBN 978-7-5680-5864-3

Ⅰ.①新… Ⅱ.①黄… Ⅲ.①产品管理-高等学校-教材 Ⅳ.①F273.2

中国版本图书馆 CIP 数据核字(2019)第 247240 号

新产品管理（第二版） 黄　静　主编
Xin Chanpin Guanli（Di-er Ban）

策划编辑：	陈培斌　周晓方
责任编辑：	苏克超
责任校对：	刘　竣
封面设计：	刘　卉
责任监印：	周治超
出版发行：	华中科技大学出版社（中国•武汉）　　电话：(027)81321913
	武汉市东湖新技术开发区华工科技园　　邮编：430223
录　　排：	华中科技大学惠友文印中心
印　　刷：	武汉开心印印刷有限公司
开　　本：	787mm×1092mm　1/16
印　　张：	15.75　插页：2
字　　数：	420 千字
版　　次：	2024 年 7 月第 2 版第 6 次印刷
定　　价：	49.80 元

本书若有印装质量问题，请向出版社营销中心调换
全国免费服务热线：400-6679-118　竭诚为您服务
版权所有　侵权必究

内容简介

　　本书从营销的视角描述对新产品开发整体活动过程的管理，即从新产品开发的基本要素、新产品实体开发的流程管理、新产品市场化的过程管理三大部分系统论述了新产品开发及营销的基本理论。新产品开发的基本要素包括成功开发新产品的关键要素识别、新产品开发风险管理、新产品开发组织的管理及新产品开发战略管理。新产品实体开发流程管理的内容包括新产品创意的构思、新产品构思筛选及新产品概念测试及实体开发。新产品市场化的过程管理包括新产品的市场化分析、新产品试销管理、新产品采用与扩散、新产品进入市场策略、新产品的市场化策略及新产品投放市场策略。

　　本书主要特色有三：使学习者能从营销与研发管理过程的整合、渗透中理解新产品开发管理理论体系，以我国企业新产品开发实践为主的案例分析将为学习者提供最直接的理论与实践指导，更注重新产品营销理论的操作性。本书既可作为高等院校市场营销、企业管理及相关专业的教材，也适合作为企业管理人员、营销人员、新产品开发人员、MBA学员学习新产品营销的培训教材。

总　序

　　在经济全球化背景下，随着市场经济的发展，一切面向市场的组织都必须投身于市场经济大潮之中，按照市场经济的规律，搞好自身的经营和管理。社会经济的这一发展趋势，使得会经营、懂管理、善策划的市场营销专业人才成为市场的宠儿，社会对市场营销专业人才的需求逐年递增。

　　市场营销专业是随着市场经济的发展而建立和不断发展起来的新兴专业，迄今为止，还不到100年的历史。随着营销实践的发展，市场营销的内涵及其对与之相关联的营销人才知识体系的要求也在不断发展和变更：市场营销已由单纯的销售产品实施过程发展到营销的战略和策划过程，由单纯的产品营销发展到品牌营销，由单纯的实物产品营销发展到服务产品的营销，由单纯的交易性营销发展到交易与关系相结合的全面营销，由单纯的微观营销发展到宏观与微观相结合的全方位营销。

　　从我国的情况来看，1978年开始引进市场营销课程，1992年才正式将市场营销专业列入本科招生目录。十几年来，随着社会对市场营销专业人才需求的增长，开设市场营销专业的院校已从最初的一部分综合大学、财经院校，发展到理、工、医、农、艺、体等各类院校，以及各类职业技术院校；人才培养的层次也由原来的本科、专科，发展到硕士、博士（重点院校自主招生或作为专业方向招生）层次。由此，我们抱着根据学科的发展及社会对市场营销专业人才的需要来重新规划营销人才培养体系，设计市场营销专业系列教材，为新型的市场营销专业人才的培养提供工具的目的，编著出版了这套"21世纪市场营销立体化系列教材"，并于2014年开始陆续对系列教材进行全面修订改版工作。

　　本系列教材的编著力求凸现如下特点。

　　第一，按照社会对营销人才知识体系新的要求设计系列教材。本系列教材既包括交易营销方面的理论和知识，又包括关系营销、服务营销、品牌营销、营销策划等方面的理论和知识。

　　第二，引进营销方面的最新的理论和成果。系列教材的作者在编著过程中，都力求吸收国内外的最新成果，体现营销发展的最新动向，力求教材内容上的创新。

　　第三，加强案例分析。教材的每章都以小案例导入，并配备了大量的本土案例加以说明，力求理论联系实际，学以致用。

　　第四，创新教材形式。本套教材拟以现代教育技术为支撑，为读者提供一套"纸质教材与电子课件、课程网络"相结合的新型的立体化教材。

本系列教材由从事多年本学科教学、在本学科领域内具有比较丰富的教学经验的教师担任各教材的主编,并由他们组成本系列教材的编委会,为读者提供以《市场营销学》、《国际营销学》、《市场研究理论与方法》、《消费者行为学》、《销售管理》、《广告管理》、《新产品管理》、《渠道管理》、《营销策划》、《品牌管理》、《服务营销》、《网络营销》、《商务沟通》为主体的系列教材。

在系列教材的写作过程中参考了大量的国内外最新研究和实践成果,各位编著者已尽可能在参考文献中列出,在此对这些研究者和实践者表示真诚的感谢。因为多方面的原因,如果有疏漏之处,作者表示万分歉意,并愿意在得知具体情况后予以纠正,在此先表示衷心的谢意。

编撰一套教材是一项艰巨的工作,由于作者的水平有限,本套书难免会有疏漏和谬误之处,真诚希望广大读者批评指正,不吝赐教。

2008 年 9 月 10 日
2019 年 11 月修订

目　录

第 1 章　新产品开发概述 .... (1)
1.1　新产品概述 .... (2)
1.2　新产品开发的趋势 .... (7)
1.3　成功开发新产品的关键 .... (12)
本章小结 .... (21)
思考题 .... (21)
案例研讨 .... (22)

第 2 章　新产品开发风险 .... (25)
2.1　新产品开发风险概述 .... (25)
2.2　新产品开发的风险因素 .... (29)
2.3　新产品开发风险的防范与补救 .... (34)
2.4　新产品开发风险防范的基础工作 .... (37)
本章小结 .... (40)
思考题 .... (41)
案例研讨 .... (41)

第 3 章　新产品开发组织 .... (43)
3.1　新产品开发组织概述 .... (44)
3.2　新产品开发团队 .... (51)
3.3　新产品开发人员的管理 .... (55)
本章小结 .... (60)
思考题 .... (61)
案例研讨 .... (61)

第 4 章　新产品开发战略 .... (63)
4.1　新产品开发战略概述 .... (64)
4.2　新产品开发战略形成 .... (69)
4.3　新产品开发战略类型 .... (72)
4.4　新产品开发大纲 .... (76)
本章小结 .... (84)
思考题 .... (84)

案例研讨 .... (85)

第5章 新产品创意的构思 .... (87)
5.1 新产品创意的来源 .... (88)
5.2 创造性思维及创新技法 .... (92)
5.3 新产品创意的方法 .... (101)
本章小结 .... (107)
思考题 .... (107)
案例研讨 .... (107)

第6章 新产品构思筛选 .... (109)
6.1 新产品构思筛选概述 .... (110)
6.2 新产品构思筛选模型 .... (112)
本章小结 .... (118)
思考题 .... (118)
案例研讨 .... (118)

第7章 新产品概念测试及实体开发 .... (120)
7.1 新产品概念的形成与测试 .... (121)
7.2 新产品的实体开发 .... (125)
本章小结 .... (130)
思考题 .... (130)
案例研讨 .... (131)

第8章 新产品市场化分析 .... (133)
8.1 新产品市场预测 .... (133)
8.2 新产品的经济分析 .... (138)
本章小结 .... (149)
思考题 .... (149)
案例研讨 .... (149)

第9章 新产品试销 .... (152)
9.1 新产品试销的意义 .... (152)
9.2 新产品试销方法 .... (153)
9.3 新产品试销的数据分析技术 .... (159)
本章小结 .... (164)
思考题 .... (164)
案例研讨 .... (165)

第10章 新产品采用和扩散 .... (166)
10.1 新产品的采用过程 .... (167)
10.2 新产品扩散过程 .... (176)
10.3 组织采用过程 .... (178)

本章小结 ....(183)
　　思考题 ....(184)
　　案例研讨 ....(184)

第 11 章　新产品进入市场策略 ....(186)
　11.1　进入市场时机策略 ....(187)
　11.2　进入市场规模策略 ....(194)
　11.3　进入市场的反应强度策略 ....(196)
　　本章小结 ....(199)
　　思考题 ....(199)
　　案例研讨 ....(199)

第 12 章　新产品市场化策略 ....(202)
　12.1　新产品品牌策略 ....(202)
　12.2　新产品沟通策略 ....(205)
　12.3　新产品包装策略 ....(210)
　12.4　新产品价格策略 ....(213)
　12.5　新产品渠道策略 ....(217)
　　本章小结 ....(219)
　　思考题 ....(219)
　　案例研讨 ....(219)

第 13 章　新产品投放市场 ....(221)
　13.1　新产品上市计划 ....(222)
　13.2　新产品铺货 ....(227)
　13.3　新产品上市效果追踪 ....(231)
　　本章小结 ....(236)
　　思考题 ....(236)
　　案例研讨 ....(236)

参考文献 ....(239)

后记 ....(241)

第 1 章　新产品开发概述

📋 **本章阐述的主要内容**

(1) 企业为什么要开发新产品；
(2) 企业要开发什么样的新产品；
(3) 新产品开发的趋势；
(4) 成功开发新产品的关键因素。

引　例

苹果被评为最具创新力公司

2018年2月21日，美国最具影响力的商业杂志之一《Fast Company》在350家公司中将苹果列为最具创新力企业并表示，苹果的创新体现在软硬件结合上，其优秀的硬件和软件策略打造了优异的体验。

1997年苹果公司收购乔布斯离开苹果后创办的NEXT，乔布斯重回苹果公司。1998年，推出iMac，苹果公司开始盈利。2001年，苹果推出iPod数码音乐播放器，配合其独家的网络付费音乐下载系统，大获成功，颠覆了音乐产业。2007年，iPhone诞生，颠覆了手机行业。手机不仅可以用来打电话，还可以用来上网和具有多媒体功能。自从初代iPhone发布至今，iPhone就一直是智能手机领域的标杆级产品。从销量数字上看，iPhone在智能手机界领先于任何一条单一产品线。而且在过去9年多的时间里，iPhone的销量一直都在不断上升，这种趋势一直到2016年第二季度才停止，预计随着iPhone8/Plus和十周年版的推出，苹果iPhone全年销量将超23.5亿部。10年间销量增长超过158倍。2010年，苹果公司又推出了触摸型平板电脑iPad。iPad既像一个放大版的iPhone，又可以替代个人电脑的绝大部分功能。同年，苹果公司成为全球市值最高的公司。2015年推出智能手表Apple Watch。2016年推出Apple Pay，Apple Pay是苹果新iPhone主打的功能之一，苹果将会在2016年推出全新的Apple Pay服务，让用户可以得到更安全快捷的购物体验。2017年2月，Brand Finance发布2017年度全球500强品牌榜单，苹果公司排名第二。

（资料来源：科技美学，《苹果被评为最具创新力公司，SE2终于要出了吗？》，搜狐科技，2018-02-21；《苹果公司发展简史》，今日头条，2016-12-19）

1.1 新产品概述

1.1.1 为什么要开发新产品

21世纪是一个创新的世纪，快速变化的顾客需求是企业进行新产品开发的根本驱动力，以几何级数发展的科学技术和专利技术是企业进行新产品开发的技术基础。市场需求和科学技术的两轮驱动促进了经济的发展，导致产品生命周期越来越短。在20世纪中期，一代产品通常意味着20年左右的时间；而到90年代，一代产品的概念不超过7年。20世纪80—90年代美国的产品生命周期平均为3年，1995年已经缩短为不到2年。2000年后绝大多数消费品在市场中的生存时间为1年左右。生命周期最短的是计算机行业产品，许多网络杀毒软件甚至每天都必须升级，这一切迫使企业不是为了利润，至少是为了生存，就必须不断开发新产品以迎合市场需求的快速变化，产品创新已成为企业经营的常态。开发新产品可给企业带来以下好处。

（1）企业得以永续发展的关键。纵观中外企业发展史，绝大多数企业是短命的，昙花一现的企业比比皆是，中国的老字号企业在新的市场环境下失去消费者宠爱的根本原因是缺乏产品创新。那些得以基业长青的企业无一不是不断开发新产品的，它们认为能够体现企业发展潜力的重要指标便是新产品的开发能力。著名的3M公司是目前世界上少有的几个百年老店，企业的基业长青得益于企业不断勇于创新的精神。企业以改善人们的生活为宗旨，每年要开发200多种新产品，生产了很多方便人们生活的日用品。2017年，全球最具创新精神的十强企业中，阿里巴巴作为一家在中国成长起来的互联网公司入选。1999年，阿里巴巴诞生，阿里巴巴的主要业务包括B2C电子商务、数字媒体娱乐、菜鸟网络、（技术）创新型电子产品（阿里智能音箱X1）、阿里云、无人超市、无人机和人工智能等技术探索。2003年10月18日，淘宝网首次推出支付宝服务，2011年5月26日，支付宝获得央行颁发的国内第一张《支付业务许可证》（业内又称"支付牌照"）。自此中国进入了电子支付时代。

（2）使企业赢得更好的市场地位和更多的份额。在竞争激烈的市场上获得市场份额的最好方法莫过于开发新产品。2019年即将迎来5G时代，华为、苹果、三星、小米、一加、OPPO等国内外手机品牌争相研发并公布新产品。2019年上半年，5G手机正式亮相。华为在开拓5G市场上敢为天下先，当其他公司都还停留于5G测试阶段，华为就已经接到了5G基站设备的订单，取得了5G技术上的成功。华为自主研发的5G性能远优于同行业标准，但销售价格却低于同行业厂商很多，华为能承受高达30%的让利，这高性价比已狠狠压缩了竞争对手的盈利空间，甚至让对手失去了竞争力。华为设备的高性价比就是实力的象征，其产品已列入了许多国家的首选，尽管一些欧洲国家以威胁国家安全为由拒绝与华为合作，但仍有很多大国看好和支持华为，华为5G一次次在国外被认可，就在华为接受英国提出的要求之后，法国也公开表态允许华为5G进入法国市场。

（3）开拓新的市场领地。市场机会是无限的，新的市场机会只有靠开发新产品来获得。施乐发明了复印机，在复印机行业取得了巨大的成功，使人们一想起复印机就想起施乐。2010年4月，雷军的师弟李华兵给雷军发了一封邮件，推荐一个无线业务团队，他们希望小米团队做一款独立的手机硬件，得到了雷军的支持，随后这个团队被更名为"小米工作室"，也就是小米公司的前身，而他们的计划目标就是制作一个完全的手机体系——"小米手机"。2010年8月16日，MIUI首个内测版本发布MIUI(米柚)是小米科技旗下基于Android进行深度优化、定制、开发的第三方极受手机发烧友欢迎的Android系统ROM，专为中国人习惯设计，全面改进原生体验。2011年8月16日，小米手机问世。小米手机1代是小米公司推出的第一款手机，小米手机1代一上市便被哄抢一空，当年出货量为30万台。因为小米手机1代的大卖，成功地让小米手机在激烈的市场竞争中一举拿下了"国产神机"的称号。

（4）企业利润的主要来源。当今时代，唯一不变的事情就是变化，创新已成为时代发展的主旋律，大多数企业销售收入的1/3强来自新产品及新服务。调查表明，一般企业销售收入的25.2%来自新产品，利润的22%来自新产品。

1.1.2　新产品的含义

市场营销意义上的新产品含义很广，不仅包括对市场来说是新的产品（即该类产品是首次进入市场），也包括对于公司来说是新的产品（即其他公司也许生产或销售过但本公司没有生产或销售过的产品，也称为本公司开发的新产品）。为此我们可以总结出新产品的内涵：在生产销售方面，只要产品在功能或形态上发生改变，与原来的产品产生差异，甚至只是产品从原有市场进入新的市场，都可视为新产品；在消费者方面，则是指能进入市场给消费者提供新的利益或新的效用而被消费者认可的产品。例如，近年来我国洗发水市场的新产品更多表现在对产品包装上的更新，包括对包装材料的更新、包装瓶形状及色彩的更新。在洗发水功能创新空间日趋缩小的趋势下，新产品包装创新给顾客带来了新的视觉刺激。

1.1.3　新产品的种类

根据创新程度的不同可将新产品分为六类：全新产品、改进型新产品、模仿型新产品、形成系列型新产品、降低成本型新产品和重新定位型新产品。

1. 全新产品

全新产品是指应用新原理、新技术、新材料，具有新结构、新功能的产品。全新产品在全世界首先开发，能开创全新的市场。全新产品是其同类产品的第一款，如电灯、计算机、电视机、电话机等产品最初上市时都属全新产品。全新产品的研究与开发往往伴随着科学技术的重大突破，并且对人类的发展、社会的进步、人们生产和生活方式都产生深远影响。但这种新产品开发难度大，需要大量资金技术，市场风险较大，它占新产品的比例为10%左右。

2. 改进型新产品

　　这种新产品是指在原有老产品的基础上进行改进，使产品在结构、功能、品质、花色、款式及包装上具有新的特点和新的突破，改进后的新产品，其结构更加合理，功能更加齐全，品质更加优质，能更多地满足消费者不断变化的需要。这种新产品与老产品十分接近，有利于消费者迅速接受，开发也不需要大量的资金，失败的可能性相对较小。绝大多数企业都开发改进型新产品。以洗发水行业为例，当行业新产品处于成长期初期时，对新产品的改进多聚焦在功能的增减、产品品种的增加；而新产品进入成长期后期时，企业的改进型新产品更注重品质的提升。成熟期的产品改进会在包装方面进行突破。该类型新产品占新产品的 26%左右。

3. 模仿型新产品

　　企业对国内外市场上已有的产品进行模仿生产，称为本企业的新产品。许多企业采用模仿型新产品开发策略，即专门模仿市场上刚刚推出并得以畅销的新产品，进行追随性竞争，以此分享市场收益。开发模仿型新产品的最大好处在于：其一，可以避免市场风险，即可以借助竞争者领先开发新产品的声誉及对市场需求的培育来顺利进入市场；其二，可以节约研究开发费用，弥补研发能力不足的困境；其三，通过对市场领先者开发的创新产品进行建设性的改进，有可能后来者居上。如在 20 世纪 80 年代中期，有一批制造商(主要是一些刚起步的小公司)，以仿制 IBM 的革新成果而获得快速成长，最成功的公司之一便是 DELL(戴尔)计算机公司。其总经理迈克尔·戴尔曾经坦率地承认，随便找个傻瓜，给他一把螺丝刀就能装出一台 PC 机来。在仿制 IBM 的 PC 机生产的众多企业中，幸存下来的仿制公司懂得了什么可以仿制，什么需要革新。他们当中有些率先改进了设计，提高了性能；有些则在产品的价格和销售策略上进行了创新，如捆绑软件销售；还有一些则是在用户服务上下功夫。这说明完全靠仿制来开发新产品的企业是难以获得竞争优势的，懂得如何将仿制方法与产品革新相结合的企业才能获得长期的成功。模仿型新产品占新产品的 20%左右。

 补充阅读　　　华为平板电脑的模仿型创新

　　iPad 在推出后便开始风行全球，在 iPad 之后，Android 也开始加入平板电脑市场，各个企业纷纷推出采用 Android 和 ARM 架构芯片的平板电脑。

　　2018 年 11 月 6 日，华为在武汉正式发布了华为平板新品 M5 青春版。M5 青春版有着堪比智能音箱级的智能语音体验。得益于华为业界公认的远距离精准拾音技术和强大的算法优势，同时结合百度的智能语音的系统能力，华为平板 M5 青春版智能声控能够高度准确理解用户指令。而且其学习能力超强，不断总结用户使用习惯，随时调用精准语音服务。智能语音识别最容易出错的就是复杂环境的处理，比如室内各种对话，家庭其他设备的干扰。而华为平板 M5 青春版最大限度地解决了这个难题，确保 5 米内都可以做到准确语音唤醒与智能语义识别。其机身边框内置了 4 个布局紧凑的麦克风，研发团队针对各种常见的噪声干扰场景，以及各种不同的方位、角度和距离进行反复调教和唤醒、识别测试，应对日常生活环境完全没压力。并且在华为定制智能功放芯片、华为Histen5.0音效增强技术、哈曼卡顿剧院级影音专业调音的加持下，华为平板M5青春版在同等价位比其他品牌更具优势。同时华为赠送平板智能语音底座，除了具备充电、科学放置外，用户在日常生活中的平板操作和应用服务可以做到"摆脱双手"的全智能语音操作。M5青春版提供护眼功能，也有儿童模式，很多儿童有关内容经过严格挑选和过滤，孩子可以放心使用这款平板电脑。

华为平板机身纤薄，散热效果很好的原因之一是定制了风扇。华为的仿鲨鱼鳍风扇拥有专利，风量比普通的大25%。另一个原因在于科学的布局，华为利用热源分置技术，把双风扇技术合理利用，将CPU15瓦和GPU25瓦的热量均匀分散，从而确保了平板电脑散热良好。

（资料来源：《平板电脑没活路？华为表示不服》，搜狐科技，2018-11-08）

4. 形成系列型新产品

形成系列型产品是指在原有的产品大类中开发出新的品种、花色、规格等，从而与企业原有产品形成系列，扩大产品的目标市场。如系列化妆品等，这种新产品与原有大类产品的差别不大，所需开发投资不大，技术革新程度也不高。该类型新产品占新产品的26%左右。

5. 降低成本型新产品

以较低的成本提供同样性能的新产品，主要是指企业利用新科技，改进生产工艺或提高生产效率，削减原产品的成本，但保持原有功能不变的新产品。这种新产品的比重为11%左右。当企业在产品的功能及花色品种创新空间有限的情况下，为获得竞争优势，多从降低成本方面进行产品创新。如寻找更有效的原材料，通过改进生产设备、生产方式来提高产品的生产效率、降低成本，从而使企业获得低成本优势。

6. 重新定位型新产品

重新定位型新产品指企业的老产品进入新的市场而被称为该市场的新产品。该类新产品没有技术开发过程，主要集中在产品商业化运作的创新。国际市场产品生命周期理论显示，发达国家为延长产品的生命周期，通常会将在本国已处于衰退期的产品向发展中或不发达国家市场转移，以延长产品的生命周期。这些发达国家的衰退产品，对于发展中国家而言仍然是新产品。这种产品不变，通过寻找新的目标市场从而使产品具有新意的新产品开发战略，也经常为许多企业所运用。该类新产品成功与否的关键在于市场营销组合策略的运用。这类新产品占全部新产品的7%左右。

大多数公司常开发改进型和形成系列型新产品，50%公司不开发全新的产品，25%的公司不开发模仿型新产品，虽然全新型产品和模仿型新产品只占所有进入市场的新产品的30%，但其成功率却高达60%。

1.1.4 产品创新与绩效

1. 产品创新的主要途径

产品创新是个全过程的概念,即将产品创意转化为市场新产品的过程,既包括新产品的研究开发过程,也包括新产品的商业化过程。一般而言,产品创新有四个基本特征:产品创新的非独占性,即创新者难以获取创新活动所产生的全部收益;产品创新的不确定性,包括研究开发的不确定性、试验和试生产阶段的不确定性、商品化阶段市场的不确定性;产品创新的市场性,即产品创新必须围绕市场进行,这是它与纯科技活动的区别;产品创新的系统性,即产品创新要求企业各部门及与外部环境的密切配合。产品创新有两种主要途径:技术推动的创新与需求拉动的创新,两者的区别见表1-1。

表1-1 技术推动的创新与需求拉动的创新

	技术推动的创新	需求推动的创新
最初创造力	研究与开发	市场营销
创造力实现	市场营销	研究与开发
支持来源	研究与开发及其他职能部门	市场营销及其他职能部门
风险	较大	较小
潜在收益	大	小
努力次数	多	少
成功次数	少	多

2. 产品创新程度与绩效

新产品的业绩在很大程度上依赖于产品的创新类型。在按类型来比较新产品业绩时,存在两种不同的观点。一种观点认为创新型新产品更成功,因为它们拥有更多更持久的竞争优势,创造了更多的市场机会。最具创新的两类——全新产品和模仿型新产品,虽然只代表了30%进入市场的新产品,它们却占最成功产品的60%。另一种观点认为安全第一,由于创新型新产品是第一次进入市场,难免存在缺陷,跟随者可从中吸取教训从而获得成功,跟随者的产品虽然在创新上略微滞后,但市场业绩却好过前者。

库伯的一项研究将新产品创新程度分为三类:高度创新型产品,即全新产品和革新型新产品品种(占研究案例的30%);中度创新型产品,即包括非革新型新产品品种和在旧有产品品种的基础上开发的新品种(占研究案例的47%);低度创新型产品,包括老产品的改进型、经重新设计、降低成本的产品,重新定位的产品(占研究案例的23%)。如果用成功率、投资回报率和市场份额来衡量新产品绩效,则高度创新型产品及低度创新型产品的绩效较好,中度创新型产品的绩效不尽如人意。

从成功率指标来看,高度创新型产品的成功率(即产品满足了公司制订的财务指标比率)为78%,低度创新产品的成功率为68%,中度创新产品的成功率只有51%。

在投资回报这项指标上,低度创新型产品的回报率为124%,高度创新型产品的回报率为75%,而中度创新型产品的回报率只有31%。

至于市场份额指标,高度创新型产品为45.5%,低度创新型产品为40.2%,中度创新型产品只有 28.2%。可见产品创新程度和产品类型会影响新产品的成功率和绩效。创新度不高的产品风险很大，市场表现不佳，所以企业要勇于开发全新产品。

1.2 新产品开发的趋势

人类社会已步入新经济时代，并逐渐呈现出网络化、信息化、数字化、知识化的特征。新经济对人类的影响是全方位的，它不但在改变着人类的传统经济结构和规律，界定着今后全球经济的发展方向，而且还在改变着人类的社会结构、人们的生活方式和水平，以及各国政府的经济政策走向等。与新经济发展相适应，企业新产品也呈现出新的发展趋势，总的发展趋势是：产品更新换代的频率进一步加快，新产品开发的时间周期愈来愈短。

1.2.1 高技术化

在当代高科技迅猛发展的影响下，知识和技术在经济发展中的作用日益显著，产品中的知识技术含量也日渐增多，朝着知识密集化和智能化的方向发展，未来新产品的高科技化趋势将日益明显。高科技产品除具有一般产品的特征外，其最大的特点是与高技术密切相关。美国高技术营销专家 Eric Viardot 对美国各大企业的部门营销经理作了一项"你如何定义高技术"的调查，该调查结果显示，营销经理们所关注的高科技产品具有这样的特征：这些产品必须采用了一种复杂技术的最新科研成果，如计算机多媒体技术；产品以一个较高的速率更新换代，如计算机的微处理器；产品质量的重大革新通常会给市场带来巨大的变化；产品需要高的研发费用。

高科技的运用并不仅限于高技术行业，很多基础产业的技术也正在发生变化，基础产业的产品创新都受到高科技的驱动。如日常家用电器烤箱已运用微芯片技术；生物技术不仅运用到医学领域的创新，在废物处理和农作物中也广泛运用它进行创新；汽车设计中使用的传统机械工程正在被电子工程所代替；住宅也在向智能化发展。高科技已渗透到人们生活的方方面面。

1.2.2 绿色化

"绿色"代表环境，象征生命。工业化在带给人类物质文明的同时，也使人类付出了生存环境恶化、生态平衡被破坏的沉重代价。越来越多的迹象表明，生态环境危机将成为 21 世纪人类生存和发展的最大威胁，它正引起国际社会的广泛关注。20 世纪 70 年代，美国人便掀起了环境保护运动，进入 90 年代，一些国家纷纷推出以保护环境为主题的"绿色计划"，"绿色浪潮"已经来临。人类对保护环境、维持可持续发展的渴望比以往任何时候都要强烈。"绿色食品"、"绿色产业"、"绿色企业"、"绿色消费"、"绿色营销"……"绿色"系列已成为环境保护运动的代名词，消费者将越来越青睐不包括任何化学添加剂的纯天然食品或天然植物制成的绿色产品，社会发展也迫使企业必须开发对环境无害或危害极小，有利于资源再生和回收利用的绿色产品。

绿色产品(green product)，或称为环境协调产品（environmental conscious product），是指以环境和环境资源保护为核心概念而设计生产的可以拆卸并分解的产品。其零部件经过翻新处理后，可以重新使用。一件产品在其使用寿命完结时，其部件可以翻新和重新利用，或能安全地把这些零部件处理掉，这样的产品被称为绿色产品。绿色产品应有利于保护生态环境，不产生环境污染或使污染最小化，有利于节约资源和能源。这一特点应贯穿于产品的设计、原料的获取过程，生产制造过程，销售运输过程，使用过程，产品废弃后的回收、重用及处理过程等产品生命周期全过程。绿色产品的特征有：①友好的环境特性；②有效利用材料资源；③有效利用能源。

按照"比一般同类产品更加符合保护人类生态环境和社会环境的要求"，绿色产品主要包括以下7种类型：①可回收利用型；②低毒低害物质；③低排放型；④低噪声型；⑤节水型；⑥节能型；⑦可生物降解型。

在对环境的末端治理不能解决问题的情况下，从技术创新、产品设计、产品生产到产品包装等各环节、全过程着手，来开发能减少乃至防止污染和环境破坏的绿色产品，已成为时代的呼唤。同时，绿色产品的开发也是保证企业实施绿色营销、塑造绿色企业形象的关键性、战略性问题。

在我国目前的绿色产品开发中，绿色食品起步较早。1990年5月15日农业部宣布"绿色食品在中国起步"，绿色食品工程实施以来，取得了相当大的进展，正越来越受到人们的关注。

补充阅读

绿色食品

绿色食品标准概念：绿色食品标准是应用科学技术原理，结合绿色食品生产实践，借鉴国内外相关标准所制订的，在绿色食品生产中必须遵循，在绿色食品质量认证时必须依据的技术性文件。绿色食品标准是由农业部发布的推荐性农业行业标准(NY/T)，是绿色食品生产企业必须遵照执行的标准。

绿色食品标准的技术分级：绿色食品标准分为两个技术等级，即AA级绿色食品标准和A级绿色食品标准。AA级绿色食品标准要求：生产地的环境质量符合《绿色食品产地环境质量标准》，生产过程中不使用化学合成的农药、肥料、食品添加剂、饲料添加剂、兽药及有害于环境和人体健康的生产资料，而是通过使用有机肥、种植绿肥、作物轮作、生物或物理方法等技术，培肥土壤、控制病虫草害、保护或提高产品品质，从而保证产品质量符合绿色食品产品标准要求。A级绿色食品标准要求：生产地的环境质量符合《绿色食品产地环境质量标准》，生产过程中严格按绿色食品生产资料使用准则和生产操作规程要求，限量使用限定的化学合成生产资料，并积极采用生物学技术和物理方法，保证产品质量符合绿色食品标准要求。

绿色食品技术类标准构成：绿色食品标准以"从土地到餐桌"全程质量控制理念为核心，由以下四个部分构成。

(1) 产地环境标准，即《绿色食品 产地环境技术条件》(NY/T 391-2000)。制订这项标准的目的，一是强调绿色食品必须产自良好的生态环境地域，以保证绿色食品最终产品的无污染、安全性；二是促进对绿色食品产地环境的保护和改善。绿色食品产地环境质量标准规定了产地的空气质量标准、农田灌溉水质标准、渔业水质标准、畜禽养殖用水标准和土壤环境质量标准的各项指标及浓度限值、监测和评价方法，提出了绿色食品产地土壤肥力分级和土壤质量综合评价方法。对于一个给定的污染物在全国范围内其标准是统一的，必要时可增设项目，适用于绿色食品(AA级和A级)生产的农田、菜地、果园、牧场、养殖场和加工厂。

(2) 生产技术标准。绿色食品生产过程的控制是绿色食品质量控制的关键环节。绿色食品生产技术标准是绿色食品标准体系的核心，它包括绿色食品生产资料使用准则和绿色食品生产技术操作规程两部分。绿色食品生产资料使用准则是对生产绿色食品过程中物质投入的一个原则性规定，它包括生产绿色食品的农药、肥料、食品添加剂、饲料添加剂、兽药和水产养殖药的使用准则，对允许、限制和禁止使用的生产资料及其使用方法、使用剂量、使用次数和休药期等做出了明确规定。绿色食品生产技术操作规程是以上述准则为依据，按作为种类、畜牧种类和不同农业区域的生产特性分别制订的，用于指导绿色食品生产活动，规范绿色食品生产技术的技术规定，包括农产品种植、畜禽饲养、水产养殖和食品加工等技术操作规程。

(3) 产品标准。该标准是衡量绿色食品最终产品质量的指标尺度。它虽然跟普通食品的国家标准一样，规定了食品的外观品质、营养品质和卫生品质等内容，但其卫生品质要求高于国家现行标准，主要表现在对农药残留和重金属的检测项目种类多、指标严。而且，使用的主要原料必须是来自绿色食品产地的、按绿色食品生产技术操作规程生产出来的产品。绿色食品产品标准反映了绿色食品生产、管理和质量控制的先进水平，突出了绿色食品产品无污染、安全的卫生品质。

(4) 绿色食品包装、储藏运输标准。包装标准规定了进行绿色食品产品包装时应遵循的原则，包装材料选用的范围、种类，包装上的标志内容等。要求产品包装从原料、产品制造、使用、回收和废弃的整个过程都应有利于食品安全和环境保护，包括包装材料的安全、牢固性，节省资源、能源，减少或避免废弃物产生，易回收循环利用，可降解等具体要求和内容。标签标准，除要求符合国家《预包装食品标签通则》外，还要求符合《中国绿色食品商标标志设计使用规范手册》规定，该手册对绿色食品的标准图形、标准字形、图形和字体的规范组合、标准色、广告用语及在产品包装标签上的规范应用均作了具体规定。储藏运输标准对绿色食品储运的条件、方法、时间做出规定，以保证绿色食品在储运过程中不遭受污染，不改变品质，并有利于环保、节能。

制定绿色食品标准依据：欧共体关于有机农业及其有关农产品和食品条例(第2092/91)、IFOAM 有机农业和食品加工基本标准、联合国食品法典委员会(CAC)标准、我国相关法律法规、我国国家环境标准、我国食品质量标准、我国绿色食品生产技术研究成果。

(资料来源：中国绿色食品网)

1.2.3 个性化

个性化是新产品开发的另一开发趋势。购买独一无二的产品，拥有能彰显自我独特性的产品是众多消费者对产品的渴望。如今个性化的产品大行其道，个性化的手机、个性化的冰箱、个性化的服装、个性化的汽车、个性化的邮票、个性化的旅游产品、个性化的酒店服务等。个性化的产品几乎渗透到人们生活的方方面面，个性化需求时代已经来临。例如，布鲁克斯兄弟服装公司在纽约旗舰店使用先进的精密身体扫描仪，用来为客户提供绝对合身的服装，标准尺寸的服装反而成了积压的库存。对于大多数消费能力极高的美国人来说，买几件确实合身的衣服，多花点钱也值得。在拉夫•劳伦公司的网站上，客户可以自行搭配样式和色彩，设计属于自己的马球T恤和衬衫，自我设计系列成了polo.com最畅销的产品。如果你愿意多花5倍于常价的价格，你可以在M&M巧克力上印上你的名字或其他口号，虽然价格不菲，但客户却乐此不疲，这使玛氏糖果在此业务推出几个星期后就扩大了两条生产线。在耐克网站上，客户可以设计自己的运动鞋，有上千种颜色组合可供挑选，还可以加上自己的刺绣文字。据统计，有约80%的买主亲自设计组合自己的宝马Mini Cooper。

消费者对服务个性化的需求表现得更为突出。个性化服务是指服务机构提供给顾客的、针对每个顾客不同需求及潜在需求的、有别于其他标准服务的、超出顾客想象之外的、具有附加价值的服务。这种服务要求第一线员工能够预知顾客的个性化需求及潜在需求，并能用有创意的方法来满足顾客的这些需求。它还要求企业中所有的员工有统一的服务意识及相互协调的服务方式，能让顾客在每个时刻、每一个细微的环节都感受到专属于自己的服务。个性化服务有别于标准服务，竞争者无法模仿，顾客无法对比。如可口可乐推出"昵称瓶"，顾客可以通过网站输入专属定制昵称瓶相关的字并下单，便可得到印有自己专属"昵称"的可口可乐了。

提供个性化服务的企业必须要有完善的内部支持和规范的后勤运作流程，这对企业的运营管理提出了更高的要求——数据库要绝对准确，不然会酿成"牛头不对马嘴"的笑话；业务流程要顺畅、明晰，否则会出现物料短缺或积压；定价要在客户可接受的范围内，不然入不敷出；必须防止客户过分创新，比如在你的产品打上竞争对手的牌子，所以要设定游戏规则；要保护客户的隐私，以一种使客户感到轻松的方式来提供个性化信息，让他们感觉是作为一个个体被关照，而不是被窥视。另外更重要的，是一线员工对于客户行为情况的信息收集和运用，这需要员工以细致、主动、投入的工作态度来完成。

补充阅读　　　　匡威的个性化定制服务

　　Converse（匡威）诞生于1908年。自创办以来，Converse坚持品牌的独立性设计，不追随。最初只生产"橡胶鞋"，但很快就开始做网球鞋和篮球鞋。1917年，All Star诞生了，时至今日一直都是经典款。1921年，篮球运动员Chuck Taylor加入并担任销售人员，他获得了巨大的成功。1923年，具有运动天赋和突出口才的篮球明星Chuck Taylor的亲笔签名成为著名商标。1930年，Converse决定将Chuck Taylor的名字加入到鞋子上。1949年，Converse推出经典标志性的黑色Chuck Taylor All Star，并迅速成为业内较受欢迎的一款篮球鞋，它的设计至今没有改变。20世纪70年代，Chuck Taylor受到当红摇滚乐手和年轻一代的极度追捧和喜爱，直到今天。

　　以往，匡威推出过各式各样的联名款、纪念款、涂鸦款等，但未曾像母公司耐克的NIKEiD一样有真正的定制服务。2015年匡威的"Made by You"全球营销活动曾经尝试过个性化定制，在北京、上海、广州三座城市设置了互动橱窗，来引导顾客在这个系统上设计一双定制 Chuck Taylor 鞋款，点赞率高的鞋款有机会生产出来。而自从匡威并入了耐克的官网，近日又宣布开始提供定制服务，使用方式和 NIKEiD 的订单几乎一样。仍然是率先从经典鞋款 Chuck Taylor All Star 开始，高帮、低帮和"一脚蹬"的款型里，如果你想要更细分的女鞋、中性或儿童款也可以找得到。而可供选择的细节有如下这些：鞋的两侧、鞋舌、内衬、后跟等都可以选择不同颜色或是印花，后者有一些星星、豹纹的图案；鞋底橡胶、鞋带孔、鞋带、缝线也都有一些相应的选择；页面上可以多种视角查看；最后在鞋跟或是侧面的部位，可以选择使用 NIKEiD 与否，即可以印制英文字母。

（资料来源：舒畅，《匡威也推定制服务啦，快来定制一双专属匡威鞋》，中国服装网，2016-06-30）

1.2.4 短命化

消费者喜新厌旧的心理导致他们更换产品的周期越来越短，传统观念下的"固定资产"，如十几年不变的家具产品，现在已被新的消费观念所替代。在北京宜家家居装饰市场，一次性的家具品种开始多了起来，有造型独特做工简单的布艺和木质玩具、新颖的纸制灯罩、各式简易安装的迷你家具等，吸引了无数购买者。北京有家工厂制作的出口雨伞，只能开合四五次，大受美国人欢迎。这种雨伞占了美国进口伞的六成，年销售额突破 2 000 万美元。原来美国等一些发达国家，人们出门不爱带雨伞，碰上雨天，花二三美元买上一把喜欢的素色伞，到家后嫌洗晒麻烦，干脆丢进垃圾箱，这家制伞厂，正是看准了这个市场。日本有家企业专门生产外观漂亮而寿命只有 9 个月的纸质手表，价格 3.5 美元左右，凭借其价格优势一下子就打开了北欧市场。

短命产品的特点主要是新颖，价格不贵，用一段时间扔了不算什么。短命产品迎合了消费者求新、求奇、求廉的心理。企业研制、开发短命产品，可以使产品的目标市场量大面广，加快产品的更新换代，刺激消费，促进经济的发展。把握短命产品关键在于找到产品使用寿命成本和价值的最佳结合点，功能适中、质量适中、价格低廉，这样才能面向普通消费者。合理设计产品，功能适当而不过剩，价廉物美方能造就旺盛需求。企业开发短命产品不要误以为是开发质量低劣的产品，保证产品使用周期内质量是短命产品生存的根本。

并不是所有的产品类别都适合向短命化方向发展，如房屋、道路、桥梁等产品就不适合短命化。

1.2.5 多功能化

将各种产品功能组合，移植成新产品是未来新产品发展的又一趋势。多种产品功能组合的新产品不仅能有效满足消费者多方面的需求，而且企业在开发此类新产品时风险也大大降低。如具有手电筒照明功能的收录机和时钟、通讯簿计算器、计算机钢笔、复印打印电话一体机、多功能数字化彩色复印机、具有上网功能的手机等是目前一些发达国家开发的组合新产品。

>  补充阅读　　　　**智能手表**
>
> 随着移动技术的发展,许多传统的电子产品也开始增加移动方面的功能,比如过去只能用来看时间的手表,如今可以通过智能手机或家庭网络与互联网相连,显示来电信息、Twitter 和新闻 feeds、天气信息等内容。
>
> 2013 年,苹果、三星、谷歌等科技巨头都发布智能手表。美国市场研究公司 Current Analysis 分析师艾维·格林加特(Avi Greengart)认为,2013 年会成为智能手表元年。
>
> 目前市面上的智能手表可大致分为以下两种。
>
> (1) 不带通话功能的:依托连接智能手机而实现多功能,能同步操作手机中的电话、短信、邮件、照片、音乐等;
>
> (2) 带通话功能的:支持插入 SIM 卡,本质上是手表形态的智能手机;市面上大部分使用 Android 系统和 iOS 系统。
>
> (资料来源:https://baike.so.com/doc/5390912-5627581.html)

1.2.6　使用简单化

尽管产品的科技含量越来越高,但使用简单化是消费者最看重的产品特质。追求使用简单的产品是当今忙碌社会中人们的最爱。从智能手机的诞生,到新能源汽车的出现,企业将复杂的高科技转化成人们容易使用的产品是未来高科技环境下新产品开发的必然趋势。

1.3　成功开发新产品的关键

尽管新产品开发失败率极高,但依然有许多新产品开发成功的案例,这些案例为我们提供了寻找成功开发新产品要素的依据。我们将不同学者对成功开发新产品研究的成果进行总结,从新产品本身和新产品开发管理视角对成功开发新产品的关键要素叙述如下。

1.3.1　基于新产品视角的成功因素

1. 卓越的产品

性能卓越是许多新产品成功的主要原因。卓越的产品是将独特的感受与产品价值传递给使用者,其成功率是那些不具备此特征产品的 5 倍,而市场份额和赢利能力则是其 4 倍。在新产品开发中许多新产品"缺乏新意","似曾相识"。新产品调查显示,82%的复制品遭到失败的命运。产品的卓越性表现在以下方面。

(1) 对顾客来说有与众不同的特质。

(2) 比竞争对手更好地满足顾客需求。

(3) 产品具备相应的高质量。

(4) 用竞争性产品解决顾客的问题。

(5) 降低顾客的成本。

(6) 具备革新特征或很新奇。

产品的卓越性在顾客眼中可体现为产品设计、特质、功用、品质、规格甚至是定位。因此，探究顾客所需、所想、问题、口味、喜好、厌恶，选定顾客的"心仪之物"是产品创新长盛不衰的法则。从竞争对手的产品中寻找缺陷是进行产品卓越性创造的另一法则。此外，对新产品概念进行反复测试，与使用者一起测试产品概念，确保其主张在产品中得到满意的回应是创造卓越产品的又一法则。

2. 坚持以市场为导向的新产品开发

以市场为导向的新产品开发需关注顾客需求和竞争者状况等要素，在开发活动中要做到以下几点。

(1) 需求认知。

(2) 了解顾客需求。

(3) 经常接触顾客。

(4) 有较高的精通市场知识和市场调查。

(5) 有较高的市场活动的执行品质。

(6) 在初期市场活动中下大力气。

市场导向的思想必须贯穿于整个新产品开发过程才能获得新产品开发成功。自创意产生之初，公司就应该将资源更多地分配给以市场为导向的创意活动，如顾客恳谈会；一对一的顾客深度访谈；拜访顾客，特别是技术人员与顾客的交流；销售人员与顾客的沟通；与主要顾客发展良好的关系，等等。

进行市场调查，倾听顾客的声音是产品设计决策的一个部分，调查的内容包括顾客的需求、喜好，竞争对手的产品策略、优势和劣势等。在新产品开发项目的初期就将顾客的想法融入其中，即使是在以科技为推动力的新产品中，市场因素也应该作为技术的一部分融入最终的产品设计中，即在产品成型前，应该做市场调查，以顾客需求将产品定型，衡量产品的接受程度。

顾客观点的融入应该贯穿于整个新产品开发过程。新产品概念的测试和实体的开发阶段都需要与顾客交流。

3. 面向世界的产品

面向国际市场进行产品设计、开发是新产品开发中被遗忘的角落。然而国际市场新产品的市场绩效要高出国内市场新产品 2 至 3 倍。国际需求使得新产品开发的复杂程度大大提高，它要求公司比任何时候都要更系统、更连贯地进行新产品开发。面向国际市场的新产品开发要注意以下要点。

(1) 新产品创意来自许多国家，其筛选也遵从以全球化的产品项目为先的原则。

(2) 项目管理者由来自不同国家的管理人领导，并联合资助项目，组成决策层。

(3) 以国际标准代替传统的国内标准。

(4) 项目由国际项目小组来完成。

(5) 接触各国顾客以获取市场信息。

4. 市场吸引力

新产品的市场吸引力大小是决定新产品成败的关键,可从市场潜力及竞争状况来判断市场吸引力。市场规模巨大且市场的增长性好,是市场潜力大的主要特征。但如果是一个竞争很强烈的市场,如竞争对手已有高质量的产品、销售力量、分销渠道系统及支持性的服务系统已得到市场认可,那么定位于这种市场中的产品很难获得成功。

1.3.2 基于新产品开发流程管理视角的成功因素

1. 开发前期进行更多的工作

许多新产品失败的教训表明,欠缺的市场调研和不充分的市场分析,使得项目前期工作模糊不清,这是新产品失败的罪魁祸首。对于失败的新产品,开发公司在项目前期或是开发初期付出只有7%的资金和16%的努力。成功的项目在开发前期所花费的时间与精力是失败项目的 1.75 倍。开发前期的初评、市场及技术研究、市场调查、商业分析这些都是必须要认真去做的工作,开发前期工作的重要性表现在这些工作能定义项目并保证质量。尽管新产品设计和开发阶段需要分配更多的时间和资源,但项目前期的初筛、分析和定义阶段对新产品的成功是关键。

2. 及早进行明确的产品和项目定义

克劳福德在管理研究中发现,新产品开发项目小组可以明确一致地说出产品的要求,这是新产品开发成功的关键。在库伯的研究中发现,"不稳定的产品规范"和"产品外延的模糊"是新产品开发失败的主要原因。在新产品进行全面开发程序前,应进行产品和项目定义,定义的内容如下。

项目的范围:在什么样的范围内进行开发工作,是单一新产品还是系列新产品,或是一个开发平台。

目标市场:为谁做产品。

产品概念:用顾客语言描述产品是什么,有什么新功能。

产品特质:产品品质、表现数据及高水平的规格说明。

定位:新产品为顾客提供的独特利益是什么。

上述定义是来自新产品开发各职能小组(市场、研发、工程、制造等部门)的信息整合,是所有新产品开发人员的共识。

3. 正确的市场导入

切实可行的营销计划是新产品成功市场导入的核心。新产品进入和营销计划有三个要点。

(1)营销计划的开发是新产品流程的组成部分之一,在产品形成过程中起到重要的作用。

(2)营销计划的开发必须在新产品项目较早阶段开始,不应到了商业化阶段即等到新产品下线后才开始。营销计划中重要的一面必须是在产品设计和开发阶段前就展开,如目标市场的定义、定位战略、产品设计要求,以及一些尝试性的内容包括定价策略及促销策略。

(3)营销计划应该建立在有根有据的市场信息的基础上。

4. 良好的组织结构、设计和氛围

新产品取得成功经常归功于研发部门和市场部门的相互配合、相互协作、对新产品项目多学科力量的投入及团队和团队领导的作用。斯坦福创新项目小组在高科技公司开展的新产品研究显示,区分成功与失败的关键的、突出的因素是"创新、制造和市场功能的同时参与"。库伯的研究表明,由一个获得授权的多功能团队举行项目的开发更容易获得成功。对日本人成功开发新产品的分析强调了他们从开始就关注生产能力及对工程师、设计师和生产人员的定位。因此,组建新产品开发团队是新产品开发的有效组织结构,"空间上的接近是一个好团队的关键因素之一。"

设计一个能够整合诸多活动和多职能参与的新产品开发流程是新产品开发管理的另一个关键要素。该管理流程的设计即要构造一个产品创新的系统性方法,内容包括:打通不同职能部门的边界,促使不同职能部门的人员积极参与,保证每一步或者每一阶段都是一个多职能参与的步骤或阶段。新产品开发流程建立在不同任务的基础上,并对要求投入和参与的各种职能进行检查和平衡。

新产品开发组织的氛围好坏决定了成功与失败。良好的氛围鼓励创新并禁止对失败进行处罚。一位 3M 公司的执行董事在回答为什么该公司员工具有创造力时说:"我们鼓励他们的创新成果,并且给他们时间进行创新!"3M 公司向它的技术人员提供每周一天的额外时间和金钱去为自己喜爱的项目工作,每年对 10%做出创新或创造的员工给予金钱奖励。

5. 科学的项目评估体系

在新产品开发中,许多公司项目的评估环节非常薄弱和不完善,有些公司甚至没有评估。构思筛选是新产品开发流程做得最差的活动。在 88%的经过研究的项目中,初步的筛选往往只有一个决策参与者,没有项目筛选准则。此外,37%的项目在开发阶段之前没有经过商务或财务分析,65%的项目没有经过商业化之前的业务分析。构建一套新产品项目的评估体系将是新产品管理中非常重要的内容。

6. 新产品开发过程的执行力管理

项目的执行质量高低是影响新产品成功与否的关键因素之一。在新产品开发流程中存在执行质量上的严重缺陷。因此,新产品开发管理层必须制订一套强调实施质量的规则和方法。库伯的研究发现了 6 种导致实施质量低劣的原因。

原因 1:一般性的无知。新产品开发人员缺乏对新产品开发流程的关键步骤和任务的清楚理解,如技术人员通常不知道市场研究、市场调查和产业分析的内容怎样才能是适当的,有时市场人员也不知道。因此很多技术上好的产品做出来了,但在市场中的表现却不好。解决这一问题的办法是对过程进行管理,设计一个完善的过程,这些过程规定了各阶段的终止点和交接点,并使之包含在最优的操作之中。

原因 2:缺少技巧。许多开发人员不知道如何去完成关键的任务,并且他们对在这些任务中要做些什么估计不足。设计出新产品开发的实施标准或者至少应包含对什么构成最佳的操作活动的理解是解决问题的方法。其次对人员进行教育和培训,帮助他们理

解执行标准。

原因3：失误的新产品开发流程。失误的新产品开发流程表现为漏掉了一些非常重要的活动。检查流程的合理性，过程中是否融入了关键的成功因素及有效的实施使得新产品开发流程与一般的公司运作区别开来。

原因4：过分自信。许多新产品失败是由管理人员的假设造成的，他们认为已经知道了答案。这些假设更多是建立在主观感觉和猜测的基础上，并不是以事实为依据。

原因5：删掉细节。为了强调时间的重要性，忽略一些细节，自以为节省了时间，但实际上却收到相反的效果。真正节约时间的办法是，第一次就把事情做好。

原因6：瓶颈制约。有太多的项目需要资源，导致资源的分散，项目开发周期被迫延长，等新产品开发出来上市的最佳时机已过。解决问题的办法是大胆排除一些小项目。

7. 资源投入到位

为了节约资源而削减新产品开发中必需的资源导致了新产品开发的失败。某些重要的活动如市场导向的行动和开发前的准备工作受到资源不足的严重约束。在一些缺乏市场导向的新产品开发项目中，只有项目总成本的16%和人力成本的32%投入到市场营销活动中，而且这些成本的大部分是在项目快结束时或者新产品上市阶段才投入；与此相反的是，成功新产品对营销活动投入了更多的资金和人力资源，成功项目在市场营销活动中的花费是失败项目的2倍。失败的新产品投入到前期准备工作中的资源也是严重不足，只有7%的资金和16%的努力投入到新产品开发的前期工作中；成功的项目在新产品开发活动前期阶段投入的资金是失败项目的2倍多，人力资源的投入是后者的1.75倍。

8. 速度和质量兼顾

速度是新产品成功的一个关键变量。但速度只是一个中间目标，是最终目标的一个手段，最终目标是利润率。许多新产品开发只是缩短了新产品上市的时间，但最终却增加了公司的资金成本，在利润上失败了。其原因主要在于速度的提升是以降低质量为代价的。以下五种方法可以兼顾速度和质量。

(1)第一次就做好。在项目的每一个阶段就进行质量执行的控制，节约时间的最好办法是避免回过头从头做起。

(2)准备工作的定义。做好前期的准备工作，弄清楚产品和产品的定义，以节省下游的时间，做到"磨刀不误砍柴工"。

(3)组建一个得到授权的多功能团队。

(4)平行推进。指各种开发活动同时进行。

(5)选优和集中。将有限的资源和人力集中在真正值得做的项目上。

1.3.3 基于新产品开发团队视角的成功因素

任何获得巨大成功的公司，其根本在于它们能开发伟大的、一鸣惊人的新产品。这些成功公司是如何使得它们的新产品获得市场的青睐呢？林恩和赖利花了10多年的时间，对700多个成功和失败的新产品开发团队进行研究，归纳出成功开发新产品的5个关键因素：高层管理者的投入、清晰而稳定的目标、迅速试探性改进、有效的信息沟通和压力下的紧密合作。一鸣惊人的新产品开发团队并没有只采用其中一两个步骤而忽视其他步骤，而是采用了所有这5个步骤，如果在某一个步骤上失调，成功就会大打折扣。

1. 高层管理者的投入

没有高层管理者的积极投入，一鸣惊人的新产品是不可能出现的。林恩和赖利认为在新产品开发中，无论是采用监控式的团队管理还是采用授权式的团队管理（即将权力授予团队，只有出问题时管理者才出现），这两种团队管理模式都不能带来新产品开发团队的绩效。正确的管理方式是，高层管理者积极紧密地投入到新产品开发团队中去，在团队中扮演积极的角色，有时甚至是每天都在团队。在新产品开发过程中，他是领导团队开发新产品的中坚力量，帮助团队达成目标，授权给团队打破常规，打破官僚主义的条条框框。

高层管理者不仅参与产品研发，更要全身心投入到新产品的市场化过程中。高层管理者的投入不仅可以节省开发时间，更为重要的是在新产品进行重新市场定位时将起到关键性的作用。高层管理者积极投入到项目中传递了一个强烈而清晰的信息，那就是夜以继日工作是值得的。如果团队成功，他们会得到表扬和补偿。如果遇到问题，高层管理者会很快帮助他们解决。这样的例子很多，如艾美加公司的CEO金·爱德华兹引导了ZIP驱动器从产品概念到产品上市的新产品开发全程，索尼的主席盛田昭夫在开发索尼随身听的过程中充当了主要角色，高露洁全效牙膏的成功更是高层管理者全力投入的产物。

补充阅读　　　高露洁全效牙膏的开发

20世纪80年代，高露洁的CEO鲁本·马克让阿卜杜勒·加法，一个拥有100多项专利的博士化学家开发一种提供长效保护的牙膏。加法和他的四人团队开始研究抗菌三氯生(早就用于肥皂和除臭剂)，问题是如何使之应用于味道芳香的牙膏中，并防止它被立即洗掉。1987年CEO加法发现在三氯生上结合聚合物可以提高在牙齿上的黏着度。1988年他在荷兰阿姆斯特丹世界牙医大会专题会上发表了自己的发现。这是一个好消息，因为当三氯生在口腔中活跃的时候，它能帮助治疗牙龈炎，而这种病困扰着2/3的美国人。三氯生持续的时间超过12小时，也就是说高露洁牙膏可以防蛀牙，控制牙石，并使口气清新。

高露洁牙膏由全球业务副总裁桑希尔在6个国家推广，上市没有像预期的那样，销售表现令人失望。上市几个月后的市场份额只有1%。于是，高露洁总裁比尔·萨纳翰建立了高露洁团队，一个由世界各国市场部经理组成的团队，这个团队专门解决产品上市之后的问题。他们经常组织越洋电话会议，每4~6周就从欧洲、澳洲、南美和亚洲飞到纽约开会，桑希尔主持会议，随后向萨纳翰汇报，然后再跟CEO加法碰头。

广告概念的市场调查揭示了一个问题，"高露洁保护咀嚼"强调了"疾病控制"的功效而失去了许多消费者，即使消费者口腔流血，他们也不会想到自己需要一种能控制牙周病的牙膏，而且一种产品有这么多的优点：缓解牙龈炎、预防蛀牙、控制牙石、口气清新、持续效果，公众反而不相信了。必须改变对高露洁的功效诉求。桑希尔直接向萨纳翰汇报，桑希尔说："有了萨纳翰如此密切的帮助，意味着你可以更快地做决定，所有的障碍都被清除了，你可以向广告公司施加更多的压力，可以申请更多的预算以便很快在不同的国家做更多的市场调查。如果你和高层之间隔着很多层，事情就会变得很复杂，这和其他很多正在运行的项目有很大的不同。做其他项目时，你习惯等到项目最后，然后找到管理层再从头到尾告知他们，让他们同意你所做的。"

通过大量的市场调查，得出了两个结论：第一，长效保护，"即使不刷牙它也能起刷牙一样的效果"，这应该是广告的重点；第二，保护咀嚼的这两个字应该换掉，因为这听起来像医药产品。于是确定为高露洁特效或高露洁全效。总裁萨纳翰亲自关注市场调查和广告的发展。特效从营销的角度被认为是夸大其词了，最后确定为高露洁全效(total)。

桑希尔被提升为负责全球消费者调查的副总裁。西班牙的市场部经理杰克·哈伯则在1992年被召回美国做全球消费者口腔护理产品的总监。他的主要任务是在全球推广新产品。高露洁在此项目上投入了3 500万美元和一个200人的团队。虽然像哈伯这样级别的人只需照看一下，主要通过产品经理来管理项目。但他每一两周就主持总结会议，这种会议让每个人都面对面了解彼此。他每天早上会给欧洲的同事打电话，"我的工作是做快乐的引导者、协调者、问题解决者、团队组建者"。

"总裁和主席都高度重视这个项目，"哈伯说，"他们相信这个项目——这就是与众不同的地方——能量来自高层，他们的热情传给了整个公司，每个人都精力充沛积极向上。"有了这种支持，用于广告和促销的费用没有阻碍，这支团队在对牙医促销高露洁全效上就花了2 000万美元。

1994年高露洁向美国FDA(食品与医药管理局)提出申请，要求在美国销售此种牙膏。接下来的3年，他们与上千人做了两个长期的实验。加法和他的团队负责为美国市场开发一种新口味——更柔和的薄荷型口味，加法经常跟哈伯通电话，而且每周还要在曼哈顿的总部或实验室所在地开例会。1997年高露洁全效获得FDA的批准，可以作为"口腔药物"出售。1997年12月15日中午12：01，当高露洁打开仓库开始发货时，全国最大的零售商的卡车在门外排起了长队。产品一到零售店，立即被抢购一空，甚至超过了牛奶和面包的销售。上市一个月后高露洁发了1 300万支全效牙膏，是预计销售量的2倍，在两个月的时间内高露洁全效占据了美国10.5%的牙膏市场，6个月后占据了45%~50%的市场份额。这是自1962年来高露洁第一次打败了常胜将军——宝洁公司的佳洁士。在世界市场高露洁全效获得了170亿美元的销售额。

根据1997年信息资源公司对767种新产品的追踪调查，只有3个新产品的销售额突破了1亿美元，高露洁全效便是其中之一。

有了这样的成功，许多人认为将高级管理人员转向下一个项目是很正常的。但高露洁不是这样的，产品上市3年之后，哈伯还是积极参与品牌管理，他的目标是"让100%的人使用全效牙膏，那时我们再去做别的事。"高露洁全效项目证明高级管理者的积极参与创造了畅销产品。

（资料来源：加里·S.林恩，《新产品开发的五个关键》，北京：机械工业出版社，2003）

2. 清晰而稳定的目标

(1) 项目支柱的含义。确定清晰而稳定的新产品目标即是要确定新产品的项目支柱。拥有清晰而稳定的新产品项目支柱是 5 个要素中最重要的。这一原则有两个例外，一个是革命型新产品的开发，这类产品的最终形式和应用范围在开始时还不明了；还有一个就是意外的发现，如盘尼西林。

项目支柱是给团队提供指导和方向的不可更改的原则，它们不同于产品规格，而是指产品的特性，是新产品"必须具备的"要素。它既包括对消费者来说的基本优点，也包括对公司里来自工程、制造、财务、市场和法律等条款的限制，即新产品包括的优点和限制条件。例如，Sony 微单相机的项目支柱是，可以通过镜头转接环使用各种镜头，体积小，方便携带，同时微单相机使用的是和单反相机一样的传感器，所以画质同样出色。通常的新产品项目支柱包括对新产品的性能、价格、外观、特色、竞争性及制造时间等方面的描述。

成功的新产品开发团队制订项目支柱通常从两大方面回答 12 个问题，一方面是找到了消费者对新产品的需求，另一方面是从竞争对手和客户那里收集信息。具体问题为：①什么是产品"存在的理由"？②产品一定要具备的优点是什么？③必须具备什么特征？④工程、制造和市场对设计有什么限制？⑤与对手相比，产品必须优于竞争产品的方面是什么？⑥它与竞争对手的产品有什么不同？⑦它比竞争对手的产品好在哪里？⑧这种不同对提高目标市场有意义吗？⑨谁是目标消费者？⑩你能描述产品的理想消费者吗？(年龄、收入、生活方式、市场大小、地理位置等)⑪产品的潜在市场有多大？⑫有什么特定的限制？

(2) 坚持稳定的原则。项目支柱必须满足消费者的需求，但它不是对消费者所有需求的反映。所以一旦项目支柱建立起来之后，不要轻易改变。许多失败的项目是因为"目标漂移"而造成。项目团队的每个成员都必须彻底接受项目支柱，所有的人都必须以实现项目支柱为目标。IBM 的 PC 机之所以取得巨大的成功，其项目支柱始终保持稳定，以至于在第一次会议上使用的图表，有 80%在最后一次请求上市的会议上还在使用。

3. 迅速试探性改进

在将新产品概念转化成新产品实体的过程中，需要进行迅速的试探性改进，即从概念到模型到市场测试再到下一个模型到市场测试再到下一个模型，直到产品与客户的需求一致。初步的想法不必完美，改进的模型比上一个好就行。采用迅速试探性改进法，宝利通的变形金刚模型获得了极大的成功。成功的新产品开发团队在采用试探性改进法时，经常回到初始阶段，如果一个模型不能激发客户的热情，团队就重新设计，他们从来就没有关于是继续还是终止的讨论，继续向前，不断改进是迅速试探性改进的根本思想。迅速试探法需遵循以下 4 个原则。

(1) 让第一个模型快速走向市场。新产品的第一个模型不管它多粗糙，在开始时都是为了听取客户的反馈意见。摩托罗拉创造了一系列不同的模型，第一个模型重约 2 磅，交给华盛顿特区美国国会的人使用，他们昵称它为"砖头"。美国国会的人抱怨举 5 分钟手就累得不行了。尽管"砖头"很重，到国会的人归还"砖头"手机模型的时候，许多人拒绝归还，直到保证给他们新机型。

(2) 尽快拿出第二个模型。向不同的消费群体展示不同的模型，不断改进，但是要始终坚持明确的项目支柱。

(3) 制订最后期限。产品永远不会完美，成功的新产品开发一定要防止错过上市的时间。

(4) 用模型寻找"热情的是"。"热情的是"就是消费者看到新产品模型后会说"我更喜欢这个，我现在就想买"。而究竟需要百分之几的热情率，取决于具体情景。小公司至少需要 50%的热情率，而大公司可以低一些。克莱斯勒公司在 1994 年测试重新设计的道奇兰姆卡车时得到的热情率是 20%，依然获得了巨大的成功。

4. 有效的信息沟通

有效的信息沟通是新产品开发成功的重要保证，不良的沟通几乎可以毁掉一个公司。研究表明，一鸣惊人的新产品开发团队在有效分享信息方面是失败团队的 2 倍。苹果电脑在开发苹果 IIe 时为了有效沟通信息，设计了一个称为"作战室"的会议室，团队的每个成员都能迅速简单地找到大量的项目信息。在作战室，不同的部门(研发、市场和制造)的进度被不断地用手写的方法贴在墙上。不仅团队成员，连客户、供应商和公司的销售代表也是如此。走进来立刻就知道谁在做什么，项目进行得如何了。作战室是使"大家意见一致"的沟通管道。整个团队每周在那碰一次面，项目的任何主要变化在数分钟内就过滤出来，不同的职能部门立刻就知道他们是否需要做出调整。作战室不仅仅是一个聚会的地方，也是苹果 IIe 的数据储藏室，技术或"智能"的银行。不同的部门会把他们的建议贴在不同的位置上，所以信息很容易被处理。苹果 IIe 在 1983 年 1 月推出，很快因为其稳定的性能赢得了口碑，上市一个月卖出 1.2 万台，1983 年 12 月卖出 11 万台，创造了当时电脑销售的纪录。苹果 IIe 成功的主要原因之一是"作战室"———种不可思议的分享信息的方法，在团队成员和高级管理层之间创造了清晰而迅速的沟通方式。

正确分享信息的方法有两种：互动记忆和机械记忆。

(1) 互动记忆。互动记忆是收集团队信息的方法。当团队成员需要数据，但自己又想不起来的时候，可求助他人，团队成员彼此之间相互提供信息，可使团队的工作更有效率。但在跨部门的新产品开发团队中，达到彼此相互提供信息必须找到沟通的途径，其中一个最好的方法就是让不同部门的人共同到客户那里拜访，他们彼此的熟悉会使信息分享更容易。市场营销人员和技术设计人员对产品性能的争论是不可避免的，但是如果他们彼此熟悉，他们更愿意快速解决问题。如果两个人有了很好的工作友谊，那么沟通就容易得多。市场营销人员和技术设计人员是否成为朋友并不重要，但他们分享信息的愿望和能力至关重要，良好的、亲密的个人互动可以提高这种能力。此外，经常召开团队会议是互动沟通非常重要的形式。

(2) 机械记忆。机械记忆是一个允许所有人查询数据的信息系统，是储存数据的地方。在苹果 IIe 的作战室拥有有效系统的三个基本方面：①记录(纸贴)；②储存(纸贴贴在墙上)；③查找(屋里的任何人都可以轻易查找)。每个团队中心成员都有自己的活页笔记本，有部门的名字和分类贴纸，团队领导负责更新记录，丢弃旧的资料加入新的资料。

5. 压力下的紧密合作

有效的团队合作就是团队成员共同承担任务和责任以保证工作顺利完成。跨职能的新产品开发团队在工作中的矛盾和冲突是不可避免的，团队的每个成员都是各自部门精通业务的专家，他们不习惯服从或认同他人的观点。但只要有效控制矛盾和冲突就可以提高新产品开发的绩效。如何才能做到有效的新产品开发团队合作呢？团队合作不是大家彼此喜欢，而是大家在一起工作就像一个整体，如果真正实施了前面四个步骤，有效的团队合作就会自然形成。具体说来可体现为以下几点。

(1) 高层管理者积极参与新产品开发，并通过授权赋予团队真正的权力。

(2) 建立清晰一致的目标。清晰的责任分工和任务安排，能使每个人都明确自己的任务和职责。

(3) 迅速有效的信息分享。

(4) 制订严格的最后期限。最后期限会激励大家共同工作，迫使每个人很快克服个人之间的问题。

本章小结

市场营销意义上的新产品含义很广，从生产销售和消费者方面可将新产品分为六类：全新产品、模仿型新产品、改进型新产品、形成系列型新产品、降低成本型新产品和重新定位型新产品。

新产品开发的趋势表现为：高科技化、绿色化、个性化、多功能化、短命化及使用简单化。

基于新产品视角的成功新产品开发因素有：卓越的产品，坚持以市场为导向——以市场驱动并以顾客为主开发的新产品，开发面向世界的产品。

基于新产品开发流程管理视角的成功因素包括：开发前期进行更多的工作，及早进行明确的产品和项目定义，正确的市场导入，良好的组织结构、设计和氛围，科学的项目评估体系，新产品开发过程的执行力管理，资源必须到位，速度和质量兼顾。

基于团队管理视角的新产品开发的 5 个关键因素是：高层管理者的投入、清晰而稳定的目标、迅速试探性改进、有效的信息沟通、压力下的紧密合作。

思考题

1. 解释下列概念：全新产品、模仿型新产品、改进型新产品、形成系列型新产品、降低成本型新产品和重新定位型新产品。
2. 基于新产品视角的成功新产品开发影响因素是什么？
3. 卓越新产品的特质有哪些？
4. 基于新产品开发流程管理视角的成功因素有哪些？
5. 如何进行新产品开发过程中的执行力管理？
6. 新产品开发中如何确定清晰而稳定的目标？
7. 讨论短命产品的利弊。

案例研讨

宝洁新产品上市的八项原则

在中国,平均每小时都有两个新产品推上市场,平均每小时也有至少两个产品退出市场。无论是规模过百亿的企业还是白手起家的小作坊,新产品上市永远都是企业发展的必经之路。

新产品孕育着希望和未来,但新产品一旦失败,代价却是极其惨重的。据统计,在中国,平均新产品上市的成功几率在5%以下,一般新产品持续的时间约为9个月,平均一次新产品上市损失达1 500万~5 000万人民币。在美国,新产品成功几率也在40%左右,平均单次新产品上市损失达8 000万美元。

面对充满机遇与风险的新产品,国际公司相继开展了对于新产品上市规律的研究与开发。宝洁身处激烈竞争的日化市场,新产品上市的管理流程是众多工作流程中十分重要的一项,在过去的几十年中,宝洁建立了标准化的新产品上市流程,并三次对流程进行了修改,以适应市场环境变化,市场的结果显示,标准化的新产品上市流程,大幅度提高了成功的几率。

在全球范围内,宝洁新产品上市的成功几率达到64%以上,在中国,针对15个品牌的100多次新产品上市过程,成功几率高达85%~90%。连续的新产品上市成功,造就了宝洁飞速的成长。在几十年的实践中,成功的规律慢慢得以总结,并迅速转化到具体的工作流程中去。

在实践中,有八项基本原则贯穿在整个新产品上市流程中,这八项原则被证明是导致上市成功的关键。那么这八项原则是什么呢?

原则一:不把新产品当作当年销售的增长点。

这是一个关键的战略问题,新产品正如一个新生的孩子,它的价值通常体现在上市12个月以后。虽然,上市后,多少都会带来一定的销售,但是如果把它作为年度销售目标的一个组成部分,由于年度目标的刚性,会导致为实现目标而急功近利,拔苗助长,具体体现如下。

(1) 缩短上市准备时间。

(2) 减省必要的工作流程。

(3) 忽略产品的质量和完整性。

基于以上原因,新产品上市通常并不作为实现年度目标的一种手段,而是作为为下一年度市场增长所做的准备工作。这个工作原则是新产品上市的第一原则,如果违背,通常都会直接导致产品上市的失败。

原则二:建立一套以客户价值为导向的管理流程。

新产品之所以成功,从根本上来说,是因为客户发现它具有比竞争产品更大的价值或者是比较独特。因此,正确地发现和定义顾客价值成为成功的关键。

在中国,许多企业新产品的想法并非源于对客户的分析,而多数是源于技术或是管理者个人的判断。并且多数并未在上市期间加以验证。这样就导致产品与客户价值之间的错位。为了避免这类问题的出现,宝洁在新产品上市流程中明确提出新产品的本质是产品"概念",而概念就是客户的价值。在实际流程中把开发产品"概念"作为整个新产品开发的第一步,而产品开发及广告、渠道策划都以产品概念作为依据。为了保证概念的质量,进一步建立了标准的七步概念开发法。这项原则,在实践中证明,是上市成功的又一关键要素。

原则三:在开始市场营销前科学地预测销售额。

在宝洁的上市管理流程中，分别有四次对产品上市后 12 个月内销售的预测。并且每一次都基于量化的市场调研数据。基于四次预测，进一步对上市预算进行估计。实践证明，四次预测有效地减少了上市准备工作的盲目性，并有效地减少与纠正上市中的错误决策。许多企业在上市的过程中，由于缺乏科学的方法，往往采取简单的推算法。例如，某企业准备推出一种戒烟产品。领导者认为：中国有 3 亿烟民，即使只有 1%尝试了这种产品，也有 300 万人，以单价 100 元计，当年销售额应该在 2 亿~3 亿元。但是实际上市后，失望随之而来，只有不到十万分之一的人尝试这个产品，两年的销售额只有可怜的 300 万元。有位市场总监把这种上市过程生动地描述为"狂喜→觉醒→迷茫→悔恨→惩办"五个过程。

原则四：建立一个独立的新产品上市小组，高层充分授权。

在中国，传统的家长和领袖意识，使得许多企业核心领导总是干涉产品上市的各种重大决策，由于位高权重，往往一言九鼎。权力往往替代了科学的调研与分析，而失败多数都源于这种经验与主观的判断。

宝洁为了避免这类问题的出现，对市场中的每一个关键环节——概念、产品复合体、市场复合体、销售复合体，步步都建立以市场调研为基础的决策模型，通常产品上市都是由新产品上市经理直接依据数据决策。而高层管理者主要扮演一个支持者的角色，在需要资源与协调时给予帮助。

原则五：导入项目管理制。

新产品上市是所有营销活动中最为复杂与复合的工作，通常会涉及公司中的各个部门。为了保证纷繁复杂工作的质量，项目管理的方式是十分必要的。

宝洁在上市流程导入全程的项目管理制，将所有工作模块分解为近 80 到 100 项工作任务，以一个新产品上市计划将所有的任务进行统一规划。每个任务都事先安排好时间、负责人、资源估计及量化目标。在管理过程中，运用项目会议的方式，每完成一个任务都进行 QC 工作。步步为营的管理方式使得上市工作有序而可靠。

原则六：在全国推广前，进行小规模市场测试。

测试市场是宝洁新品上市中的规定流程，通常选择一至两个相对封闭的城市进行，测试期通常为 3~6 个月。通过对测试市场的分析，修正与改进营销办法。在历史上，尽管是 100%地认真完成了准备工作，也有近 30%的新产品在测试市场中发现问题。著名的帮宝适婴儿尿片就是在测试市场中发现了产品概念方面存在的灾难性失误，从而避免了全国推出的巨大宣传损失。

原则七：使用量化的分析支持工具(市场调查与模型)。

在上市过程中，从目标市场确定到测试市场评估，涉及近 20 个关键决策点，任何一个决策点的失误都会导致产品上市遭遇困难，为了避免这些问题，科学的分析支持工具被大量应用，例如：

概念→概念测试与 COT；

广告→OAT 播放前测试；

产品复合体→BlindTest，包装测试，香味测试；

目标市场确定→需求研究；

测试市场评估→EBES 早期品牌评估研究。

上述各种测试都以量化的方式进行，且大多都是标准化的。

原则八：在上市准备期，发现不可克服的问题时应果断终止项目。

新产品上市准备阶段，由于对市场与产品逐步深入的了解，有近20%的几率会发现一些不可克服的问题。这时，及时果断地终止往往是最为明智的选择，同时会避免对企业造成的巨大损失。许多企业的新产品管理者往往很难克服面子和环境的压力，即使发现问题也抱着侥幸的心理强行上市，往往将一个原本200万元的损失扩大为5 000万元的损失。

宝洁在新产品上市流程中，以正式方式界定了多种项目终止的条件，并且对发现问题和及时终止的新产品经理给予褒奖，以肯定客观务实的态度。

以上的八项原则是新产品上市过程中的通用原则，基本适用于各种不同的行业。将新产品当作未来管理是许许多多国际企业在大量惨痛的失败中总结出来的经验。建立科学流程与适合的组织已经被公认为是成功的关键。

在中国，近年来，几乎所有企业都遭遇了新产品上市的瓶颈，许多企业依然依靠十几年前的起家产品维持生存。学习国际先进企业的工作方法，提高新产品上市成功几率已经逐渐成为中国所有企业发展与突破的必经之路。

(资料来源：Karen,《新产品上市的保洁模式》，畅想网，2007-02-07)

案例思考题

1. 企业为什么要不断地开发新产品？
2. 宝洁新产品上市的成功率为什么那么高？
3. 以上八项原则对我国企业新产品上市有什么启发？

第 2 章 新产品开发风险

 本章阐述的主要内容

(1) 新产品风险的原理;
(2) 新产品开发的各种风险因素;
(3) 新产品风险的防范。

引 例

谁都可能失败

通信行业中,2013 年美图秀秀推出的美图手机,一经上市便被抢购一空,后因其卡顿、黑屏、闪退等质量问题导致亏损。2016 年,面对大额亏损不得不联合小米手机共同研发新手机。2018 年 4 月,Facebook 推出针对 Android 手机的桌面应用 Facebook Home,用户安装该应用后,无须打开 Facebook,就能在手机主屏上看到好友的状态更新。该产品也标志着 Facebook 想要跳出传统应用的封闭状态,掌握手机主屏,让服务离用户更近一步。虽然上线之初获得了大量的关注,并被认为是挑战 Google 的举动,但用户的接受度并不高,不仅安装量低,产品的差评率也高达 48%。最终 Facebook 不得不继续优化产品,并删减掉过多的限制性功能。

(资料来源:改编自搜狐科技,2016—2018 年)

2.1 新产品开发风险概述

新产品开发具有广泛的风险性。据统计,从产品最初设想的提出,到最终成为上市产品,并能占领市场成为受欢迎的产品,新产品开发的成功率大约只有 10%。即使擅长新产品开发的一些美国公司,新产品开发的成功率也只有 30%左右。企业新产品开发的风险存在于新产品开发过程的每一个环节,具体来说,一般企业大约只有 1/4 的新产品的设想能通过可行性分析这一关,其中又只有 1/2 被经济评估证明是有价值的。经过经济评估后的设想,又只有 1/3 能通过开发阶段而进入试验阶段,其中又只有 1/2 可以进入商品化阶段。经过试销大约又只有 3/4 是成功的,利用概率知识,将这些概率相乘便可得知,能成功的新产品只占最初设想的 1/64。

可见,新产品开发是一项风险性极高的活动,企业若希望在高风险中追求高收益,一定要充分了解风险的本质特征,在新产品开发中做到能正确辨识、防范和处理风险,这是规避新产品开发失败的关键。

2.1.1 风险的内涵

风险是指在一定的时期和一定的条件下,由于各种结果发生的不确定性而导致行为主体遭受损失的程度及这种损失发生可能性的大小。因此,风险以遭受损失的程度及损失发生的可能性两种指标来衡量。

风险因素、风险事件和风险损失是风险的基本构成要素。风险因素是指能增加损失频率和损失程度的因素,是对风险产生的内在的、间接的原因;风险因素是风险形成的必要条件,是风险产生和存在的前提。风险事件是指损失的直接原因或外在原因;风险之所以会导致损失,主要是因为风险事件的发生造成的,如果风险事件没有发生,则不会导致风险损失;风险事件是风险存在的充分条件,在风险中占据核心地位,风险事件是风险可能性转化为现实性的媒介。风险损失是指某一结果可能发生的与预期结果的负偏离或差异程度;所谓损失,在风险管理中是指对风险主体的非故意的、非计划性的和非预期的某种价值的减少。

风险的不确定性包括模糊性和随机性两类,风险的模糊性主要取决于风险本身所固有的模糊属性,而风险的随机性主要是因为风险外部的多因性(即各种随机因素的影响)造成的必然反映。

2.1.2 新产品开发的风险原理

1. 风险、机会共生原理

一般的纯粹性风险(pure risk),如火灾、水灾等,只会给风险承担者带来损失而不能带来收益。而新产品开发风险则是一种投机性风险(speculative risk),它既可能给风险承担者造成损失,又可能给风险承担者带来机会。因此,新产品开发可以说是收益与风险并存,风险与机会共生。机会成为企业从事新产品开发的正向推动力,而风险则成为企业从事新产品开发的逆向阻碍力。

企业从事新产品开发活动,旨在寻找新的市场机会,提高综合竞争力,获得经济效益。而风险则有可能导致新产品开发的中止、延期、亏损、失败,造成企业在经济上、时间上和机会上的损失。新产品开发的风险与收益(预期收益)之间还存在某种准对称关系,即高收益的新产品开发项目一般蕴含着高风险,而低风险的新产品开发项目一般只能带来低收益。因此,企业进行新产品开发决策并非以收益作为唯一目标,而是要综合考虑风险与收益,进行风险与收益的权衡。

2. 风险的绝对性与相对性原理

新产品开发风险的绝对性与相对性原理,是指新产品开发风险的存在是绝对的,而风险的大小对于不同的承担者来说又是相对的、不同的。这主要表现在以下几点。

(1) 新产品开发风险可以分为客体风险和主体风险。由于难以获知外部环境的具体情况，以及新产品开发项目本身具有的难度与复杂程度所导致的风险，即为客体风险；由于创新者自身的实力与能力的有限而导致的风险，即为主体风险。客体风险是绝对的，而主体风险是相对的，同一个新产品开发项目，对于不同的创新者、不同的企业来说，风险是有差别的。资金实力、研究开发能力、市场营销能力比较弱的企业，新产品开发风险相对要大。

(2) 新产品开发风险又可以分为主观风险和客观风险。客观风险，即客观因素所导致的风险；而主观风险，即创新决策者、管理者的主观因素所导致的风险，如决策者、管理者调研不足、盲目乐观、决策失误、监控不力也可能导致技术创新失败而蒙受风险损失。

3. 风险损失递增原理

企业开发新产品的过程中，投资是分阶段进行的。随着时间的推移，企业累计投入的资金量越来越大。新产品失败或终止的时间越靠后，造成的损失也越大。由于新产品开发项目损失递增的规律，使得必要的时候难以做出终止新产品开发项目的决定，若在开发过程的中间环节终止某项目，那么之前所有的投入都变得一文不值。而且，因为不知道终止之后又有什么影响，所以还可能造成因终止该项目的机会损失。

4. 风险结构原理

新产品开发的风险结构，是指在导致新产品开发失败的各种因素中，不同因素所起的作用份额。国内外的有关研究表明了一条重要的风险结构原理：新产品开发的风险因素并非全是"技术性"的，非技术因素特别是市场因素对新产品开发失败起重要作用。美国学者 Myers 和 Swezy 对 200 家企业因不同因素造成的失败率调查结果如表 2-1 所示。

表 2-1 风险因素分析

原因	技术	市场	管理	资本	政府	专利
失败率/(%)	11.5	27.5	23.5	15	12	5.5

可见，企业进行新产品开发不仅要考虑技术上是否先进，还要考虑经济上是否可行和社会能否接受。

5. 风险栅栏原理

当创新者尚未取得成功时，风险成为创新者的障碍。一旦创新者取得成功，则风险反而成为保护成功者、阻止竞争者进入的屏障。而且新产品开发项目的风险越高，则对模仿者、竞争者、企图进入者的阻挡力便越强，对成功者的防护作用便越显著。因此，新产品开发的风险具有"栅栏"作用，当某创新者处于栅栏外(创新未成功区)，则栅栏起阻碍作用；当创新者突破了栅栏而进入成功区，则栅栏便成为安全屏障，起阻止竞争者进入的作用。"栅栏"的防护作用主要表现在：①若新产品开发项目技术难度很大，则模仿者进行模仿、竞争者试图超越的困难性也就越大，从而构成技术性屏障；②高技术产业一般具有高风险，同时又需要高投入，从而限制了一些资本实力相对较弱的对手的闯入；③当成功者领先开发且具有一定规模时，其规模经济效益使其比企图闯入者具有竞争力，从而构成规模性屏障；④率先成功者可通过专利战略，建立专利阵而形成技术上的相对垄断，并以此实现市场垄断。

当然，某一技术领域的率先成功者也可能遭遇某些不利。例如，它为新产品开发花费了大量投入，为了回收这种投入，产品的定价可能过高，从而给竞争对手留下可乘之机。据菲利普·科特勒对美国13种产品的市场调查，竞争对手常用的竞争行动多达24种。因此，风险"栅栏"的屏障保护作用是相对的，竞争对手闯入或跨越创新风险屏障的事例也常有发生。特别是我国，假冒伪劣者利用其低成本优势和不正当经营手段(如回扣)而打垮正宗产品的事例已不鲜见。因此，创新成功者不能大意，应采取预防性措施强化防护屏障(如制造专利阵)，或采取移动屏障策略，不断进行开发与创新。

6. 风险传递原理

在新产品开发的不同阶段中，分别存在不同的风险因素。风险影响具有从前向后的单项传递作用，即前一阶段的风险因素将对下一阶段的风险造成影响。如将开发过程分为决策、技术、生产和市场四个阶段，则风险传递过程见表2-2。

表2-2　风险传递过程

	决　策	技　术	生　产	市　场
风险因素	W_0	W_1	W_2	W_3
风险影响	R_0	R_1	R_2	R_3

注：$R_1=f(W_0, W_1)$，$R_2=f(W_0, W_1, W_2)$，$R_3=f(W_0, W_1, W_2, W_3)$。

7. 市场风险的分布原理

新产品开发的市场风险主要来自消费者和竞争对手两个方面。通常新产品开发市场风险的分布服从下述规律：在新产品的投入期和成长期，主要的市场风险来自消费者而不是竞争对手；当产品进入成熟期时，主要的市场风险来自竞争者而不是消费者；当产品进入衰退期时，主要的市场风险受竞争者和消费者的共同作用。具体见表2-3。

表2-3　产品生命周期中的风险来源分布

产品生命周期	风险来源
投入期	消费者
成长期	消费者、竞争对手
成熟期	竞争对手
衰退期	消费者、竞争对手

在新产品最初投入市场时，消费者和竞争者都处于潜在状态，因此首要目的是要使潜在消费者变为显现消费者，这需要投入大量费用并冒较大风险，而此时，由于市场尚未打开，竞争者也处于潜在状态，他们对创新领先者暂时不会构成现实威胁，故在新产品进入市场初期，市场风险主要来自消费者。当产品进入成熟期时，说明消费者已接受

这种产品,且需求较为稳定,此时就会有竞争者企图或已经进入该产品市场,并与创新领先者争夺市场份额,从而来自竞争者的风险居于主导地位。当产品进入衰退期时,市场风险一方面来源于竞争者的新行动(如开发更新的产品),另一方面来源于消费者偏好的转移及因需求饱和而导致的需求量减少,因此,此阶段的市场风险受竞争者和消费者的双重影响。

8. 新产品风险转移成本原理

企业在新产品开发过程中,可以向他人转移一部分风险,但这种转移是要付出代价和成本的。风险转移分为财务型风险转移和控制型风险转移,前者仅发生风险损失的转移而不发生风险因素的转移,如进行科技保险可转移风险损失;控制性风险转移是指将新产品开发项目的部分风险转移到另一创新者,如企业委托科研机构开发某项技术,或与科研机构联合开发新产品等,使企业和科研机构共担风险,但效益也是共享的。

2.2 新产品开发的风险因素

1983 年,美国工业会议对新产品开发失败的原因进行了统计分类,结果如表 2-4 所示。

表 2-4 新产品失败的统计分类

新产品失败原因	比重/(%)
①市场分析不当	32
②产品本身不好	23
③成本超过预期值	14
④投放时机不当	10
⑤竞争的阻碍	8
⑥销售力量、分销、促销组织不当	13

从上面的资料可以看出,其中的①、④、⑤和⑥完全属于市场营销所涉及的内容,占总失败原因的 63%,可见新产品开发的成功,并非是一个涉及纯技术的问题。正好相反,大部分失败的原因是那些看似细微的隐形营销问题。因此几乎可以认为,新产品开发的成功与否,在很大程度上要看能否有效地运用市场营销观念、策略、组织设计和实施技巧。

新产品开发是企业的一项系统的工程,要经历技术开发、工艺设计、生产、销售等多个经营环节,这就造成了新产品开发风险因素的多样性,识别这些主要的风险因素是新产品开发规避风险的前提。

2.2.1 技术风险

技术风险是由于新产品开发技术本身的不成熟、不完善或新的替代技术提前出现所带来的风险。

(1) 技术的不成熟。由于对新产品的开发是一种技术上的探索,因此难以确定这样探索的结果会如何,可能会因为技术上不成熟、不可行而造成创新项目半途而废,或者虽然能研制开发出来,但达不到预计的技术效果。

(2) 技术或产品寿命周期缩短。新产品在不断发展,当更新、更好的换代产品比预计的时间提前出现,或市场上出现了其他的功能上可替代的产品,就会对已有产品产生巨大冲击,甚至使之被提前淘汰。现代科学技术呈现出加速发展态势,各种新技术层出不穷,使得产品寿命周期和技术寿命周期大大缩短,这更增加了现代企业新产品开发活动的技术风险。

补充阅读

当年火爆的偷菜游戏
《开心农场》为什么失败了?

凡是用过开心网的人,多半玩过其中的一个游戏——《开心农场》。曾几何时,偷菜游戏一度风靡全中国。然而,开发《开心农场》的公司却因为没能挡住融资压力,倒闭在了 B 轮融资的"黎明前五分钟"。

开心网创始人程炳皓认为,开心网最终失败的原因主要有两个。一是偷菜停车,也有生命周期。社交游戏和传统游戏看起来有很大不同,乐趣的核心点在"社交",其实应该称作"游戏社交"可能更合适。其用户遍及男女老幼,因为是完全创新,用户一开始得到全新的体验,乐趣极强,黏性极强,传播极快,但是终究也会有生命周期。最重要的是,这种社交游戏不像传统游戏,传统游戏可以不断地换新题材、新玩法一直不停地做下去。而社交游戏的乐趣在于人和人的一种新形式的交互乐趣——善意的玩笑,这种善意的玩笑经历了几次改良创新——从朋友买卖到争车位,再到偷菜,人们对这种玩笑的兴趣被用尽了。用户不是对一款社交游戏失去兴趣,而是对所有社交游戏失去兴趣。2011 年之后,市场上基本没有纯粹的社交游戏了,有的只是传统游戏加上社交元素。二是"熟人社交"不是刚需,无法成为支撑一种产品的最大支柱。提到"熟人社交",人们往往会想到微信和微博。而它们不仅仅是熟人社交工具,微信的核心黏性是通信,通信毫无疑问是最大的刚需。微信是在通信这个刚需的支撑下,附带了朋友圈。也许用户花了很多时间在朋友圈上,但朋友圈不是核心黏性。同样,微博也不是"熟人社交",也许上面有熟人互粉,但那不是主流。

在 2009 年的偷菜热潮中,开心网也担心社交游戏的生命周期问题,所以一只手做新的社交游戏,另一只手想引导用户去社交。虽然有很多用户是为偷菜而来,但是北京、特别是上海的很多核心用户有明显的社交行为,开发的非游戏应用"转贴"也成功吸引了很多原本只偷菜的用户。但是随着偷菜等游戏的活跃度下滑,用户社交的活跃度也下滑。

虽然开心网 2008—2009 年如烈火烹油,红得发紫,但其实产品上潜藏着巨大危机,而且微博已经在与之争抢用户。那时也刚刚开始推广移动互联网,用户在未来几年全都要换成移动设备,在 PC 上使用的网站不一定会延续到手机上。所以留给开心网的时间并不多,必须要有更多、更快的创新,可是开心网没有抓住机遇,最终以失败收场。

(资料来源:程炳皓,《开心网创始人程炳皓:我们犯了成功者的错误》,新浪博客,2016-07-23)

2.2.2 生产风险

新产品即使能在技术上成功研制出来,但仍然难以确定其批量生产及规模化。新产品开发活动所需要的生产能力与现有产品生产能力是有差别的,它是指把研究开发成功的新产品样品及时地转化为可批量生产的产品的能力,它要求生产系统具有较强的柔性和灵活适应性。企业的配套技术不适应、生产工艺不过关、原材料供应跟不上、设备适应性差、生产规模难以迅速提高或工程技术人员及操作人员专业技能无法满足需要等因素都会产生生产风险,导致创新产品质量与性能达不到设计标准、生产能力不足或者生产成本过高而无法满足市场需要。

为了使新产品能够有序地投入生产,选择适当的分销策略至关重要。如果销售终端无力,产品卖不出去,就像江河的下游被堵住,可以想象对上游造成的灾难性后果。新产品选错了销售方法,这样会浪费许多营销资源。不是市场打不开局面,就是销售成本过高。销售方法失误往往是导致渠道分销不当的前提。分销无力度,新产品就不能进入渠道,商品流通环节因此而中断,销售就自然会面临着失败。无力度的销售往往表现在市场终端上,消费者在市场上根本看不到它们的产品,也就无从购买。

补充阅读　　　**日产汽车的召回**

据日本经济新闻报道,日产汽车在日本国内发现更多不当质检,正考虑召回受影响的汽车。2018年7月,日产汽车表示,已发现19款在日本销售的车型存在尾气排放和燃油经济性测量方面的不当行为。早在2017年10月,日本政府就发现,日产日本工厂未经认证的质检人员对汽车质量进行了认证。根据调查结果显示,日产汽车日本工厂由未经终检员资格认定的技术人员参与车辆最终检查工作,违规签字盖章。调查车辆检查失误的第三方团队发现,一些工厂将需要最终接受检查的车辆项目从最终的车辆检查线转移到其他线,结果造成未持有资格证明的人员完成了最后一次车辆检查。随后,日产在日本本土召回120万辆车,并叫停了日本本土6家汽车装配厂的生产活动,以解决质检违规的问题。

(资料来源:《日产汽车被曝发现更多不当质检　将对车辆召回》,新浪汽车,2018-12-06)

2.2.3 市场风险

技术和生产上成功的产品并不意味着市场上能成功。新产品开发一旦进入市场就会产生市场风险,这种风险是由于创新产品不适应市场需求及其变化、竞争对手的反击等而可能导致未被市场有效接受。

(1) 顾客需求的不确定性。一个新产品要取得成功,需要一个有潜力的市场,这是毋庸置疑的。因此,在产品开发之前,进行有效的市场分析是必要的。虽然市场分析有助于企业更好地做出新产品开发计划,但企业却不知道它们是否获得了准确的顾客需求信息。许多学者认为，对具有潜在市场的创新型产品来说，得到顾客需求的有效信息是困难的，因为有时顾客也无法知道他们真正需要什么。

(2) 市场接受时间的不确定性。一个新产品特别是高新技术产品的推出时间与诱导出需求的时间存在时间上的滞后，如果这一时间上的滞后过长，将导致企业开发新产品的资金难以收回。例如，贝尔实验室在20世纪50年代就推出了图像电话，过了20年才实现了该技术的商业价值。

(3) 模仿的存在。由于存在着对新产品可能的模仿，创新产品的市场会由于模仿产品的进入而变得竞争更加激烈，使企业只能获得较少的"撇脂"利润。

(4) 难以预测创新产品的扩张速度。例如，知名汽车品牌奔驰、宝马和雷克萨斯预计3万美金以上的豪华车市场上，纯电动车未来发展有限，因此潜心开发油电混合动力车，给了特斯拉出品豪华纯电动车的5年市场真空期。当特斯拉2018年要完成每月2万辆产能才能满足蜂拥而来的订单时，奔驰和宝马的量产版纯电动豪华车才在法兰克福车展亮相，预计2019年至2020年才能投放市场。而到那时特斯拉上海工厂也已建成并开工，年产量将高达50万辆。

(5) 促销不当。新产品促销是指企业通过人员推销或非人员推销的方式将新产品推向市场。新产品的促销组合策略主要有人员促销、广告、销售促进、公共关系及宣传报道等。促销是新产品进入市场比较有效的方式，但如果处理不好则会适得其反。对于一个新产品、新品牌，不顾一切、急功近利的促销对新产品产生致命的危害，相反，往往有效的促销方式是有效地利用现有资源，从而达到事半功倍的效果。

(6) 竞争风险。企业面临的另一个市场风险是竞争对手采取应对手段和措施进行反击所带来的风险。新产品开发是企业参与市场竞争的重要手段，有可能别的企业目前也在从事同样的开发工作并且领先一步。即使一个企业率先将新产品开发出来，但由于新产品的丰厚利润，也会吸引众多的竞争者跟进，利润率越高，则跟进者的数量就愈多。随着现代信息手段、检测分析手段的不断发展及解密技术的提高，新产品被仿制的速度越来越快，使得任何新产品的独特性可能很快就消失，创新企业的市场优势难以持久保持，企业则可能因为新产品开发的高额投资难以收回而陷入困境。同时，新产品进入市场必然会打破原有的市场格局，老产品的生产者为了保住其市场份额通常会进行激烈的反击，如大幅度的降价，或推出更新颖的替代产品。此外，有的竞争对手甚至会采用不合法手段来争夺新产品市场，如窃取技术情报、挖走新产品开发的关键人才、制造假冒产品、毁坏新产品声誉等，这些都可能给创新企业带来巨大的难以挽回的损失。

补充阅读　　共享单车迎来冬天

2015年下半年，摩拜与ofo开始在北京、上海两大城市试运营，短短几个月之间，共享单车就成了人们争相试用的城市新时尚。尤其是早期主打校园的ofo，亮黄色的车身使其天然具有青春校园气质，甚至有很多大学生将自己的单车贡献给ofo，刷成ofo黄。那时，共享单车的创业者宣称，共享单车是一种光明的出行方式，注定会改变人们的生活方式。

后来，共享单车投放急剧增多，并向海外进军，所到之处无不乱象丛生，不得不让人们怀疑，共享单车这个产品是否天生就是反市场的。然而，在共享单车的寒冬中，并没有多少人同情它们，糟糕的使用体验早已伤透了用户的心。更严重的问题是，共享单车行业的疯狂扩张，如蝗虫过境一般，卷走了无数用户的押金。

2018年ofo用户大规模申请退押金，排队人数超过1 000万，同时ofo创始人兼CEO戴威被列入"老赖名单"，不得进行高消费。ofo失败的关键原因在于其内部的股东投票机制，因为ofo做出选择之前绕不开股东的投票，"一票否决权"是导致其失败的主要原因。

（资料来源：新周刊，《共享单车死得有多惨，就有多活该》，搜狐科技 2018-12-02）

2.2.4 资金风险

资金风险是指因资金供应出现问题或新产品研发费用超支而导致创新失败的可能性。新产品开发项目通常对资金需求量大且难以预测，在新产品开发活动中，可能由于对资金需求估计不足或项目费用控制不力造成超支，如果资金不能及时跟进，就会延误时机，甚至使创新活动半途而废。在新产品开发中，多数企业都出现费用超出预算。一份调查资料表明，在制药行业，新产品开发的实际费用与预估费用之比值为1.78，实际所花时间与预估时间之比是1.61，也就是说实际要花的钱几乎是当初设想的两倍，而时间更是超过了一倍半。材料、设备价格的上涨、人工成本的升高，政府在产品安全、控制污染、保护能源等方面要求的不断提高等因素都导致目前新产品开发费用呈不断上升趋势。

2.2.5 其他风险

新产品开发过程中，除面对以上风险的可能性外，还可能面临政治风险、政策风险、法律等风险。

(1) 政治风险，表现为政局动荡、汇率变动等形式。
(2) 政策风险，表现为产品技术标准的改变、地区贸易政策的改变等形式。
(3) 法律风险，表现为环境保护、消费者保护运动等形式。

2.3 新产品开发风险的防范与补救

2.3.1 技术风险的防范

1. 推行技术开发股份制

技术开发股份制可采取如下形式：科研院所或科技人员实行技术入股，与企业组成科研-生产联合体；科研院所或企业内部入股进行技术开发；股份制技术开发集团；中外合资入股和技术开发。

2. 实行技术开发保险

保险是风险防范的一种理想方式，通过技术开发保险，可以使开发者的风险得到分摊和转移。技术开发保险有以下几种形式：技术转让保险、新产品质量信誉保险、新产品开发阶段保险、新产品开发总体保险、科技信贷保险和组织技术招投标及技术拍卖等。

3. 风险回避策略

风险回避是企业在不得已的情况下采取的一种策略，它有以下几种类型。

(1) 选择低风险的领域。其目的在于回避竞争风险，但一是要选准方向；二是一旦进入新领域，必须营造自身优势，以防其他竞争者挤入这一新领域而构成新的竞争威胁。

(2) 选择风险低的新产品项目。要注意低风险带来的收益也低，同时，风险低也导致从事的企业也多，因而可能转化为高风险。所以，这只能作为一种策略，而不应该成为一种战略倾向。

(3) 对某一项目选择低风险的实施方案。在采用这种风险回避方式时，应权衡三个因素之间的关系，即成本、时间、成功率。这三种因素可能出现组合关系，一般以成功率为主要考虑因素，但要兼顾成本和时间因素。

(4) 在新产品开发实施过程中改变路径以绕过某些风险因素。如进入市场阶段遇到风险时改变营销计划、营销策略或进行市场转移等。

(5) 中止某些项目。项目中止决策是极难的，若过早中止项目，则不仅失去全部机会，而且也会使前期投入化为乌有；若过迟中止项目，则累计投入的财力、人力、物力和时间便越来越多，因而中止所造成的既成损失也就越来越大。因此，中止项目的决策，既要仔细权衡，又要当机立断。

2.3.2 生产风险的防范

1. 对企业新产品开发提供信息指导

在科学技术迅速发展的今天，信息作为一种资源，已经成为经济的发展的关键因素。谁能最先掌握并及时、准确地运用信息，谁就能在激烈的竞争中取得主动地位。正是由于这种需要，越来越多的信息指导平台层出不穷，信息提供的方式也是多种多样。如何充分利用这些信息及如何从海量的信息中甄别出有效的、真实的信息成了企业当前掌握新产品开发所需的信息的首要任务。新产品从研发到生产的过程中，只有掌握充分、真实而且有效的信息，才能做到知己知彼，防患于未然。

2. 风险控制策略

风险控制指预先将风险因素消灭于萌芽状态，或者减少风险因素出现的可能性与损害程度。

(1) 对某一有可能发生的风险因素进行预先消除。如对于预先估计到的技术难点，以购买部分技术的方式来预先消除这些技术难点所造成的风险；为提高新产品的生产质量而预先加强质量管理，并对工人进行技术培训；为消除市场风险而提前打通市场渠道等。

(2) 当风险因素发生后采取恰当措施以减小风险损失。如当新产品投入市场后出现仿制时，可及时寻求法律保护或通过新闻广告媒体来消除不利影响。

2.3.3 市场风险的防范

1. 风险投资

这是新产品开发风险宏观防范或社会防范的重要方式，也是一种极为有效的方式。它是现代科技与金融在商品经济条件下紧密结合的产物，一般指专门筹集和投放风险资本的风险投资公司为获得巨额利润而将风险资本投放于专门从事高技术开发与应用的风险企业的投资活动。

2. 风险分散策略

风险分散可通过两种途径来做到：一是空间上的分散，二是时间上的分散。

(1) 空间上的风险分散有以下具体方式：同时开发生产多种新产品，减少总体风险；同时进行多个项目的开发，形成项目组合；对同一项目同时实施多种方案，以提高总体的成功率。

(2) 时间上的分散是指把新产品开发的各项目按一定时间顺序进行排列、进行开发，或对新产品开发项目进行分批投资。风险分散策略并非总是有效，企业应根据实际情况决定是否采用风险分散方式。

2.3.4 资金风险的防范

1. 为企业新产品开发提供资金保障

政府及社会对企业的科技投入分有偿和无偿两种，有偿型又有三种具体形式：还本型，又称垫资型；贷款型，主要是项目贷款和科技贷款；投资型，主要以风险投资方式实现。

2. 新产品减免税

它可降低企业资金负担并提高企业新产品开发生产的实际赢利，从而降低风险，主要有三种类型：对新产品生产实行减免税，它主要起到削减项目成功后的生产风险和市场风险的作用，但难以对失败项目进行补偿；对新产品开发投入进行减免税，这种方式即能削减成功项目的风险，又能削减失败项目的风险；对新产品购买者实行减免税，这种减免税直接惠及购买者，间接惠及生产者和开发者，有助于削减新产品的市场风险。

3. 风险转移策略

风险转移与风险分摊存在某些共同点，但两者之间也存在一些差别。风险分摊是风险承担者自愿参与并通过契约或其他形式进行约束以实现利益均沾、风险共担的一种风险处理方式，各风险承担者的责、权、利具有对等性；而风险转移则一般不具有这种对等性。风险转移一般具有三种情形。

(1) 风险承担者进行风险投保，使风险转移到承保者，而风险的原承担者不承担风险或承担少量风险。

(2) 风险承担者在他人不知晓或不情愿的情况下将全部或部分风险转嫁他人。例如，专利权人将风险极高的技术商品出售给他人便是一种风险转移。

(3) 通过招标、投标的方式实现风险转移。

2.3.5 其他风险的防范

风险分摊策略是指通过增加新产品开发的风险承担者来使得每个承担者的风险减少。具体方式有横向联合、技术开发股份制、中外合作开发、OEM 生产方式等。在我国采用技术开发股份制方式时，要注意以下问题：企业组建规章、产权明晰化、分配合理化、管理制度化、经营民主化。

2.3.6 风险补救

风险补救是指在风险发生后所采用的一种补偿措施，主要方式如下。

(1) 风险放弃。即当风险活动遇到较大风险障碍而难以继续进行下去时，为避免进一步的风险损失而对进行过程中的风险项目予以舍弃。风险放弃本身也是一种风险决策，若决定中途放弃某风险活动，则意味着已进行的风险投入和已造成的风险损失无法挽回，且意味着放弃该活动可能赢利的机会；若决定继续该项风险活动，则意味着仍要进一步风险投入，且此时所冒的风险远比该活动开始之前预计的高。

(2) 方案修改。指根据已发生的风险及预期风险的状况在原有方案的基础上进行改进。

(3) 应急处理。指通过某些措施对风险活动及正在发生的风险因素进行应急处理，以尽量减少风险损失。

2.4 新产品开发风险防范的基础工作

除了一些上文提到的一些主观防范的具体措施以外，企业自身做好防范的基础工作也可以有效地避免主观风险的发生。

2.4.1 建立科学的新产品开发项目评估机制

由于新产品开发活动综合性强，关联性大，因而创新决策不是孤立地进行的，而应当结合企业资源与能力特点及总体经营战略，并对技术发展趋势、市场状况及面临的竞争形势进行深入的调查、分析和研究，还要对新产品开发具体项目方案进行深入全面的评估，从而做出综合决策。

1. 建立科学的项目评估体系

(1) 技术评估。技术评估主要是对该项目技术先进性和适用性进行评估。首先，要分析所采用技术的先进性，是否符合行业技术发展方向，新技术新产品的寿命周期有多长。其次，项目在技术上是否切实可行，要深入分析技术本身的成熟程度及稳定性、可靠性，还要具体考虑企业是否具备相应的研发能力，配套技术及设施、设备、工艺、人员的技术能力及员工操作水平能否符合需要。

(2) 市场前景分析。企业必须科学地做好市场调查与预测分析，努力把握需求的变化趋势，为创新产品进行准确的市场定位。需要注意的是，在市场分析中既要分析现实的市场，也要分析潜在的市场，因为新产品的市场常常是引导和创造出来的，对潜在市场需求的分析预测，对新产品开发尤为重要。

(3) 竞争状况分析。在新产品开发决策中，一是要充分利用各种合法手段和可能渠道努力掌握竞争对手的动态，进而决定企业的竞争战略。如通过搜索和查阅有关专利文献、技术文献可了解竞争对手的创新成果、行业的技术发展状况，并借鉴他人的经验教训，少走弯路。二是要预测创新产品上市后，竞争对手可能采取的对策及其对新产品的冲击，分析竞争对手进行模仿的可能性、难度及所需时间，避免选择研发费用高昂但竞争对手可以较易或较快进行模仿的新产品开发项目。

(4) 企业资源及能力分析。企业是新产品开发风险的承担主体，一个企业所拥有的创新资源和能力决定了它进行新产品开发的强度、规模和方式。虽然新产品开发项目不可能完全没有风险，但企业可以而且应当避免选择超出企业风险承受能力的新产品开发项目或开发方案。因此，在项目选择时应客观评估企业所拥有的创新资源及配置能力，主要包括研究开发能力、总体技术水平、生产制造能力、市场营销能力、资金实力及项目管理水平，并对项目风险发生的可能性及危害性大小进行预测，量力而行地选择新产品开发项目。无数企业的实践证明，充分利用和拓展企业既有资源，并根据优势资源来选择新产品开发切入点，有利于降低新产品开发成本，提高创新成功率。

(5) 企业总体经营战略分析。企业战略是对企业生存与发展的总体谋划，新产品开发作为增强企业竞争力的最重要手段，必须依据企业战略有选择、有重点地进行。重点选择那些符合企业当前和未来竞争需要及业务发展需要，有利于形成和强化企业核心竞争力，具有战略价值的创新项目，这样才能使企业从整体高度合理有效地配置有限的创新资源，产生协同作用，有利于各环节、各部门协调配合，减少冲突，从而保证新产品开发项目的顺利实施。

2. 建立市场信息数据库

企业在对项目进行全面评估的过程中，需掌握项目和有关的动态信息。信息越全面、越准确、越及时，创新风险就越低，要充分利用现代信息收集手段，密切跟踪了解国内外科技发展动态和市场变化信息。例如，2017 年 4 月，国内知名电器零售企业国美推出了自己的手机品牌国美系列，推出之后获得 2017 年 IF 设计金奖，该手机主打虹膜识别功能。其构思新颖，配置也还算均衡，但是上市两个多月，仅销售了 54 台。失败的原因在于，中国国产手机市场上与国美系列性价比相同的手机价格更便宜。

(1) 确立数据库开发的目标，选择营销数据库信息的类型。数据库开发的第一步就是首先确定建立数据库的目标。建立数据库的目标要与企业目标、营销目标相一致。比如拓展客户、竞争分析、消费者分析、财务状况、个性化营销或者目标市场活动等，不同的企业对建立数据库的目标、要求大不一样。确立目标之后，便是对数据库类型的选择，有四种类型的信息可放入营销数据库。

① 个人数据，包括所有的现实及潜在客户的姓名、年龄、婚姻状况、子女个数、就业情况、收入阶层、生活方式、工作性质、信用状况等。

② 地址数据，包括详细的通信地址、地址类型、地区代码、销售区域、传媒覆盖区域。

③ 财务数据，包括账户类型、第一次订货日期、最近一次订货日期、平均订货价值及供货余额、平均付款期限等。

④ 行为数据，包括回应类型代码(不仅包括订货、询问，还包括对调查活动、特价品、竞赛活动的反应等)，做出上述回应的日期、回应频率、回应的价值、回应的方式(电话、传真、邮编、电子邮件等)，每次发生纠纷、延迟交货和产品残次等方面的详细资料，每次与客户或潜在客户进行接触的时间和方式。

不同的公司对数据类型也有不同的要求，营销者可以挑选出适合自己需要的数据类型。如保险公司注重搜集人们的年龄、生命周期、健康状况等数据，汽车销售商主要想知道有关人群的职业、薪金收入、银行存款等数据，百货商店注意搜集顾客的购买频率、购买金额、产品和价格倾向、支付方式、特殊偏爱等数据。

(2) 寻找数据来源。数据库资料的来源，与营销调查的资料来源有众多相似之处，如内部资料与外部资料、一手资料与二手资料，完全可以按照市场调查的方法获取。通过问卷调查、电话调查、面谈等方法得到一手资料，通过购买或从公开的信息中取得二手资料。营销数据资料的另一个重要来源是不断进行的营销行为，如促销带来的反馈、销售带来的收入数据等。

(3) 数据选取、输入及更新。营销人员通过各种途径收集到大量的原始数据后，并不能以此立即做出营销决策，而是必须先对这些数据进行筛选，使之具备一定的结构，为随后的数据统计分析和建立模型以获取营销信息做准备。

挑选数据主要包括三个方面。①确定数据库文件。数据库文件往往由公司的决策部门、行政部门等因素决定。②检查数据。数据库文件确立以后，对文件的数据要素进行全面检查，以确定每个数据要素的确切含义。③挑选数据。从大量的收集数据中挑选有价值的或可能有价值的数据进行录入。这时要考虑数据的时间、可靠性等因素。数据的选录工作可由数据的提供者或数据库装入者来加以完成。

由于顾客总是在不断变化的，如购买时间、购买方式、兴趣转化、地址搬迁等，所以营销数据库要经常进行更新。一般来讲，顾客不管怎样变化，身份证号码是不会变的。故许多企业都把顾客身份证号码作为数据库的关键字段，不去更改，而只是更改其他方面的数据内容。不同的企业对数据库的要求不同，所以在数据更改的内容、频率等方面也各有不同。数据库更新的频率，反映着数据库有关顾客信息的真实性与准确性。一年只做两次促销活动的公司，数据库的更改频率可以为每年两次。而众多的公司每日都在更改数据：购买数据、地址变迁、新增顾客、删除久不见信息者等，也有的公司每季度更新一次数据。

2.4.2　建立新产品开发活动过程的系统化管理机制

(1) 建立高效的新产品开发组织机制。企业领导层应明确企业的重点经营业务、经营领域和发展方向，制订与总体战略相符合的新产品开发战略，明确新产品开发目标和新产品活动范围，并以战略为纽带将全体创新人员连为一体；应根据需要设立灵活的新产品开发组织机构，由高层管理者负责协调研究开发、工程技术、生产、供应、营销、财务及人力资源等职能部门的合作与配合，明确各环节风险责任，高层管理者应高度重视新产品开发并制订合理的创新激励政策和有效的分配创新资源。

(2) 建立科学的新产品开发项目管理机制。合理地运用项目管理工具和管理方法，从新产品开发项目立项、开发、中试、生产到销售，建立一套严格的决策程序、系统科学的评价标准和周详的计划。企业重大新产品开发项目决策应由高层管理者、科研人员、生产人员、营销人员共同参与制订，对创新项目中存在的各种不确定性因素，如资金需求量、研制周期、新产品竞争力、市场容量等进行全方位的、细致的分析与评价，而且这种评价与论证往往不是一蹴而就，而是需要多次反复进行，即在项目实施的过程中要随时进行监控，及时搜集和反馈有关信息，并在项目进行的各主要阶段根据反馈的信息对开发项目进行再次评估，并决定该项目是继续、放弃、修改还是重做，由传统的一次性决策转变为多阶段追踪决策，以提高项目的有效性，最大限度地降低风险。对重大的新产品开发项目除正常计划外还应有应变计划，以便及时采取补救措施，降低不利事件发生时所带来的损失。

(3) 加强新产品开发各环节的沟通与协作。新产品开发是一项系统活动，要提高创新成效，企业各部门之间必须具有良好的沟通渠道和沟通方式。在创新项目实施中，研究开发、产品设计、工艺、制造、采购、营销等职能环节要始终做到相互交叉渗透，通过开展有组织的团队工作，加强沟通与合作。如研究开发人员、产品设计人员应直接面对市场，参与对市场和用户的调查分析，与营销人员共同测度顾客需求，从市场营销的角度进行产品的概念开发与构思；设计人员进行产品设计、工艺设计必须与制造部门人员共同确定，这样可避免因沟通不足所导致的设计反复更改变动，从而加快创新进度，缩短新产品进入市场的时间，更好地把握先机，同时降低产品开发的成本费用，减少风险；加强与外界科技网络的信息沟通，积极开展协作，并与供应商、顾客建立密切的联系，及时掌握市场和顾客需求变化动态。

2.4.3　重视新产品上市运作管理

新产品上市运作管理是指在新产品研究开发出来之后，对新产品上市前和上市过程中的一系列活动的策划与管理，包括进行市场测试、策划新产品试销活动、预测新产品的销售量、选择进入市场的时机、进行广告宣传、确定销售渠道和销售策略及上市后对新产品的跟踪与改进等。

企业对新产品的上市运作应予以充分重视，做好一些基础性的工作。如明确新产品的市场定位，加强新产品的试销和中试；选择适当的上市时机和地点，制订有效的销售策略；加强与消费者及中间商的沟通，注重新产品市场信息反馈，并不断改进新产品和完善服务；重视对新产品的保护工作，新产品仅有技术壁垒、自然壁垒还不够，应充分利用专利制度和法律手段及时对新技术、新产品进行保护，并加强新产品的保密措施。

2.4.4　提高企业整体应变能力

通过对新产品开发项目进行科学的决策与组织管理虽然可以降低风险发生的可能性及损失，然而由于外部环境中存在大量企业不可控制的风险因素，不可能完全避免风险的发生。因此，增强企业组织的柔性，提高企业整体应变能力是新产品开发风险管理的根本措施。

(1) 强化风险意识。风险意识并不是指人人自危，而是要使全体员工感受到风险的压力，从而对风险形成高度警觉的意识，进而化压力为动力。企业经营管理者必须强化风险意识，将风险防范和风险控制机制融入企业的日常经营管理运作中。同时，着重培育企业研发人员的风险意识，谨慎客观对待每一次研发过程。

(2) 建立风险预警系统。通过建立完善的风险预警系统，及时准确地预测、预报风险，可以帮助企业提前采取有效的防范措施，削减风险损失效应。新产品开发的风险系统由以下三个子系统构成。①信息系统。在新产品开发过程中，及时搜集有关信息，分析整理，形成信息库，绘制"时间-信息"曲线，跟踪观察信息的变化情况。②预警指标系统。设计若干项与开发活动相关的预警指标，确定各项指标的警戒值，并进行定期测试比较。③风险预报系统。根据信息曲线及相关指标的变化情况，综合测试风险度，当风险度超出企业的承受能力时，及时预报。

(3) 建立灵活迅速的决策制订机制与执行机制，简化决策链条，提高企业对环境变化的反应速度。

(4) 建立有利于创新的企业文化，鼓励知识和信息的传播、共享和创新，不断提高个人和组织的学习能力和适应能力。

经济全球化，促进了新产品的更新换代，同时加大了新产品开发的风险，因此企业在进行新产品开发前，应对企业自身能力和新产品开发的风险有一个全面的认识，对新产品开发的风险进行评价，并进行了风险消减，力求在新产品开发过程中，及时把握市场、顾客、技术等重要因素，多角度、全方位进行综合决策，有助于企业的新产品开发决策更加科学、合理，从而提高新产品开发的成功率，降低风险，进而增强企业的市场竞争力。

本章小结

新产品开发具有极大的风险，然而，开发新产品又是一个追求进步的企业所必须迈出的一步。新产品开发的风险非常广泛，可以说涉及企业运行的各个层面，这是对一个企业生命力的重要考量。新产品开发风险包括客观风险和主观风险。新产品开发客观风险是指由于企业对外部环境因素估计不足或无法适应，或对新产品开发过程难以有效控制而造成新产品开发活动失败的可能性。其包括环境风险、技术风险、生产风险、市场风险、竞争风险、资金风险及其他风险(政治、政策、法律等)。新产品开发主观风险主要是由于企业自身也存在一些主观因素导致新产品开发的失败，如缺乏对消费者需求的真正了解、企业自身能力的不足等。这其中客观风险往往是我们无法有力控制的，它跟具体时代的特征和市场的情况有着紧密的关系，主观风险相对而言具有一定的可控性，很大程度上可以通过制度和策略降低失败发生的可能性。总而言之，我们必须认清风险，才能控制风险。

新产品开发风险原理有：风险、机会共生原理，风险的绝对性与相对性原理，风险损失递增原理，风险结构原理，风险栅栏原理，风险传递原理，市场风险的分布原理，新产品风险转移成本原理。

根据对新产品开发风险的分类，可以将风险防范分为客观防范和主观防范两种。具体地说，又可以根据风险原理对客观和主观风险进行以下防范措施：客观防范包括对企业新产品开发提供信息指导、为企业新产品开发提供资金保障、新产品减免税、推行技术开发股份制、实行技术开发保险、风险投资，主观防范有风险回避、风险控制、风险分散、风险分摊、风险转移。

无论前期工作做得多么好，风险的发生可以说在所难免，一旦出现开发失败的迹象，就应该考虑采取补救措施。因此，风险发生后企业做好风险补救措施非常重要，具体包括风险放弃、方案修改和应急处理。

新产品开发过程中，企业应做好一些基础性的工作(也属于主观防范)，包括建立科学的项目评估机制，建立市场信息数据库，建立新产品开发活动过程进行系统化管理，重视新产品上市运作管理，提高企业整体应变能力。

思考题

1. 简述新产品开发的风险原理。
2. 如何防范新产品开发的技术风险？
3. 如何防范新产品开发的市场风险？
4. 如何防范新产品开发的资金风险？
5. 为了降低风险发生，企业需要做好哪些基础工作？

案例研讨

三星手机爆炸案结果落定，三星胜利，却输掉了中国市场

随着互联网在中国不断发展，移动网络从 2G 升级到 4G 网，智能手机的功能也越来越多，国内涌现大批优秀国产手机品牌，例如华为、小米、OPPO 和 vivo，再加上华为的子品牌荣耀也将独立，中国将会出现 5 大手机巨头。反观全球安卓手机霸主三星，在中国市场份额从原有的 20% 下跌至 1%，韩媒曾报道三星电子集团手机业务 CEO 公开道歉，承认在中国市场的失败。人们才发现这位曾经的安卓机霸主，已经三季度销量连续下滑，主要原因就是失去了中国市场。

根据相关数据显示，韩国三星手机第三季度在中国的销售量只有 60 万部。三星手机一直稳居全球销量第一，如今在中国却沦为四线手机，主要问题出在 2016 年的三星 note7 上。当时三星在中国还拥有 20% 的市场份额，为了追求创新，在电池设计上太激进，导致三星 note7 在充电时出现爆炸，对此三星在全球开始召回 note7，除了中国，其理由是中国版的没有问题，实际上中国已经出现 7 起爆炸事件。

对此，中国质监局特别约谈三星，三星才召回 1875 部中国版的三星 note7，要知道之前三星召回的是 250 万台，如此敷衍的召回态度彻底寒了中国三星用户的心，三星 note7 也在中国被禁用。很多受害者在拿到三星集团的赔款后不再追究，只有一位受害者坚持维权打官司。根据这名用户表示，他在电商平台上拿到三星 note7 后的 13 个小时里，手机就出现了爆炸情况。

时隔2年，这个案子终于结果落定，同意这名用户要求三星赔偿笔记本电脑因三星手机爆炸造成的损失，但驳回对三星中国公司故意欺诈的诉讼，意思是三星胜利。

三星手机自从note7事件后，对手机电池的设计已经非常谨慎，一直到今年note9后才在电池容量上有了大的进步。不过在2年时间里手机市场已经更新换代无数，国产手机电池技术已经超越三星，就拿华为之前的Mate20Pro来说，其拥有40W闪充技术。三星手机在中国已经彻底没了市场，不过三星官方表示不可能放弃中国市场，2019年2月份将会推出折叠手机，以挽回中国用户的信任。

三星手机CEO高东真承认如今中国国产手机确实销量不错，在定价上三星拼不过国产，不过三星也不打算用低价方式挽回用户，将会全力投入2019年2月份的首款三星折叠手机。三星赢得了胜利却输掉了中国市场，不知道是幸运还是不幸呢？

（资料来源：孟宪瑞，《三星承认中国市场失败，但专注廉价智能手机是永不可能的》，超能网，2018-11-20）

案例思考题

请结合案例分析三星输掉中国市场的主要原因。

请具体说明，三星事件符合新产品开发过程中的哪些风险原理？

第 3 章 新产品开发组织

📋 **本章阐述的主要内容**
(1) 新产品开发组织的特征及主要形式；
(2) 新产品开发组织建立的步骤与原则；
(3) 新产品开发团队的构成要素与管理；
(4) 新产品开发人员的管理。

引 例

华为公司研发组织的变迁和发展

1988 年华为公司创立于中国深圳。华为在印度、美国、瑞典、俄罗斯及中国的北京、上海和南京等地设立了多个研究中心，65 000 多名员工中的 48%从事研发工作。华为长期坚持不少于销售收入 10%的研发投入，并坚持将研发投入的 10%用于预研，对新技术、新领域进行持续不断的研究和跟踪。华为研发组织的发展变迁分为三个主要阶段。

第一阶段：职能式研发组织模式(1988—1995 年)。初期的华为研发组织结构完全是职能式研发组织，分为中研、中试和生产三大部门。部门工作是交接，不是协同，部门间扯皮严重，产品设计人员不懂生产过程；无项目管理，无可行的计划；成本、质量、沟通等管理基本没有；无产品数据管理，无版本管理，文档不标准，文档质量差；没有技术管理，无企业标准，设计只对一个个产品，不考虑复用，造成极大混乱；无企业知识库，同样的错误经常反复出现。造成的后果表现为产品设计缺陷多，设计经常升级，试验跟不上，到处救火，30%的收入用于救火。

第二阶段：弱矩阵式项目研发组织模式(1995—2000 年)。华为研发组织通过向弱矩阵式研发组织过渡，职能组织结构变化不大，仍分为中研、中试和生产三大部门，有产品经理(相当于项目经理)，负责产品中研、中试和生产；对项目进行管理，开始进行计划，有项目管理雏形；建立企业标准、CBB 和基本开发过程，流程重组；后续部门为研发设计制订出许多规范、标准、核检表；开始有简单数据管理、版本管理、更改管理、质量管理。华为公司通过向弱矩阵式项目研发模式转变,使产品开发质量有了很大提高。

第三阶段:强矩阵式项目研发组织模式(2000年至今)。职能组织结构变化明显,打破原部门设置,建立企业管理平台、技术平台、运作支持平台三大类部门;实行全面的项目管理,建立许多跨部门矩阵组织;建立起企业知识库,企业资源有规划地引入;建立起基本企业标准;建立了企业基本标准过程,可以定制过程,形成更加合理的流程体系和完善的技术管理。华为公司有了良好的项目管理环境,实现了公司范围内跨部门协作,极大地提高了华为公司产品在全球市场的竞争力。

(资料来源:张义龙,《丰田、三菱、马自达及华为公司研发组织模式研究》,项目管理者联盟,2008-07-30)

3.1 新产品开发组织概述

3.1.1 组织的内涵与新产品开发组织的特征

1. 组织的概念与构成

组织是由两个或两个以上的人组成的有特定目标和一定资源并保持某种权责结构的群体。组织的构成要素可以概括为三点。

(1) 有明确的目标。没有目标就不是组织而仅是一个人群。目标是组织的愿望和外部环境结合的产物,所以组织的目的性不是无限的,而是受环境影响和制约的,这个环境包括物质环境及社会文化环境,有了目标后组织才能确定方向。就像引例中提到的,只有确立了目标和方向才能立起大旗,才能有号召力和吸引力去组建一支队伍。

(2) 拥有资源。这种资源主要包括人、财、物。①人的资源是组织最大的资源,是组织创造力的源泉。②财的资源主要是指资金,资金不同于资本,资本是要讲所有权的,而资金是流动中的货币,主要是使用权。组织在其存在和发展中需要大量的资金,这些钱有一部分是归组织或股东所有的,还有相当一部分是通过各种渠道聚集起来的。有了资金组织的各项工作才能运转起来。③物的资源。做任何事情物资管理都非常重要,仅有资金是不够的,货币是一种抽象的资源,只有转化成物资,才完成了从抽象到具体、从一般到特殊的过程,从而能满足组织发展的特定需要。

(3) 保持一定的权责结构。这种权责结构表现为层次清晰,任务有明确的承担者,并且权力和责任是对等的。有多大的权力就有多大的责任,这也是非常重要的。

2. 新产品开发组织的特征

新产品的开发需要组织具有高度的灵活性和能迅速适应环境变化的能力,新产品开发组织要具备简单的人际关系,高度的灵活性,高效、快速的信息传递系统,较高的管理权力,充分的决策自主权等。总的原则是使新产品开发能快速、高效地进行。

(1) 高度的灵活性。创新要求从变化中发现机会,以变制变,以变促发展,主动去迎接挑战。德鲁克曾详尽地分析了创新的7个来源,包括意想不到的事情、不协调的现象、过程中的需要、产业结构的变化、人口变动、观念转变和新的知识。这7个资源无一不与变化有关,只有变化才能带来创新的机会。因此,缺乏灵活性,只是刻板地按章行事的组织，不可能符合现代企业组织不断创新的要求。

(2) 较高的管理职权。赋予新产品开发组织较高的管理职权，可以由组织的最高层级直接负责，而不纳入一般管理组织的现有等级体系之中。新产品开发组织只有拥有较高的管理权力时，它才能更容易在人员调配、资金使用、部门协调等企业内部资源使用方面开展工作，而这些是新产品开发成功的关键。

(3) 充分的决策自主权。从事程序化工作的组织，如批量生产的制造企业，协调一致至关重要。它要求整个生产过程的各组成要素都应统一行动，因此，各组成要素不能有较多的决策自主权，以避免出现各行其是的状况。新产品开发作为创新工作不同于程序化工作，它无章可循，每时每刻都可能碰到非程序化决策，因此需要掌握大量的信息。如果创新组织没有决策权，则很容易使创造性人才无法发挥其创造力，也不利于企业抓住创新的机会。自主决策往往是创造力发挥的前提，对个体创造者来说，这不是问题，但对组织起来的新产品开发工作者而言，这是一个需要认真关注的问题。

根据上述分析，要使企业的管理组织激发和保持创新精神和活力，促使组织成员不断创新，不断开发新产品，必然要求对管理组织的结构和行为进行相应的创新和调整，以利于充分发挥组织成员的创造力。建立新产品开发组织应把握以下原则。

第一，新产品开发工作必须和现有的程序化工作分离。应单独组织新技术开发、新产品开发等活动，尽量使它们在组织结构上、权责上与现有的程序化工作发生较少的联系。因为企业现有的运营方式很容易对新产品开发等创造性工作构成障碍。一旦涉及眼前利益和长远利益的冲突时，管理组织的"正常"反应一般是，将资源向现有事业倾斜，全力应付日常危机。这种反应必然容易使创新事业受到损害，诱使企业走向老化和衰退。这就是说，在同一企业之中，创造性活动最好在结构上、业务上都与正常的生产经营活动分离。

第二，正确看待新产品开发组织的绩效。对创造性工作的评价基准不能是直接的收益的多与少，报酬和奖励不能依据常规分配办法。对从事程序化工作的人员来说，工作绩效比较容易判断，可以通过工作效率、运作效益来比较和考核，如运用劳动生产率、固定资产利润率、投资回报率等指标考核。但是，对从事新产品开发工作的组织成员来说，其工作绩效往往要到相当长的时期以后才能确切判断，就不能简单地只从眼前利益给予结论。不仅如此，对创造性人员，还应给予充分的自主权和灵活性，不能限制和约束他们的思维、行为。这就要求改造现有管理组织的动力结构。

3.1.2　新产品开发组织的横向联系模型

新产品开发组织设计包括三部分：部门专业化、模糊边界与横向联系。图 3-1 说明了新产品开发组织的横向联系模式。

(1) 部门专业化。新产品开发的关键部门是技术开发、生产和市场三个部门。专业化意味着所有这三个部门的人员能高度胜任自己的工作，拥有适合自身专业化职能的技能和态度。

(2) 模糊边界。模糊边界指新产品开发的各部门与外部环境的相关部分保持密切联系。如技术开发人员和专业科研机构与其他研发部门保持联系，以获取最新科技发展动态，随时让最新科技成果为企业所用。市场人员经常与顾客交流，了解和掌握顾客的需求，分析竞争产品，与中间商经常沟通。

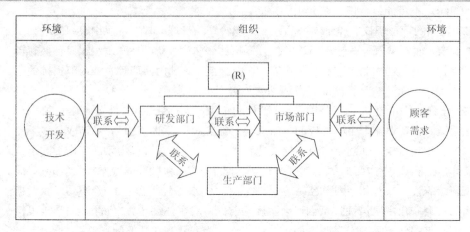

图 3-1 新产品开发组织的横向联系模式

(3) 横向联系。企业内部各职能部门之间的横向联系表现为技术、市场和生产等部门人员共享信息。研究人员向市场部门提供有关新技术开发的信息，并评价其是否适用于顾客。生产人员将新产品实体开发出现的问题反馈给技术、工艺部门，以完善新产品的功能等。市场人员提供顾客意见和信息给开发部门和生产部门，以使新产品设计和生产更符合顾客需求特征。如波音公司的工程开发人员和制造人员为了 777 项目而并肩工作，有时还请外部供应商、航空公司客户、维修和财务部门代表。许多公司正越来越多地使用团队来进行新产品开发，始终保持新产品开发团队的高水平沟通和协调。职能的不同增加了新产品开发的信息种类和数量，以使新产品开发能适应顾客需要，并设法避免制造和营销问题。

 补充阅读　　华为的研发管理体系

华为公司 1996 年之后体系化的研发分为以下三大部门。

(1) 产品战略研究规划办公室（简称"战略规划办"），负责公司整体的产品战略研究和输出，指导中研部的产品研发方向，目标是回答"做什么产品"，以避免"做错产品"。

(2) 中研部，主要组织产品的会战，一旦认定某项产品的潜力，就全力以赴地攻坚，其任务是一定要实现产品研发的目标。目标是"做出产品"，以避免出现无法向市场按时交付产品的情况。

(3) 中试部，负责产品的小批量生产验证测试、产品生产工艺、产品从研发转生产前的成熟度研究。华为的几任副总裁均负责过中试部，目标是"做好产品"，发现产品可能的质量问题并在研发早期加以解决。

三大部门是平行的，技术人才都分布在这三个部门，共同构筑了早期华为的研发体系。战略规划办主抓的是预研立项，主要是瞄准世界一流水平。通过考察、征求顾问意见来评估其创造性、突破性，在人员工作经验和能力上要求较高，主要考核思想，在经费上卡得比较松。这一项大概占总科研费用的30%，属于规划层。中研部负责项目研制，对时间、质量、经费等卡得比较紧，是实现产品会战的过程，属于管理层。中试部则控制质量、成熟度，属于控制层。

任正非对战略规划办、中研部、中试部的相互配合做了精辟的阐述：逐步聚集资源、人力、物力进行项目研究，集中优势兵力一举完成参数研究，同时转入商品性能研究。在严格的中试阶段，紧紧抓住工艺设计、容差设计，更加突出商品特性。进一步强化产品的可生产性、可销售性研究试验。从难、从严、从实战出发，在百般挑剔中完成小批量试生产。在大批量投入生产之后，严格跟踪用户服务，用一两年时间观察产品的质量与技术状况，完善新产品。

华为在研发体系建设上，重点发展了预研体系、产品规划体系、对外合作体系、研发项目管理体系、研发人员薪酬管理体系、研发人员职业晋升体系等。

（资料来源：http://blog.sina.com.cn/s/blog_53bbdb8c0101rnli.html）

3.1.3　新产品开发组织的形式

新产品开发是企业发展的一项重要职能，然而企业是否像设立其他诸如人力资源、技术、财务、生产、市场等职能部门那样设立专门的新产品开发部门，需视企业具体情况而定。新产品开发组织的特征使新产品开发组织的形式多种多样。一般常见的新产品开发组织有新产品委员会、研究开发部、新产品部、产品经理、新产品经理、项目小组、新产品开发团队、联盟等形式。

（1）新产品委员会。新产品开发委员会是一种专门的新产品开发组织形式之一，该委员会通常由企业最高管理层加上各主要职能部门的代表组成，是一种高层次的新产品开发的参谋和管理组织。其优点是可以汇集各部门的想法和意见，强化信息沟通，使决策更加民主化和科学化。缺点是委员会成员之间的权责不清，容易发生互相推诿责任的现象，且当各职能部门的目标与企业总体目标不一致时，较难统一意见。新产品开发委员会属于矩阵式组织结构，可分为决策型、协调型和特别型三类。决策型新产品委员会的主要职能是制订新产品开发战略，配置新产品开发所需的企业内外部资源，新产品开发项目的评价及选择等，通常是由企业最高领导者牵头。协调型新产品委员的主要职能是负责新产品开发活动中各职能部门的协调。特别委员会是新产品开发的智囊团，对新产品开发过程中出现的问题和困难提出建议和对策，如技术障碍、构思筛选的评价问题、设计问题、工艺问题、商品化过程中出现的问题等，由各种专家和职能部门的关键人物等组成。

（2）研究开发部。在高技术行业，由于产品创新的来源主要是技术部门，故而多采用研究开发部的组织形式开发新产品。这种组织形式的优点是可以较好地解决新产品技术支撑的问题，缺点是会忽略市场、顾客的需求。Allen根据对38个大型长期项目的研究发现，职能式的组织形式产生的结果从技术上评价较为成功，但成本上更容易超标。他建议，短期项目或变化不快的技术开发的项目，采用项目组织结构最为合适。对于那些包含快速变化技术或是那些长期项目，如果能够协调好的话，职能型组织结构可能是最好的。

(3) 新产品部。大公司常设新产品部，也称产品规划部、技术中心或研究所等。从若干职能部门抽调专人组成一个固定的独立性的开发组织，集中处理新产品开发过程中的种种问题，如提出开发的目标制订市场调研计划，筛选新产品构思，组织实施控制和协调，等等。该部门的主管拥有实权并与高层管理者密切联系。它是新产品委员会最恰当的补充管理组织，其优点是权力集中，建议集中，见解独立，有助于企业进行决策，并保持新产品开发工作的稳定性和管理的规范化。这种组织形式的优点是它把创新作为一个具有高级优先的活动，能够平衡研发和营销，将多种技能结合起来，并能把新产品开发从现有业务的短期压力中解脱出来，他强调的是能为公司带来新业务的重大创新。其缺点是不能将研发、营销和生产结合在一起，它可能被所有的群体都看成是闯入者。许多公司中研发、营销和生产主管都是权力中心，他们可能会仇视这种基于新产品的第四种力量，需要高层管理者的协调。此外新产品部还可能因为结构过于严密，而使它无法认识到公司的特长并加以利用。采用新产品部的组织形式，公司管理层必须鼓励和采用如质量屋之类的协调技术，利用所有人的才能，新产品部才能积聚到新产品开发成功的所需资源。

(4) 产品经理。最早的产品管理出现在20世纪30年代初的宝洁公司(Procter and Gamble)，当时宝洁公司的产品"Camay"香皂销售不景气，但公司的另一产品"Ivory"香皂的销售却很兴旺，针对这种情况公司便指派一名经理专门负责"Camay"香皂的管理，以刺激各品牌之间的竞争。一位名叫纳尔•H.麦克埃尔罗依的年轻人(后来升任宝洁公司总经理)，受命专管这一新产品的开发和推销，他的工作取得了极大的成功，随后公司又增设了其他的产品经理。这种将公司的不同产品委派专门经理进行管理的营销方式相当成功，一时间引起了众多消费品生产商的效仿，尤其是食品、肥皂、卫生用品及化学工业等行业纷纷建立了产品管理组织，如通用食品公司在它的邮购部门建立了产品管理组织，委派专门的产品经理对麦片、儿童食品和饮料等各大类食品进行管理。产品经理也称品牌经理也由此而诞生。

产品管理的主要职责是对一种产品或产品线的营销运作负责，产品经理将管理一个创新的产品组合，与销售、营销和开发的员工协同工作，以确保最大获利能力。通过拓展和实施商业计划，开发和优化产品组合，经常把产品引入新的市场。许多公司把新产品开发作为产品经理的一项重要职能。但产品经理的工作重心往往是对他管理的产品或产品线投入更多的时间和精力，对新产品开发无法尽全力。产品经理可能会出现强调低风险的新产品，只对现有产品进行很小的改进，有可能会忽视重大的技术机会。产品经理往往习惯于短期的结果，因为他们常常在几年内就要进行调动和升迁，他们的红利是根据季度利润目标的完成情况来确定的。如果新产品是一个额外的负担，就可能被忽视。故而，采用产品经理制容易开发出太多的产品线侧翼产品而不是找出重大的新的商业机会。产品经理制最适合于通过改进产品获得增长而不是"突破性"的创新。

(5) 新产品经理。在这种组织形式下，企业根据所实施的新产品项目的多少在产品经理下面设置若干新产品经理，一个新产品经理对一个或一组新产品项目负责。从新产品策划一直到新产品投入市场，都由新产品经理负责进行。这种组织形式主要适用于规模较大、资源丰富、新产品项目多，且主要依靠新产品参与竞争的企业。它可以在对现有产品的管理和新产品的开发这两种职责中寻求平衡，为统一运用企业的产品组合策略提供了组织基础。

(6) 项目团队。项目团队正日趋成为一种最强的横向联系机制。团队是一种长期的任务组,经常和项目小组一起使用。当在一段较长的时间内需要部门的协调活动时,设立跨部门团队,是明智的选择。如波音公司在设计和生产其新的 777 型飞机时大约使用了 250 个团队。一些团队围绕飞机的部件而设立,比如机翼、驾驶室、发动机,为特殊的顾客服务也组成相应的团队。

(7) 项目小组。有些企业会为不定期的新产品开发设立临时项目小组,这是由来自各个不同职能部门的人员组成的一种组织,是一种矩阵式的组织形式,它通常向企业的最高管理层直接报告工作,并具有为新产品制定政策的权力。它的工作期限不定,到完成任务为止。不同的开发项目,其成员不同,但成员往往具有较强的革新和开拓精神。项目经理对整个新产品开发负责,但对项目组成员并不拥有加薪、升职、雇佣和解雇的正式权力,正式权力取决于职能部门管理者。项目经理需要出色的人际关系能力,他们得通过专业知识和游说来实现协作。他们横跨于部门之间,必须有能力把人们组织起来。江铃汽车集团采用"项目经理制",营造出 1998 年以来"每季出一个新产品"和产销量、企业效益持续快速增长的局面。产品从原来的单一品种发展到 100 多种,1998 年实现销售收入 28 亿。

图 3-2 描述了一种包含新产品项目经理职位的组织图。项目经理画在一边表明他们与部门是分离的。箭头连接被指派参加新产品开发的项目成员。

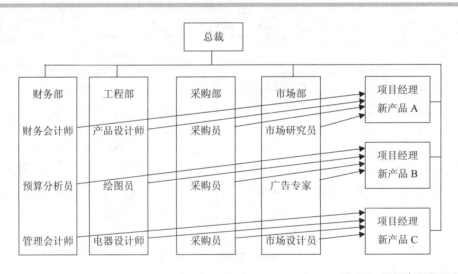

图 3-2　组织中项目经理的位置

　补充阅读　**Google 的新产品开发组织体系**

在许多方面,谷歌组织得像互联网:高度民主、密切联系和扁平化。Google 的员工称:"我们不喜欢权威,不喜欢被告知怎么做。"他们深知突破来源于质问式假设和轰轰烈烈的模式。对谷歌工程师而言,"挑战权威"不是无政府主义者的保险杆贴纸,而是创新者的推进剂。

在一般公司模式中，首席执行官们被期望能自上而下推进策略，但在谷歌不是，CEO做得更多的是激发而不是宣布。一个影响途径就是谷歌公司的产品策略会议。每周CEO及其管理层要与来自公司各个部门的团队成员进行长达六小时的对话交流，这些团队的每位成员都坚信他或她正在进行能挖到宝藏的项目。这种时间的安排使得CEO及其高官可以与谷歌一线创新者保持紧密联系。

就像你可能预期的，谷歌公司的决策是高度协商的。一个核心管理原则是，在达成重要决策时，所有利益相关方都应该在场。一旦被高度激励且能力突出的员工有了共同使命，他们不再需要微观的管理。这是谷歌早期得到的经验。随着公司成长，公司试图在传统软件公司建立起来的监督结构上分层，这样，工程经理拥有相对窄幅的控制范围。公司很快发现，过度的监督阻碍了创新。谷歌的"我认为我行"文化陷入了"不，你不能"的官僚文化的危险境地。在几周内，这种层级被取消，刚任命的中层管理者重新融入工程人员职位。今天，谷歌公司产品研发小组的一般管理者有超过50人的直系下属，而有些则达到100人。

这不是说谷歌公司使命感驱动的创新者不需要监督，或不需要去平衡他们无限制创造的离心力。但是谷歌不是依靠中层人员管理工程师，而是依靠公司同事们在公司数百小型并且大部分自治的团队之间的真实、流畅的反馈。就像在学术界或网络上一样，谷歌公司的控制更多的是同事间的，而不是管理者与下属。

(资料来源：加里.哈默，比尔·布林，《管理大未来》，北京：中信出版社，2008)

(8) 联盟。由于缺乏开发新产品的资源，许多公司采用联合开发的方式开发新产品。联盟可能需要成立一个独立的组织，这种组织形式发挥效用是有限的，原因在于：首先它们在地理上是分离的；其次，团队成员无法摆脱母公司对他们的影响。与外界联盟并不是公司弥补自己不擅长领域工作的唯一方法：可以寻求与一些小的专业公司合作的方式，如请专业设计公司设计和测试新产品；一些设计公司与市场调研公司建立战略合作，以确保他们的设计能够体现顾客的要求；与广告代理商合作，对新产品进行产品定位及产品传播，还可为新产品进行市场测试等工作。

补充阅读

H&M 推出联名款

H&M 每年的联名款都能吸引不少眼球，2018年其合作对象是意大利奢侈品牌Moschino。当年的系列被命名为"Moschino [TV] H&M"，预告片中也运用了大量老式电视机的彩色信号方块元素。

Moschino 成立于1983年，以富有创造性且色彩鲜艳，甚至有些古怪的设计而著称。2013年，素有"鬼才设计师"之称的热雷米·斯科特（Jeremy Scott）接手了Moschino创意总监一职，他的设计总是带着戏谑和幽默，充满挑衅。他喜欢在作品中融入芭比娃娃、小马宝莉这些卡通元素，也不乏与好时、麦当劳等食品品牌出人意料的合作。

"Moschino [TV] H&M"系列将包括男装和女装以及一些配饰，斯科特表示他希望看到年轻人们买得起自己的产品，所以定价会在 25 到 300 美元之间，"让 Moschino 的爱好者们高兴"。

快时尚品牌与大牌设计师合作推出联名款，这种操作已不是什么新鲜事，而 H&M 正是这一领域的先行者之一。早在 2004 年，其就找来了香奈儿和 Fendi 的创意总监 Karl Lagerfeld 合作推出了 Karl Lagerfeld×H&M 限量款，此款式上市仅两天就被抢购一空。尝到了甜头的 H&M，开始把联名款作为常规营销活动，这些年先后与 KENZO、Balmain、Isabel Marant 等品牌合作过。中国消费者最熟悉的莫过于 2014 年 H&M 与 Alexander Wang 的联名款。该系列一上市便在全球引发抢购狂潮，官网瘫痪、门店排长龙，其销售之火爆，用"一衣难求"来形容一点都不过分。

（资料来源：吴羚，《H&M 又要出联名款，今年找了 Moschino》，凤凰网科技，2018-04-16）

3.2 新产品开发团队

有效的团队合作就是团队成员共同承担任务和责任以保证工作顺利完成。新产品开发团队已成为绝大多数企业新产品开发的主要组织形式，通过不同人员和职能部门的介入将新产品推向市场。那些一鸣惊人的新产品开发团队比一般新产品开发组织拥有更快的新产品开发速度和更高的成功率。构建新产品开发团队是提高新产品开发绩效的重要方面。

3.2.1 团队的特点

团队是在特定的可操作范围内，为实现特定的目标而共同合作的人的共同体。团队是一个人群组织，是一群有这样和那样的优缺点的人的组合，能把这些人群有机地组织起来，最大限度发挥每个人的能力和潜能，产生的绝不是 1+1=2 的简单加法效应，而是永恒的巨大威力。团队所产生效能是群体无法比拟的。团队与群体有几个不同的主要特点。

(1) 目标明确。团队的目标非常明确、具体。最重要的是团队成员都高度认同团队目标。

(2) 权责明晰。团队内的每个成员都承担为实现目标相应的责任和义务，当然拥有与责任和义务对等的权利，这样能充分发挥每个成员的积极性。而群体内部如果权力集中在个别领导者手中，则成员的责任感不高，参与性和积极性都受到影响。

(3) 人员互补。团队成员构成不同于群体，这些成员在专业技能上是高度互补的，每个成员都是某一业务方面的专门人才，新产品开发团队通常是由技术研发人员、生产、营销等部门的人员组成。这些成员不仅在业务技能上互补，在个性、能力上都能很好地协同。

(4) 关系融洽。高绩效团队的人际关系是和谐的，成员是在一个充满信任的氛围中一起工作，成员之间能密切合作。

(5) 沟通有效。沟通不畅是影响组织绩效的最大障碍之一。在一个高绩效的团队中，成员之间的沟通渠道是全方位的，成员之间信息的传递迅速而全面。

3.2.2 新产品开发团队的构成

新产品开发团队与其他团队不同的是，成员来自多个职能部门，而且相互依赖。每个团队成员在各自的部门里均是精通业务的专家。组建新产品开发团队需考虑以下四个方面。

(1) 成员职能结构：新产品团队成员应来自新产品开发流程相关的各业务职能部门。如波音公司新型 777-200 双引擎飞机的设计开发成立了多个 8~10 人的项目团队，每个团队都把飞机的设计、市场看作是一个有机的整体。团队成员包括设计人员、生产专家、维修人员、顾客服务人员、财务人员，甚至顾客。在这种团队中，设计人员和生产人员密切合作，创造了一种新的生产方式，在生产过程中，公司客户代表、维修人员也提出了多种改进建议，使得 777-200 飞机性能价格比更高。

(2) 成员规模。高绩效团队规模一般比较小，小型的或者简单的团队需要具有多方面才能的人，经验较少的项目经理就足够了；而大型的团队则需要增加促进团队合作的投资，需要有经验的项目经理，并会产生较高的团队内部沟通成本。团队成员如果多于 12 人，会导致成员之间沟通的障碍，也难以形成团队的凝聚力、忠诚感和相互信赖。

(3) 成员能力。新产品开发团队需要 3 种不同技能的人：第一，具有专业技术专长的成员；第二，具有发现问题、解决问题能力的成员；第三，具有善于聆听、反馈、解决冲突及其他人际关系技能的成员。

(4) 成员角色。挑选新产品开发成员时，应该以员工的人格特点和个人偏好为基础，给成员分配不同的角色。团队中通常有以下 9 种角色。

① 创造者：这种人富有极强的想象力，善于提出新观点或新概念，是创新思想的提出者。

② 探索者：他们乐于接受、支持新观点。擅长利用新的创意，并找到资源支持新观点。

③ 评价者：评价者有很强的分析技能，他们能对创新者提出的种种新创意进行科学的评估。

④ 推动者：他们是将创新转化为现实的实施者。他们在制定目标、计划，组织分配人员、建立组织制度上有很强的能力。

⑤ 生产者：生产者十分关心活动的成果。他们是将新产品构思转化为实体产品的人。

⑥ 控制者：他们最关心制度的建立和执行。控制者善于核查细节，保证避免出任何差错。

⑦ 维护者：这种人对做事的方式有强烈的信念，他们支持团队内部成员的同时积极保护团队不受外来者的侵害。维护者在增加团队稳定性方面起到重要作用。

⑧ 建议者：他们是很好的听众，从不将自己的观点强加于人。他们总是鼓励团队在做出决策之前充分搜集信息，使得决策更加科学合理。

⑨ 联络者：联络者愿意了解所有人的看法，充当团队成员之间的协调者，尽力在团队成员之间建立起合作的关系。

3.2.3 新产品开发团队的管理

高绩效的新产品开发团队并非天然可以形成,需要进行有效的管理才能形成。

1. 高绩效团队的形成

(1) 建立新产品开发团队成员共同的目标承诺。来自各职能部门的新产品开发团队成员需要对新产品开发目标有高度一致的认同感。共同的目标承诺是新产品开发团队高效运行的前提。对团队成员进行目标认同教育与沟通是新产品开发团队管理的首要任务。

(2) 培养信任机制。新产品开发团队成员的相互信任是团队高效运行的基础。在不同价值取向、不同职能的成员之间建立信任并非易事。组织行为学家通过对信任的研究发现,成员之间的信任包括如下维度。①正直:诚实、可信赖;②能力:技术、人际;③忠实:愿意为别人维护面子;④一贯:可靠、行为可预测;⑤开放:愿意与别人自由地分享信息。为此,需采取的管理对策是:团队领导之间首先建立相互信任。所有团队成员都应该做到开诚布公地讨论所有与新产品开发有关的信息,成员之间真诚相待。团队内建立公平合理的管理制度,保证成员之间分工的合理性,给团队成员一个充分展示其才能的平台。

(3) 高效的信息沟通。沟通的本质是发送者传递信息,接受者理解信息。在新产品开发团队内实施高效的信息沟通,首先必须建立高效沟通的渠道,可分为定期的信息交流和日常的信息交流,如每周定期的信息交流会。新产品开发团队特别要注重日常的信息交流,如苹果电脑在开发苹果 IIe 时将会议室设计为"作战室"。及时、全面的信息沟通才能保证新产品开发团队的高效工作。

(4) 公平合理的绩效评估和奖酬体系。人受到激励都会迸发出潜能。对新产品开发团队成员的激励和奖励是新产品开发团队努力工作的动力。新产品开发团队成员的奖励需考虑两方面的要素:团队绩效与个人绩效。新产品开发团队成功开发的新产品诚然是所有团队成员共同努力的结果,但在此过程中每个人的贡献不能同等看待,需根据每个人的实际贡献进行科学合理的评价,以保证团队内部的公平性,避免搭便车现象。

2. 高层领导与新产品开发团队

总经理对新产品开发活动的管理在很大程度上体现为对新产品开发团队的整体管理。总经理很难深入新产品开发的技术细节,但在中国企业中(尤其是民营企业),总经理对新产品开发工作影响巨大。总经理对新产品开发团队的管理应注意如下几点。

(1) 培养良好的创新文化。企业文化的本质是价值观,新产品团队成员只有具备共同的价值观才能协同完成新产品的开发。新产品开发团队文化是企业整体文化的组成部分,因此新产品开发团队文化具有企业文化共有特性,又有它的独特性和自身要求。如果没有好的团队文化,新产品开发过程中就会出现一些莫名其妙、看似荒唐但却又不可挽回的严重失误。

新产品开发活动的特点决定了新产品开发团队文化的独特性。新产品开发鼓励创新性、协同性,鼓励随时随地通畅地交流,具有风险意识,重视细节和不同意见,强调实效性,具有强烈的时间观念和责任意识。新产品开发团队文化与新产品开发所需要的专业知识和技能无关,但是它却深刻地影响着新产品开发工作的质量,甚至可以说是团队文化塑造了新产品。在很多美国公司,高级的研发领导人甚至没有技术背景,但他们依然可以卓有成效地领导产品研发,其中一个重要原因就是他们有能力塑造优秀的研发团队文化。塑造团队文化的最好方法是企业高层管理者的率先垂范和团结一致,而不是期待基层开发人员的自觉。如果在新产品开发团队中出现如下这些观念,新产品开发团队的绩效将无法好起来:采购经理认为,产品开发所需新原料的采购在他的工作中并不重要,重要的是现有原材料的采购维护;生产总监认为,新的生产工艺会破坏现有的生产秩序,所以需要抵制;技术总监认为,他的责任只是产品开发成功,至于主动组织新产品知识培训则不是他分内之事;总经理问道,为什么开发人员总是不切实际,异想天开?通过以上这些现象可以看出,建设良好的新产品开发团队文化,需要高层管理者从自身做起。

(2) 建立协调机制。高层领导应帮助新产品开发团队建立团队内的协调机制和团队与其他群体之间的外部协调机制。新产品开发团队的成员来自各职能部门,彼此的价值观存在很大的差异,技术人员更多从技术的创新性视角理解新产品,而营销人员却会从市场前景评价新产品;技术人员因追求技术的完美而牺牲速度,营销人员则为了新产品尽快上市而强调速度。价值观和行为方式的差异会极大影响团队工作的绩效。领导者应建立一些协调机制,如建立完善的沟通渠道,鼓励团队中功能正常的良性冲突,及时制止功能不正常的恶性冲突,以保证团队成员既能畅所欲言,又能形成新产品开发观念的共识。新产品开放团队必须得到企业其他群体的帮助才能完成新产品开发这一系统工程。帮助新产品开发团队与企业内外的其他群体合作至关重要。

(3) 保证新产品开发团队所需资源。新产品开发需要有足够的资源保证,这些资源的含义是广泛的,包括人力资源、资金、设备、场地、信息、政策等。领导者不应按照企业一般的资源分配政策给新产品开发团队平均地配备资源。应根据新产品开发所需的资源进行分配,以此保证新产品开发团队工作的顺利进行。

补充阅读　　三菱汽车公司研发组织模式

三菱汽车工业股份有限公司(以下简称三菱汽车公司)是日本三菱集团成员之一。1970年在三菱重工业公司和美国克莱斯勒公司共同出资下,成立了三菱汽车公司。目前公司汽车年产量在100万辆以上,世界汽车排名前二十名之列。三菱汽车公司研发组织的发展变迁分为三个主要阶段。

第一阶段:职能式组织结构(弱矩阵项目团队),以职能专业部门为中心,每个职能部门负责汽车的一个专业,同时任命项目经理协调同一产品在各部门的开发,项目经理的权力小于职能部门经理。项目经理没有组织保障,沟通协调困难,开发进度缓慢。

第二阶段:跨职能式组织结构(强矩阵项目团队),为项目经理设有专门的部门,项目经理和职能部门经理具有平等的地位和权力。加快了开发速度,但随着产品类型的增加,沟通协调成本越来越高。

第三阶段:准中心组织结构(在每个开发中心中仍是强矩阵项目团队),为了降低沟通协商量,三菱汽车公司将研发中心分拆为A级车和B级车中心、C级车和D级车中心、休闲多功能车中心这三个分中心。每个分中心都有四个部：行政部、车辆设计部、车辆试验部、动力总成部。中心内部实行项目经理负责的强矩阵式的项目管理。同时三个中心共享一部分资源，包括研究部、先进技术工程部、整车共享技术部、动力总成共享技术部、开发支持部都对三个分中心进行支持。

三菱汽车公司的研发组织模式的主要特点：准中心组织结构有三个分中心，每个中心内有专业部门，分中心上有共享的专业部门，每个分中心不能独立完成产品开发，需要中心的专业部门的支持。

高层运营团队：公司主管运营管理的副总裁是汽车产品高层运营团队的负责人，汽车产品高层运营团队成员还包括产品规划执行官、研发中心执行官、采购供应执行官、制造执行官和战略新产品项目经理。

战略新产品开发项目团队：战略新产品开发项目在战略新产品项目经理领导下，建立公司级、跨职能部门的新产品开发团队，各个部门的代表担任子项目经理。这些代表来自的部门包括产品规划部门、研发中心、制造部门、采购供应部门、质量部门、管理控制部门等。

(资料来源：张义龙，《丰田、三菱、马自达及华为公司研发组织模式研究》，项目管理者联盟网站，2008-07-30)

3.3 新产品开发人员的管理

新产品开发这一工作职能决定了新产品开发工作人员的工作就是不断创新，不断打破已有的模式，不断开发新产品来替代老产品，不断地开发新技术、新工艺、新的生产流程，不断地寻求新的营销战略、战术。因此新产品开发人员面临着巨大的风险挑战和创造力挑战。如何最大限度地开发出创新人员的创造潜力，如何对待新产品开发人员的失败，将是对新产品开发人员进行有效管理和激励的关键所在。创新型人才往往具有一些与众不同的特征，对他们的管理有其特殊的一面。

3.3.1 总体管理风格

在一个管理体系中，管理风格具有重要的影响作用。在对创新人员的管理风格方面，首先，企业应对创造性持支持的态度，管理人员应该充分认识到冒险精神是必要的，必须承认冒险，并勇于分担风险，要信任并理解开发人员，允许他们失败。如3M公司每年拿出销售收入的6.5%作为研究和开发费用，比其他公司平均多2倍。公司鼓励每个关心新产品构思的人，公司更新了"15%法则"，允许员工15%的工作时间"违反纪律"——去做有关产品创新的事。如果新产品构思得到公司的支持，则建立新产品实验组，成员由研发、制造、销售、营销和法律部门的代表组成，领导者负责训练实验组，并保护实验组免受官僚主义的干扰。如果开发失败了，每个组员仍回到原先的工作岗位。3M公司一个有价值的口号是："为了发现王子，你必须与无数个青蛙接吻"。"与无数个青蛙接吻"意味着经常失败，但3M把失败和走进死胡同作为创新工作的一部分，其创新理念是："如果你不想犯错误，那么什么也别干。"在这样的创新管理风格下，3M公司每年推出200多个新产品。

3.3.2 创新人才计划

创新的人力资源计划,就是根据企业技术创新的近期和远期目标,确定创新人员的需要并进行配备的过程。对于具体的创新活动而言,其人员更多是来自企业内部而非从企业外招募,这是与其他的部门和活动的人员配备所不同的。

新产品开发人员要基于分工的原则而承担不同的任务,充当不同角色。在制订与实施计划时应遵循以下原则。

(1) 由于创新过程中每个人承担的任务不同,因此对各人的品质、知识及技能的要求也不同。

(2) 有时某些人可能充当多个角色,因此通常具有多种技能的人员比某一方面的专家更合适。

(3) 随着时间变化,某一角色可由不同的人充当,即创新过程中可以有人员的变更,包括退出和进入创新组织。

(4) 每个人充当的角色可以与他原来的职业不同。

创新人员可分为两类:创造性人员与非创造性人员,见图 3-3。

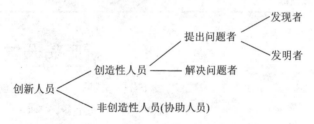

图 3-3 创新人员分类

以上两类人员都是必需的,这些人员之间应保持一个适当比例。西方企业的创新组织中,两者的比例是 1:2.5。创造性人员又分为提出问题者和解决问题者,提出问题者又分为发现者和发明者。提出问题者和解决问题者的区别在于,前者关心的主要问题是"为什么",后者关注的焦点是"怎么办"。在企业创新活动中,最关键和最重要的人员是提出问题者,他们是创新的产品倡导者,因为他们能认识到别人尚未认识到的问题并正确估计其重要性。企业对产品倡导者的要求是不但要具备深厚广博的技术背景,还要了解企业的发展战略和经营方向,同时要了解市场动向,具有商业敏感性和进取心。

不论创新人员的来源如何,在配备开发人员时,要对他们进行筛选,考察他们的品质、素质、技能和知识水平是否能胜任产品开发工作。Ray Chem 是世界第一大材料制造企业,该公司严格执行它自己制订的人力资源计划,花大量的时间进行招聘、面试和培训,尤其是技术人员,往往要通过 10 轮面试;微软公司对创造性人才的选择也相当苛刻和严格,向外招聘人才时,要经过层层综合考察候选人的四种重要素质(雄心、智商、专业技术知识和商业判断能力)之后,才从中选出 2%~3%的人才。

3.3.3 新产品开发人员的业绩评价

(1) 业绩评价目的。企业对新产品开发人员的评价主要出于四个方面的目的:获得奖励或提升开发人员的信息；希望通过评价来对开发工作进行控制，获得反馈，纠正偏差；修正开发人员的配置计划；取得上级的沟通以有助于培养创新环境。

(2) 业绩评价的标准。对新产品开发人员进行评价时，最为困难和关键的是确定评价标准，原因在于：①创新周期往往长达几年甚至几十年，很难用短期内的经济指标如利润、销售额等进行评价；②产品创新人员分为几种不同类型，他们分工不同，对其要求也不相同，评价指标很难一致；③某些财务上失败的创新不一定是完全失败的创新，往往正是这些失败为以后的成功奠定了基础。

企业对新产品开发人员的评价标准应全面，对不同的人员，标准也应有所不同，表3-1 中所示的是美国 Alcoa 国家实验室制定的创新成果评价标准，该标准既有经济效益指标，又有增加企业技术能力和竞争力、改善企业市场地位的非经济标准，还包括环境保护方面的标准。

表 3-1　美国 Alcoa 国家实验室创新成果评价标准

评价标准	具体内容
成本降低	降低现有产品和工艺的成本
销售增长	通过推出新产品或改进现有产品而导致销售的增长
对企业经营的支持	通过改善产品的质量及可操作性使企业竞争地位增强
直接赢利	通过技术转让和技术服务直接获得经济上的收益
投资节约	创新的实际费用小于预算投入而获得经济上的节约
能力增加	没有直接的经济效益，但使企业在某技术领域的实力增强
知识积累	通过创新学习丰富了企业的创新经验
环境安全	使生产和产品使用对环境保护有明显贡献或更加安全
资源利用	在能源和原材料利用方面开辟新渠道

确定评价标准是一项困难的工作。对于不同类别的开发人员，应设立不同的评价标准。

3.3.4　新产品开发人员的激励

1. 激励的本质

有关激励的研究表明，人受到激励会迸发出积极性。但人类并没有充分运用自己的大脑，普通人只用了 5%~10%，即使是爱因斯坦那样的人，也只用了 30%。一些人只需运用 20%~30%的能力即可胜任工作。可见人的潜能被挖掘的空间很大。人的行为是受激励驱使发挥自身能力的过程，激励可极大地影响创新人员的创新成果。许多事实表明，创新人员受到激励后成果显著，而他们由于失望或受到压抑也常常会无所作为。管理者应对创新人员进行有效激励，使他们有足够的动力出色地完成产品创新活动。一切内心要争取的条件、希望、愿望、动力都构成了对人的激励。激励的本质是满足被激励者的需求，而激励的效用大小取决于被激励者对需求满足程度的感知。

从需求研究及满足需求的方式研究的视角，可将激励的理论分为两大类，一类理论主要研究人究竟有哪些需求，如马斯洛的需求层次理论、克莱顿·爱尔德弗的 ERG 理论(生存、相互关系、成长)、麦克莱兰德的需要理论等；另一类理论则侧重于满足需求的方法和对策研究，如目标设置理论、公平理论、期望理论。可结合创新人员的具体特点运用这些理论对创新人员进行有效的激励。

补充阅读　　　*海底捞的创意激励方法*

　　海底捞的特色服务贯穿从顾客进店到离店的整个过程：等候过程中向顾客提供免费上网、棋牌、擦皮鞋、美甲等服务，以及免费的饮料、水果、爆米花、虾片等食品饮料；就餐过程中，可见服务员发自内心的微笑和为顾客擦拭油滴、下菜捞菜、递发圈、擦眼镜布，15分钟送一次热毛巾、续饮料、帮助看管孩子、喂孩子吃饭，拉面师傅现场表演；店里还设有供小孩玩耍的游乐园；洗手间增设了美发、护肤等用品，还有免费的牙膏牙刷。甚至顾客打个喷嚏，就有服务员送来一碗姜汤。

　　服务的关键在于人，海底捞是如何让员工发自内心地主动为顾客提供个性化服务体验的呢？关键就在于组织能力和创新激励。在海底捞，员工只要有新想法、新点子都可以上报，只要门店试用就可立即获得50~100元不等的奖励。为鼓励创新，海底捞在总部还专门设置创新管理委员会，负责各门店筛选后提交上来的创意的评选，确定哪些创意可以在区域或全国加以推广。在海底捞火锅店，员工的服务创意或菜品创意一旦被采纳，就会以员工的名字来命名，并根据产生的经济效益给予一定数额的奖金。"包丹袋"就是典型的一例。这是一个防止顾客手机被溅湿的塑封袋子。由于是一位名叫包丹的员工最早提出了这个创意，即用该员工的名字命名。如此一来，不仅使此员工感受到了尊重，还给了更多员工以鼓励。张勇认为："创新在海底捞不是刻意推行的，我们只是努力创造让员工愿意工作的环境，结果创新就不断出来了。"

　　海底捞每天都会涌现出大量的新点子，从如何区分红酒和酸梅汤，到牛肉丸、万能架等菜品、服务工具、服务方式的创新。

　　（资料来源：《海底捞：极致的个性化服务是这样炼成的》，搜狐生活，2017-08-23）

2. 新产品开发人员的激励方式

　　新产品开发人员是企业中一个特殊的群体，他们在个人特征、心理需求、价值观念及工作方式等方面有着自身的特点：①具有相应的专业特长和较高的素质，渴望实现自我价值；②高度重视成就激励和精神激励；③具有很高的创造性和自主性；④有些创新成果不易加以直接测量和评价；⑤工作选择的高流动性。

　　该群体更会追求一种流畅的生活体验。流畅是一种完全投入的状态，流畅时并不一定愉快。流畅是一个全神贯注的阶段，当该阶段结束后，回首这个阶段，会对这种状态充满欣慰之情，并感到满足、愉快。流畅产生的条件是：挑战性的工作；要求有较高的工作技能；活动是目标导向，并有反馈；要求高度的精神集中和创造力；这些活动使人全神贯注。

　　根据创新人员的特质和需求，可采用以下方式激励创新人员。

　　(1) 激发新产品开发团队人员的创新激情。新产品开发团队人员创造性的动力更多来自他们的创新激情，这种创新激情一旦被鼓励、支持、理解，将发挥巨大的能量。因为创新活动是一项耗费精力且风险丛生的活动，常常要面临巨大的困难和外部环境的压力，如果企业领导者能够为创新人员创造一个良好的创新环境，减少创新中所面临的困难和压力，这将是对创新人员的最好激励。日本一位企业家的做法值得借鉴，有人问他："你的企业为什么这样兴旺发达？"他回答："有一些青年职工常常自信地、抱着洋洋得意的新设想到我这里来，据我的经验，这些设想都是无法实行的，按理我可以一概回绝并告诉他不可行的理由。但是，我没有这样做，而且同意他选择一个期限并给以少量的经费去试试，即使损失也无妨。结果呢？十分有趣的是，有些被我认为几乎无用的设想，试验者居然使其成功了，就是不成功的也可在相关的其他部件上起到革新的作用，常常收到意外的效果，有时还是一本万利的买卖。"可见对新产品开发人员的鼓励、支持、理解不仅限于对那些好的设想，更重要的是对那些所谓"不好"的、"不合理"的设想也要同样给予鼓励，这是调动创新人员创新激情的根本所在，切忌对创新人员使用一些"扼杀语句"，如"这根本行不通"，"你的想法简直是异想天开"，"我早就想到这一点"，"道理上也许行，但实际上行得通吗"。创新人员的任何一种新设想、新构思都是经过他们大量努力的结果，也许有些设想的确不太可行，但作为被激励者往往会认为激励者是对他这种创新行为的一种肯定和创新激情的赞赏，那么被激励者会在这种理解、支持和鼓励中去继续完善这种创新，这样创新成功的可能性将大大增加。

(2) 注重新产品开发团队人员的知识更新。科学技术的迅猛发展，使得知识更新的频率越来越快，对企业员工不断地进行培训是企业提高劳动力素质、清除技能与职业之间差距的主要途径。如美国企业非常重视职工的培训与教育，工商企业界每年用于培训在职员工的经费已达 2 100 亿美元。相对于其他员工，新产品开发人员需要更经常更深入地培训和知识更新，丰富的知识底蕴是创新的源泉，新产品开发人员只有不断吸收最新科技成果、最新的管理理论、最新的信息资料，才能产生卓有成效的创新活动。因此，企业应为新产品开发人员提供专门的制度化，以有别于一般员工的知识更新培训。

(3) 正确对待新产品开发人员的失败。新产品开发失败的诸多因素中有许多是可以规避的，但有许多是开发人员无法预测和控制的，如消费者兴趣的改变、国家政策的变化、竞争对手的状况、战争、自然灾害等。这些皆是新产品开发人员不能左右的。如何正确对待新产品开发的失败，是激励新产品开发团队人员的另一个关键。无论是发达国家还是发展中国家，新产品开发的失败率一直是居高不下的，这就告诉我们必须允许新产品开发团队人员的失败，决不能因一次新产品开发的失败，给企业造成了损失而处罚新产品开发团队人员，怀疑他们的研究开发能力，甚至调动工作或解雇开发人员(当然这里要区分是否因人为因素而造成新产品开发失败)。因为这不仅直接挫伤了当事人的积极性，更将挫伤其他新产品开发团队人员的创新积极性。对创新人员来说，失败后的理解和支持是对他们最大的安慰。失败乃成功之母，纵观人类发展的历程，失败的创新占了绝大多数，但也正是这些失败奠定了成功的基础。伟大的发明家爱迪生在致力于发明白炽灯时曾经失败了 1 200 次，他却说"我的成功，就是发现了 1 200 种材料不适合做灯丝"。允许失败并不是放纵失败，而是鼓励开发人员认真分析和研究失败的原因，吸取经验教训。

(4) 扩大创新空间。以各种方式向创新人员提供更多发明创造的自由，具体包括展示研究成果的自由、提出创新思想的自由。一些创新能力强的企业往往允许员工有一定的自由时间从事自己的研究项目。除时间外，有些企业还提供资金上的帮助，促使创新思想的顺利实现。

(5) 对新产品开发团队人员的个人成就和价值予以承认和奖励。这种承认和奖励应把物质上和精神上的奖励相结合。对新产品开发团队人员的物质奖励应与企业其他人员的奖励制度有所不同，奖励的额度与项目所产生的效益挂钩。精神奖励是给予创新人员各种荣誉，在企业内和社会上对其价值进行公开的承认，并给予他们晋升的机会。西方公司普遍实行了双轨晋升制，即管理晋升和科技晋升。如在3M公司，一位工程师可沿基层工程师、产品工程师、产品系统工程师、科室经理、部门经理的轨迹晋升。

(6) 为他们提供有挑战性的任务，设立有挑战性的工作岗位。创新人员往往具有较强的自信心，挑战性的任务和工作岗位会激发他们的斗志和干劲。

补充阅读　　　小型的自我管理团队

谷歌10 000名员工中几乎一半都与产品开发有关——在小型团队工作，平均每个团队三名工程师。甚至是诸如Gmail这样的大型项目，聘用了大约30人，也被分成三四个团队，每个团队负责特定的服务改进工作，如建立垃圾邮件过滤器和改善转发功能。每个团队都有"最高技术领导"，这个职位根据项目要求在团队成员之间轮换。大多数工程师为几个团队工作，改变工作的团队不需要人力资源部批准。

谷歌坚信小团队有许多优势。当项目被分成几个小部分，新项目就可以快速启动，因为这样需要说服的人更少，需要管理的相互依赖关系更少。通过缩小团队规模，并让每个项目资源略微不足，谷歌防止梅耶尔所提出的"过分打扮"——增加时间和成本，却没有增加任何价值。"那就是为什么许多谷歌的项目会在次优状态，在前沿的边缘。"她说，"解决80%的大问题，比糊弄出最后的20%，会创造许多更多的价值。"这种做法的不利之处在于，一些用户抱怨谷歌升级"粗糙"产品的速度太慢。

小团队也使人感到谷歌是亲密的公司——更像是创业公司，而不是机构臃肿的公司。在大型团队中，杰出成员的贡献往往被没用的同事占有。在谷歌，小型团队使得个体努力和个人成就之间联系密切。

（资料来源：加里·哈默，《谷歌进化十准则》，世界经理人网站，2008-10-14）

本章小结

新产品开发组织的特征包括：协作性、灵活性、创新性、竞争性。

建立新产品开发组织应把握的原则：必须与现有的程序化工作相分离，具有充分的决策自主权，正确看待新产品开发组织的绩效，赋予新产品开发组织较高的管理职权。

新产品开发的组织形式包括：新产品委员会、新产品部、产品经理、新产品经理、项目团队和项目小组。

新产品开发组织建立的步骤包括：确认组织主要的绩效缺陷和机会缺陷，对关键任务和工作流程进行描述，对组织的一致性进行检验，设计解决方案并采取正确的行动，观察一致性的效果并从中获得知识。

团队与群体不同的几个主要特点：目标明确、权责明晰、人员互补、关系融洽和沟通有效。

组建新产品开发团队需考虑以下四个方面：成员职能结构、成员规模、成员能力和成员角色。团队中通常有9种角色：创造者、探索者、评价者、推动者、生产者、控制者、维护者、建议者、联络者。

新产品开发团队的管理包括：建立新产品开发团队成员共同的目标承诺，培养信任机制，高效的信息沟通，公平合理的绩效评估和奖酬体系。

创造性人才往往具有一些与众不同的特征，对他们的管理有其特殊的一面，主要表现在以下方面：总体管理风格，创新人才计划及开发人员的业绩评价方面。

对创新人员的激励措施有：鼓励、支持、理解新产品开发团队人员的创新激情；注重新产品开发团队人员的知识更新；正确对待新产品开发团队人员的失败；扩大创新空间；对新产品开发团队人员的个人成就和价值予以承认和奖励；为他们提供有挑战性的任务，设立有挑战性的工作岗位。

思考题

(1) 简述新产品开发组织的特征。
(2) 新产品开发组织的类型有哪些？
(3) 建立新产品开发组织应把握的原则有哪些？
(4) 简述新产品开发团队成员的构成要素。
(5) 如何管理新产品开发团队？
(6) 如何激励新产品开发人员？

案例研讨

完善的管理架构：银行新产品开发的组织保证

作为宏观条件，混业经营为银行新产品开发提供了体制保证。而对于全球化的金融产业，建立合理完善的组织架构是开发新产品、优化资源配置的关键，关系到整个集团的生存与发展。经过一段时间的业务与组织结构的整合，花旗集团确定了三大业务板块的组织结构：全球零售业务(global consumer business)、全球资产管理业务(global asset management)和全球公司业务(global corporate business)。这些业务板块的形成，体现了花旗集团开发新产品、拓展业务范围、扩大市场份额的目标。

1. 全球零售业务

1998年10月13日，花旗集团首先完成了全球零售业务的整合。这一板块主要集中了花旗集团的零售金融业务，为美国及全球的零散客户提供全面的金融服务。该业务板块以集团公司的组织模式进行管理。其区域管理部门主要有拉美部、亚洲部、欧洲部、中东部及非洲部，美国业务管理部门主要有零售贷款部、银行信用卡部、零售资产部(汽车贷款、抵押贷款、学生贷款等)、个人信用卡服务部等。具体业务范围有:花旗商业银行服务、SSB 私人客户服务、私人银行服务、信用卡服务、个人融资服务、人寿保险及个人财产保险服务等。

目前,花旗集团的零售业务遍及全球 50 多个国家。尽管业务中有重叠现象,但各部门秉承交叉式销售(cross-selling)理念提供服务,共享客户资源及销售渠道,力求实现标准化的全面金融服务。

2. 全球资产管理业务

1998 年 10 月 15 日,花旗集团完成了全球资产管理业务的整合。该集团资产管理业务的规模在世界上名列前茅。据 2000 年 12 月 31 日的统计,其资产管理总额为 4 011 亿美元,营业收入约占整个集团的 6%,增幅达 70%,它是花旗集团中最具发展潜力的业务模块。花旗集团资产管理的职能部门主要有子公司部、机构部、散户部、市场部、技术部、经营部等。

3. 全球公司业务

1998 年 11 月 1 日,花旗集团宣布完成了其公司业务的整合。该业务板块是经营批发金融业务的集团公司,由所罗门美邦的投资银行业务部门、花旗银行的公司及批发银行业务部门及旅行者集团相关企业财产保险业务部门所构成。

目前,越来越多的公司和机构客户需要全方位的金融服务。为了超过其他竞争对手,花旗集团可以在世界各地为公司、政府、机构、资本筹集者、机构投资者、大型跨国公司及新兴国家企业提供全方位的金融服务。

随着全球经济一体化程度的加深,金融市场对银行产品创新能力的要求越来越高,以往过分呆板的管理思路和模式已不适应银行自身发展。面对日益激烈的竞争,银行必须摆脱内部管理的桎梏,采取更为灵活的管理方式,积极寻找开发新产品的途径。20 世纪 80 年代以来,大多数跨国银行已摈弃了机械化的"官僚管理",取而代之的是灵活的矩阵式结构。比如花旗集团三大业务模块均有相应的业务推广、市场分析研究、投资决策和执行及后勤保障部门,各专业模块能自行经营决策。至于各部门间及内部的业务重叠,可通过交叉销售解决。这种管理避免了银行内部机构间阶层化的官僚体制,使各职能部门充分发挥组织管理功能,提高决策质量,加快决策速度。

具体而言,若某机构客户寻求与花旗集团在债券承销、资产管理、个人及公司信用卡,以及基金投资等诸多方面进行合作,银行在矩阵式管理模式中,便能轻而易举地提供复合型产品。既可由公司业务部门牵头开发一揽子服务项目,又可由零售、资产管理及公司业务部门分别列出方案,供客户选择。以强大的全球网络及信息资源为依靠,使客户能享受到实在的"一条龙"服务。具体而言,花旗集团旗下的所罗门美邦投资银行部和 SB 资产管理公司,以及花旗私人银行服务部可承担"复式"产品开发任务。

由此可见,开发新产品,合理灵活的组织管理形式是关键环节。守旧的管理模式不但不适应市场发展的要求,也从内部管理体制上限制了银行新产品开发。

(资料来源:《国际著名银行的新产品开发机制》,《中国城市金融》2002 年第 3 期)

案例思考题

1. 评价银行业的新产品开发组织形式。
2. 结合案例,分析组织形式与新产品开发之间的关联性。

第 4 章　新产品开发战略

本章阐述的主要内容
(1) 新产品开发战略的内涵；
(2) 新产品开发战略的形成及类型；
(3) 新产品开发大纲的内容。

引　例

腾讯的新产品开发战略

2010 年，摩根士丹利公司（大摩）发布的一份关于互联网趋势的报告中，腾讯成为唯一一家被屡次提及的中国公司，在创新能力方面甚至被认为超越了微软，仅次于苹果、谷歌和亚马逊，位居第四。腾讯被大摩看好的原因在于其在"虚拟物品销售和管理"方面的巨大成功。数据显示，通过销售 QQ 秀、虚拟礼物、Q 币等虚拟物品，腾讯在 2009 年为自己赚取了高达 14 亿美元的销售额。报告显示，更多依赖于中国市场的腾讯不但拥有和 Facebook 一样海量的用户，同时在虚拟物品创新以及货币化能力方面远远超出后者。

马化腾一直信奉"赛马机制"，凡是重要产品的开发，在腾讯内部必然有多个团队并行，同时竞争，胜出者被留下。腾讯创立初期就曾经兵分两路，同时做网络寻呼业务和开发 OICQ。而最出名的案例是腾讯三个团队做微信，张小龙胜出的故事。腾讯也是最早践行互联网产品"小步快跑，试错迭代"理念的公司，OICQ 上线后的第一周就完成过三个迭代版本，极大激发了用户热情。后来雷军做小米手机，运营 MIUI 借鉴的正是这一点，吸收用户意见并不断迭代，留住大量核心粉丝。最重要的是，过去 40 年，马化腾始终在挑战自己的认知和经验，并未停止自我进化，腾讯公司也保持着六七年调整一次的节奏。腾讯公司更强调用产品说话。包括马化腾在内，总办成员都是少说话多做事的风格，他们在很长一段时间内都不为外界熟知。很多新产品的诞生来自中层员工的灵感和推动，而非高层自上而下的指挥。2005 年马化腾提出"在线生活"的新战略，决心围绕腾讯核心产品 QQ 重新布局，搭建基于互联网的虚拟生活社区，满足年轻人的娱乐需求。腾讯顺势进行第一次重大组织调整，

30多个混乱部门打散重组,实行事业部制度,同时开始从外部引入高级管理人才。两年后马化腾进行第二次组织架构调整,组建七大事业群。这些事业群按照重点产品进行区分,QQ、游戏、应用商店等主要业务散布其中,各自拥有独立的产品、研发和市场团队。这种方式让腾讯各业务线做决策更容易,也更容易作为独立的个体对外竞争。

(资料来源:崔鹏,《腾讯进化不止》,《企业观察家》,2018年第12期)

4.1 新产品开发战略概述

4.1.1 新产品开发战略的概念

"战略"源于古代兵法,属军事术语,意译于希腊一词"strategos",其含义是"将军",词义是指挥军队的艺术和科学,也意指基于对战争全局的分析而做出的谋划。在军事上,"战"通常是指战争、战役,"略"通常是指筹划、谋略,联合取意,"战略"是指对战争、战役的总体筹划与部署。我国古代兵书早就提及过"战略"一词,意指针对战争形势做出的全局谋划。企业战略是企业面对激烈变化、严峻挑战的经营环境,为求得长期生存和不断发展而采取的竞争行动与管理业务的方法。企业战略由经营范围、资源配置、竞争优势和协同作用四个要素组成。战略有广义和狭义之分。在广义的战略定义中,战略的概念包含着企业的目的。美国哈佛大学商学院教授安德鲁斯认为,"战略是由目标、意图或目的,以及为达到这些目的而制订的主要方针和计划所组成的一种模式。这种模式决定了企业正在从事的,或者应该从事的经营业务,以及决定了企业所属的或应该属于的经营类型。"而以美国著名管理学家安索夫(I. Ansoff)为代表的狭义战略观点阵营认为,企业目的的确定过程与战略制定过程虽然互相有联系,但它们是两个截然不同的过程。安索夫根据自己在美国洛克希德飞机公司等大型多种经营公司里多年的管理实践及在大学里的教学和咨询经验,于1965年发表了著名的《企业战略》一书,提出了自己的企业战略观,即企业战略是贯穿于企业经营与产品和市场之间的一条"共同经营主线",决定着企业目前所从事的或者计划要从事的经营业务的基本性质。这条"共同经营主线"由四个要素构成:①产品和市场范围是指企业所生产的产品和竞争所在的市场;②增长向量是指企业计划对其产品和市场范围进行变动的方向;③竞争优势是指那些可以使企业处于强有力竞争地位的产品和市场的特性;④协同作用是指企业内部联合协作可以达到的效果,即2+2=5的现象。

对新产品开发战略的界定,主要有以下三种观念。①新产品开发战略是企业新产品开发战略决策,具体包括企业新产品开发长远的目标,以及为达到目标而制定的经营方针和对企业资源的分配等战略决策。该观念指出了新产品开发战略的基本性质。②新产品开发战略是企业的新产品开发战略规划,它包括规划企业新产品开发目标及为达到目标所必需的资源的取得、使用及处理方针。该观念阐明了新产品开发战略的基本内容。③新产品开发战略是企业的产品-市场战略,其代表人物安索夫认为,战略一词要限定在"产品-市场战略"的意义上使用,应在一定的经营领域内开发新产品与市场,撤出不适宜的产品与市场,有计划地提高本企业现有的产品与市场的地位。这种观念指出了新产品开发战略的基本要素。

综上所述，新产品开发战略可界定为：新产品开发战略是企业在市场条件下，根据企业环境及可取得资源的情况，为求得企业生存和长期稳定地发展，对企业新产品开发目标、达成目标的途径和手段的总体谋划，它是企业新产品开发思想的集中体现，是一系列战略决策的结果，同时又是制订企业新产品开发规划和计划的基础。

4.1.2　新产品开发战略的特点

(1) 全局性。所谓战略就是指企业的管理者决定实现的一整套目标，以及为实现这些目标而制定的一种政策或规划。其特点是：突出了本企业各种资源与外界机会的结合，实现了机会与潜在冒险性的结合；它的整个决策行动由高层领导直接控制；具有较长的时间概念；着重于总的概括性谋略。而新产品开发战略，简单地说，就是"做什么才能指导企业新产品开发，使企业得以生存和发展"。因此，新产品开发战略是指导整个企业新产品开发一切活动的总谋划。它的全局性特征不仅表现在企业自身的全局上，更表现在要与目标市场所在地的经济、技术、社会发展战略协调一致。

(2) 前瞻性。新产品开发战略是一项立足于企业现有的状况，规划未来企业产品发展方向的决策。战略制订者须高瞻远瞩，针对未来的宏观环境、消费者、企业和竞争对手的变化趋势而制订新产品开发战略。

(3) 系统性。美国学者曾用中医理论来解释系统观念，他说如果患者感到头痛，那么西医则是针对头部进行检查、开药，而中医则可能采用按摩脚部的穴位或治疗某个内脏器官的方式来治疗头痛，中医的做法告诉我们人体是一个有机的整体系统。新产品开发战略是由一系列相互联系的要素综合构成的一个有机整体，需要以系统的观念去分析、解决问题。应充分考虑企业的使命、外部环境、企业可得资源，避免因某些要素的过弱而导致新产品开发的失败。诺基亚手机在中国市场曾经偏执地生产直板手机，而拒绝研发翻盖式新款手机，这一不考虑消费者偏好的新产品开发方式使得其在中国市场上的份额一度下降。就新产品开发战略本身来说，新产品开发战略包括三个层次：第一层次是公司级战略；第二层次是事业部级战略；第三层次是职能级战略，又叫职能级策略。它们之间的关系如图 4-1 所示。

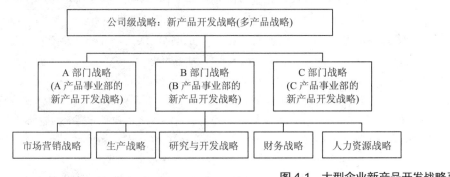

图 4-1　大型企业新产品开发战略系统

从图 4-1 可以看出，下一级战略是上一级战略的具体和展开，它要保证上一级总体战略目标的实现，但又可根据自身条件和要求确定目标和措施，有一定的相对独立性。

各级战略都要充分调动人、财、物、信息、时间等一切资源优势,同时把计划、组织、领导、协调、控制、激励等各种管理功能综合运用起来,达到企业总体优势,以实现公司级战略。

(4) 竞争性。在激烈的市场竞争中,通过不断开发满足消费者需求的新产品而取得竞争优势,是企业制订新产品开发战略的目的。企业新产品开发战略要针对来自环境及竞争对手等各方面的冲击、压力、威胁和困难,为迎接这些挑战而制订长期行动方案。只有当行动方案与强化企业竞争力量和迎接挑战直接相关时,才能构成新产品开发战略的内容。新产品开发战略就是在激烈的竞争和严峻的挑战中产生并发展起来的。因此,企业在制订新产品开发战略时须密切关注竞争者的状态,针对市场竞争格局制订相应的新产品开发战略将确保企业有的放矢。例如,麦当劳与肯德基在中国市场上竞争异常激烈,如果一方有新产品推出,则另一方会采取模仿或差异化的战略推出新产品。

(5) 相对稳定性。新产品开发战略是对企业在较长一段时间内,产品开发方向或领域的规划,以此指导企业的生产经营活动。相对稳定性是企业维持正常生产经营活动的保证,如果新产品开发战略朝令夕改,就会使企业经营发生混乱,从而给企业带来损失。当然企业新产品开发实践又是一个动态过程,指导企业新产品开发实践的战略也应该是动态的,以适应外部环境的多变性,当然,新产品开发战略须注意把握与外部环境保持互动的度。所以,新产品开发战略应具有相对稳定性的特征。

(6) 风险性。企业做出任何一项决策都存在风险,新产品开发战略决策也不例外。市场研究深入,行业发展趋势预测准确,设立的远景目标客观,各战略阶段人、财、物等资源调配得当,战略形态选择科学,制订的新产品开发战略就能引导企业健康、快速地发展。反之,仅凭个人主观判断市场,设立目标过于理想或对行业的发展趋势预测偏差,制订的战略就会产生管理误导,甚至给企业带来破产的危险。

4.1.3 新产品开发战略的作用

新产品开发战略是企业整体战略的组成部分,对新产品开发活动来说,新产品开发战略不仅发挥着战略的一般作用,更重要的是,它发挥着总体战略不可替代的特殊作用。新产品开发战略的特殊作用主要有限制转向和指导开发全过程两个方面。

(1) 限制转向。新产品开发战略确定了新产品开发的目标,界定了开发活动的边界,限定了开发的方向,即限制转向。限制转向包括两层含义:一是要限制企业把资源投向不适合本企业参与的开发方向,或发展潜力小的机会;二是要鼓励企业开拓特别适合本企业的具有良好发展潜力的机会。这种限制转向作用能够使企业更好地发挥自身优势,同时集中资源开发市场前景良好的新产品。当然,新产品开发战略也不是一成不变的,战略的转变也会导致新产品开发方向的转变。图4-2形象地描绘出了限制转向作用。明确的新产品开发战略可使企业避免外界的诱惑,注意发挥自身的长处,坚持在企业具有优势的领域发展,以免使企业掉进新产品开发失败的陷阱。

(2) 指导企业新产品开发全过程。新产品开发活动是由一系列逻辑关联较强的步骤所构成的一项活动。在这一复杂的活动中,如果没有战略对整个活动过程加以统一指导,开发活动的各个阶段就可能被割裂开,形成不了有机的联系,降低开发的成功率。

新产品开发战略指导新产品开发过程这一作用体现在以下几点。

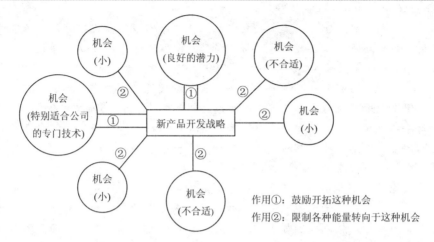

图 4-2　新产品开发战略的限制转向作用

第一，根据新产品开发战略，可以建立相应的开发组织。

第二，新产品开发战略能够指导新产品构思的收集，促进新产品概念的形成。新产品开发战略如果强调技术推动，则可以从技术开始收集构思；如果强调市场需求推动，则可从市场开始收集构思；如果重点放在优化生产，则可以从制造过程中收集构思、形成概念。

第三，新产品开发战略能够引导构思和概念的评价标准的建立。新产品开发战略为概念筛选标准、产品测试标准、市场测试标准和财务评价标准的设定提供了依据。新产品开发战略就像一张新产品路线图，引导开发真正有价值的产品。

第四，新产品开发战略能够指导新产品的市场营销活动。新产品开发战略有助于确定承担风险的大小，指导新产品的市场定位，有助于确定市场投放方式，解决快速回收投资等问题。

由此可见，任何企业的新产品开发活动必须在明确的新产品开发战略指导下进行。如果没有一个清晰的新产品开发战略，新产品开发中的任何重大决策都不能保证是正确和有效的。

补充阅读　**宝洁的新产品开发战略**

目前，合作是一个不错的创新战略。大公司可以完全依赖自己的研发实验室来产生所有创新的时代已经一去不复返了。外部伙伴，包括消费者、院校、渠道伙伴和其他已经成为新产品创新组合的实质性的一部分。

作为领先的消费品公司，宝洁每年都会成功地推出大量的系列新产品，而且利润都还不错。而这正得益于 2000 年任职的 CEO 雷富利带来的一套完全不同的思维方法。在他的领导下，宝洁的产品研发战略从过去依赖高能研发团队转变到利用一种新的模式，即"C&D"(connect and develop,联合开发)。

像大多数公司一样,宝洁一直坚持传统创新模式,即以实实在在的研发基础设施为中心,而创新也必须是来源于公司的四面高墙之内。当公司还是250亿美元规模时,这样做效果会很好;但当公司规模发展到几乎700亿美元时,宝洁清楚地知道,过去的"自己制造"模式不可能再帮助他们保持高水平的收入增长了。研发生产力水平有所下降,越来越多的研发费用带来的是越来越少的回报,创新成功率在35%这个水平停滞不前。由于竞争对手的敏锐、业绩平平的销售、毫无亮点的新活动和每个季度没有完成的收入指标等压力,使得宝洁丢掉了超过一半的市场占有份额。寻找、开发新的技术对宝洁的创新预算带来从未有过的压力。

宝洁发现全球的创新形势已经变了,重要的创新正逐渐变成由一些小型或中型的企业来完成,甚至个人都急于出售他们自己的知识产权。大学和政府实验室也开始对建立行业合作关系表现出兴趣,他们如饥似渴地寻找通过研究赚钱的方法。而互联网开辟了一条向世界各地人才开放的途径。一些有前瞻性目光的公司,如IBM开始实验研究开放性创新的新概念,了解不同的创新资产——产品、知识产权和人才。

于是2000年,新任CEO雷富利提出要求:重新建立公司的创新业务模式,实现50%的创新想法来自公司外部的资源,即一半的新产品应该来自宝洁自己的实验室,剩下的一半则来自宝洁公司外部。

世界各地的消费者已经感受到了"C&D"战略模式带来的好处,以下就是一些很好的例子。

随时的技术——宝洁推出世界第一种加干燥剂的织物柔顺剂"帮丝",这一技术是从独立发明人手里收购来的一种产品技术,他发明了这种针对织物的创新方案。

随时的产品——通过收购新推出的电动牙刷Spinbrush,宝洁将很快向市场推出一个高级口腔护理品牌,但却不需花费很多时间和金钱来开发一款几乎全新的产品。

随时的包装——宝洁的几个玉兰油皮肤护理产品都是采用一种消费者喜欢的新包装技术,这种技术最初是由欧洲一家日常消费品公司开发的。宝洁在将它投入北美市场之前对其进行了完善,使其更加有效。

商业合作——以Swiffer品牌掸尘刷为例。宝洁发现了一个很好的对Swiffer品牌掸尘刷改进的方法,而这种掸尘刷最早是一家日本竞争对手开发的。购买了这一产品后,宝洁对现有生产过程的部分环节进行了改进,并在18个月内重新推出这款产品。

还有一些数据也说明了这一模式的效果。

* 超过35%的宝洁新产品中都有来源于公司外部的成分。
* 研发生产力提高了近60%。
* 创新成功率提高两倍多。
* 创新成本下降了20%。
* 已经推出了超过100种新产品,包括:Olay Regenerist、Swiffer Dusters和Crest Spinbrush等。
* 2000年公司股票崩溃5年后,股票市价翻了一番,品牌组合价值达到220亿美元。

在整个战略执行过程中,设计正确的目标很重要,让人们在一种非常正式的过程中去设定目标,让他们判断创新是否与他们想要的东西匹配。同时,创新的传播还需要公司最高层的支持，而且工作要保持安全和有趣。通过共同期待变化和创造变化而不是对市场变化做出反应，这正是宝洁的合作创新成功之处。

（资料来源：http://jpkc.zjwchc.com/qygl/anlie/view.asp?class1=%BA%A3%B6%FB&id=1451）

4.2 新产品开发战略形成

4.2.1 新产品开发战略的地位

一般来讲，企业的战略体系包括以下几个方面。

(1) 企业的总体战略。这一层次的战略主要集中于企业的经营业务和企业总的发展战略。该层次的战略资源要考虑到所有的业务。而企业总体战略的优势体现在，企业能够集中人力、物力及财力来进行研发活动，并使得各个业务部门共同分享所有的资源和技术，充分保证协调的灵活性。

(2) 企业的业务战略。企业的业务战略针对的是企业的产品和市场目标，这一战略会受企业总体战略的约束和影响。这一层次的战略主要集中于企业的产品和市场的业务发展情况。该层次的战略资源主要体现在负责产品和市场的业务部门中。企业的业务战略的优势体现在，由于各个业务部门之间分享不同的资源，因此形成了不同的业务能力，就是说这一层次的竞争战略的针对性比较强。

(3) 企业的销售战略。企业的销售战略针对的是特定的产品和市场目标。由于这一战略层次位于企业总体战略和企业的业务战略之下，因此就会受到以上两个层次战略的牵制。这一层次的战略主要集中在目标市场上，瞄准的是产品线的长度、广度和深度。该层次的战略资源要从所有的业务中加以考虑。企业的销售战略的优势体现在，有着强大的营销组合作为后盾，产品定位十分有效。

(4) 企业的新产品开发战略。企业的新产品开发战略既包括企业的发展目标，也包括企业的市场目标，还包括企业其他方面的一些特殊目标。这一层次的战略主要集中于企业的战略竞争领域。企业应对产品的技术和用途及顾客的利益给予充分的关注。该层次的资源按照开发的新产品项目类别和其竞争的领域进行分配。企业的新产品开发战略的优势体现在，新产品开发人员可以按照开发新产品的需求来调配所需的人力、物力及技术资源，能够赢得开发新产品的专门化优势。

由此可见，企业的新产品开发战略贯穿于企业总体战略、企业的业务战略及企业的销售战略三个层次之中。从这个意义上来说，企业的新产品开发战略并不是一个独立的战略。

4.2.2 新产品开发战略形成过程

新产品开发战略形成过程如图 4-3 所示。

(1) 使命表述。首先应对企业的使命进行总体表述。这种表述部分体现在新产品大纲中，部分是对高层管理人员的想法与观点的描述。使命表述随着制订者思想的变化而变化。一般而言，它的内容应包括描述组织的框架及其限制，以及企业的长期战略。它既应着眼于长期，又要针对当前的状况。

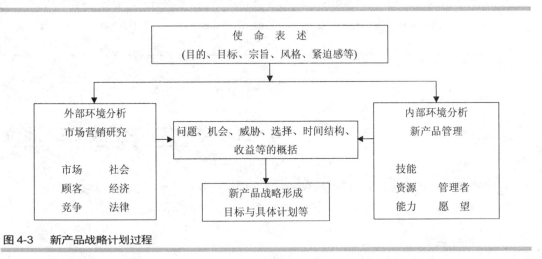

图 4-3　新产品战略计划过程

(2) 环境分析。战略的制订者需要对影响战略决策的各种因素进行综合考虑。在此阶段中，企业要收集各种信息，并对新产品的开发环境进行分析。环境分析通常分为两部分：外部分析与内部分析。

外部环境分析主要涉及与新产品有关的企业难以控制的外部微观力量及宏观力量。微观力量包括消费者或用户的需求状况、竞争状况、市场状况、各种可利用的资源等。宏观力量包括在特定形势下的社会意见与压力、有关的政府法律法规、宏观经济环境、科学技术的发展趋势等。

内部环境分析基本上是一种审计，它主要分析企业内部的各种可控因素，如企业的技能、资源、缺陷、约束力、应变力、态度、发展趋势等。此外，还应考虑管理人员的愿望和倾向，如他们的经营风格、管理方式，对风险的态度，等等。

从以上分析中，我们可以得出一系列的事实、选择和设想。它们会对随后的战略决策过程产生影响。在以上分析的基础上，战略制订者要对新产品开发的威胁、机会、问题、优势、时间结构及可能的收益进行概括。

(3) 新产品战略的形成。不论新产品战略采取哪种形式，它都应包括如下基本内容：①确定要开发的产品类型与目标市场；②制订新产品开发的目标；③为达到上述目标的具体行动计划。此外，还要制订备选方案与应急措施、跟踪计划等，以更有效地应对环境的变化。

4.2.3　影响新产品开发战略的关键变量

影响新产品开发战略的关键变量有两个：一个是公司总体战略计划，另一个是市场营销计划。此外企业文化、公司资源、市场机会等也影响着新产品开发战略的制订。

(1) 公司的总体战略计划。企业总体战略是企业发展的总体规划，它决定了新产品的发展方向和前进速度，决定资源在企业现有产品与新产品之间的分配。它对新产品战略的辅助作用主要体现在以下几点：首先，总体战略计划指出了企业的战略竞争领域；

其次，总体战略决定了新产品战略的目标，并可以对其进行一般性指导，如增长率、市场占有率的变化目标、行动的紧迫性及业务全面扩张的总体需要；再次，总体战略对新产品战略在风险方面进行指导或限制，如对创新的来源、创新的程度等的确定都受总体战略的指导；最后，新产品战略可从总体战略中取得大部分具体的环境参数，如产品质量水平、对获得专利可能性的要求、系统定义等。

(2) 市场营销计划。如果企业的市场营销年度计划遵循企业的一般纲要，那么它会为新产品战略计划提供一些关键信息。首先，在采用产品经理体系的企业中，产品经理肩负着编制产品创新大纲和市场营销计划的重任，市场营销计划与产品创新大纲有时基本上可合二为一；其次，总体营销计划会影响新产品战略模式的选择；最后，营销计划提供了从事新产品活动的人员进行特殊状况分析所使用的大部分真实数据。

(3) 企业文化。企业文化是以企业为主体的、广义的、深层次文化，是企业在长期的生产经营过程中形成的一整套独特的关于企业生产经营的价值观、道德规范、行为准则、传统作风、群体意识及整个企业人员的素质，价值观是企业文化的核心。企业文化是企业的无形资产和灵魂精神支柱，具有极大的渗透力和凝聚力。企业决策者的经营思想、战略决策等无一不受企业文化的影响。企业文化不仅影响着企业总体战略的选择，而且直接左右着新产品战略的制订。营销经理在确定产品竞争的领域、新产品开发的目标及实现目标的措施时，企业价值观会左右他选择不同的创新程度、风险偏好、竞争态度、应付环境变化的措施等。如索尼公司就把"创新就是一切"作为公司的经营理念，所以它始终以"第一流的技术"作为开发目标；而松下公司则特别强调"满足用户需求"，在产品的功能、款式、质量、服务等方面处处为消费者着想，坚持以市场为导向，开发一系列受用户欢迎的家电产品；三洋公司在开发新产品中尤其重视低成本策略，使自己的产品具有竞争力。

(4) 公司资源。公司资源是其选择新产品战略的实力保证，包括了公司人力资源、资产数量、技术水平、产销能力、企业信誉等。公司资源价值的大小是相对于竞争对手而言的，在制订新产品战略时，资源是起支配作用的变量之一。资源在较大程度上决定着企业抵御风险的能力，影响企业选择新产品战略的模式。

(5) 市场机会。一个市场营销机会是指一个具有需求的领域，公司在这里能取得利润。机会的大小和多少是影响企业选择新产品开发战略的重要因素。比较常见的机会有：①市场中存在的某种潜在需求，如随着信息化时代的来临，人们对网络产品的需求在急剧扩张，有一经典笑话生动地描述了该领域的市场潜能，某一乞丐打出了 Beg.com 后，施舍像雪花一样飘来，而在此之前却无人问津；②新技术的应用导致某种产品市场容量扩张；③竞争者满足需求的能力不足也会使该领域拥有足够的市场机会；④国家或地区新政策和新法规的出台必将导致新的市场机会。

补充阅读　　华为手环 3e 跑步精灵

2018 年 11 月 23 日，华为在西安举行了华为运动健康生态品鉴会。发布会上，华为终端手机产品线总裁何刚带来了一款新的华为运动手环——华为手环 3e 跑步精灵。它最大的特点是提供了两种佩戴方式：手腕佩戴和跑鞋佩戴。

华为手环 3e 跑步精灵在手腕佩戴模式下支持传统运动手环的日常活动监测、睡眠监测、来电/消息提醒等功能，但不支持心率监测。此外，主体与表带分离后，可将主体佩戴在跑鞋鞋带上，在跑步中，跑鞋模式可帮助用户监测 7 种跑姿数据，包括着地方式、着地冲击、触地时间、外翻幅度、摆动角度、步频、步长等。系统将以此数据对跑者提出运动改善建议，帮助用户减小运动损伤，提升跑步效率。对于准确度方面，官方介绍称华为手环 3e 跑步精灵内置了六轴传感器，还采用了华为联合 CISS 研发的高精度姿态融合算法，跑步时距离准确度可以达到 97% 以上。如果准确度能达到这么高的话，对运动爱好者来说，算是解决了一个需求痛点。值得一提的是，华为手环 3e 跑步精灵同样支持 50 米防水。

华为手环 3e 跑步精灵是"智能可穿戴设备"下的一款针对性很强的产品，适用运动场景就是最常见的"跑步"。而像华为 WATCH GT 或其他 WATCH 其实更适合希望能全面了解自己各项运动数据的人，而一般消费者可能不需要功能那么全面且动辄售价几千块的可穿戴设备，而这时 109 元专注于"跑步"数据的华为手环 3e 跑步精灵或许是一些跑步爱好者不错的选择。

（资料来源：数字尾巴，《可戴在鞋上记录你的跑姿，华为手环 3e 跑步精灵发布》，腾讯数码，2018-11-24）

4.3 新产品开发战略类型

新产品开发战略的类型是根据新产品战略的维度组合而成，产品的竞争领域、新产品开发的目标及实现目标的措施三维构成了新产品战略。对各维度及维度的诸要素组合便形成各种新产品开发战略。

4.3.1 冒险或创业战略

冒险战略是具有高风险性的新产品战略，企业为了获得巨大的发展而敢于突破现有的条件和市场的限制，投入大量的资源开发具有高风险的新产品。该战略的产品竞争领域是产品最终用途和技术的结合。企业希望在技术上有较大的发展甚至是一种技术突破；新产品开发的目标是迅速提高市场占有率，成为该新产品市场的领先者；冒险战略的创新度希望是首创，甚至是首创中的艺术性突破；以率先进入市场为投放契机；创新的技术来源采用自主开发、联合开发或技术引进的方式。实施该新产品战略的企业须具备领先的技术、巨大的资金实力、强有力的营销运作能力。中小企业一般不适合运用此新产品开发战略。

该战略一旦取得成功将会为企业带来巨大的利益，包括企业声誉、现金流、市场占有率等方面。值得指出的是在网络经济中广泛存在的达维多定律——"第一个向市场提供第一代新产品的企业，能够自动获得 50% 以上的市场份额。因此，一家企业如果要在市场上占据主导地位，就必须第一个开发出新一代产品"，更进一步说明了冒险战略是有价值的。例如，腾讯公司的 QQ 软件是中国市场上的第一个中文即时通信软件，它目前的市场份额超过 80%，并且地位难以被动摇。

补充阅读　　**宝马要在中国自己运营"网约车"**

2018年，宝马已在华成立宝马出行服务有限公司，注册地在成都，注册资本5 000万元，由宝马集团全资控股，公司法人代表和董事长为Bernhard Blaettel，总经理为Joseph William Pattinson，并将于12月14日正式在成都开始运营。至此，宝马成为第一家在华独立提供网约车出行服务的豪华车企。其经营范围包括：网络预约出租车经营（未取得相关行政许可(审批)，不得开展经营活动）；汽车租赁；停车服务；信息技术开发、技术咨询、技术服务；计算机及辅助设备、软件、电子产品销售、租赁；商务信息咨询；企业管理服务；广告设计、制作、代理发布（不含气球广告及固定形式印刷品广告）。

宝马出行服务公司已经获得网约车运营牌照，初期将会在成都投入200台宝马5系轿车，包括燃油版和插电式混合动力版。这200台车将配备专属的网约车司机，宝马方面希望，这一举措将重新定义豪华网约车的标准。

宝马集团曾提出有关未来出行的四大战略方向，即"ACES 战略"：自动化（Automated）、互联化（Connected）、电动化（Electrified）、服务化（Services）。该战略也被视为宝马全新"第一战略"的重要组成部分。此次在华成立出行服务公司并投入运营，也是其在服务化领域的重要举措。

（资料来源：Buy car买车网，《抢占滴滴市场份额？宝马在华试水网约车》，搜狐汽车，2018-11-21）

4.3.2　进取战略

战略目标一般确定为迅速发展和提高市场占有率，即试图通过创新迅速扩大企业规模，不断增强其竞争能力和发展潜力。进取战略要求企业在产品开发方面以较强的进取精神、创造性和外向性主动出击，不拘泥于企业现有的产品结构和资源状况。进取战略的创新度可能达到首创水平，至少部分首创。在新产品投放市场的时机选择上，多数确定为率先进入市场。进取战略以一定的企业资源进行新产品开发，不会因此而影响企业现有的生产状况。新产品创意可来源于对现有产品用途、功能、工艺、营销策略等的改进，改进型新产品、降低成本型新产品、形成系列型新产品、重新定位型新产品都可成为其选择。也不排除具有较大技术创新的新产品开发。该新产品战略的风险相对要小。

补充阅读　　**小米的智能家居**

随着谷歌以32亿美元收购Nest，三星推出SmartHome智能平台，苹果在智能家居平台上的密谋布局，国际巨头在智能家居领域的探索方向，给出了智能家居单品发展的另一个思路：组建统一的智能家居平台。在国内市场，越来越多的厂商意识到，用户家庭是个整体，智能家居领域的各自为战直接导致市面上的电器产品互不兼容，用户无法实现统一操控，产品之间的隔绝使家电智能化无法全面落地。建立统一的智能家居操作平台，成为改变行业标准不统一、产品兼容性差等问题的有效途径。

小米力图打造一个开放成熟的商业生态系统，涵盖芯片、模组、电控、厂商、开发者、投资者、电子商务、云服务平台和跨平台合作等所有与智能家居有关的行业内容和相关企业。要做聚合平台，开放是其成功的基本守则。在平台中，开放的协议和接口有助于合作伙伴的产品迅速升级为智慧家电，实现品牌的互联互通、数据共享，并且节约成本、缩短开发周期。向来以开放精神——"极客"精神著称的小米，表示将在智能家居平台中实现云服务和协议的开放，并坚持一贯的鼓励开发者参与的做法，来实现产品的快速更新。对于一些无力投入时间、金钱开发智能产品的中小企业来说，聚合平台对于它们的意义将更加重大。作为智能平台的牵头者，小米表示会提供智能硬件和芯片给合作伙伴。使中小厂商能够通过植入硬件的方式便捷地开发出智能家居产品。目前，智能家居在家电市场仍属于小众产品，产品销量难以达到百万级别，导致家电厂商找芯片厂商定制芯片时要付出高昂的成本。小米则能够通过平台效应和品牌效应解决这一问题，降低芯片成本，扭转智能家电价格普遍偏高的局面。对于小米来说，MIUI 是其进入智能家居领域的杀手锏，未来如果其向合作伙伴统一开放 MIUI 的接口，基于其可观的用户规模，会有大批的传统家电厂商愿意加入到 MIUI 阵容中来，最便捷地让自家产品具有互联网思维。一旦一个以 MIUI 为核心的智慧家庭构建起来，那么小米就织起一张物联网的大网。

现阶段，小米路由器和小米手机组合后的超强实用性，已经让用户看到智慧家庭的雏形。随着小米手环、小米平板、小米电视等一系列产品的研发升级，以 MIUI 为操作系统的智能家居阵营将更加庞大丰富。小米智能家居负责人表示，小米为了大幅降低硬件厂商的成本，除了提供低价的芯片，还将开放近于全部免费的小米云服务，而云服务的最终目的是要实现大数据的应用。比如，用户家中拥有智能顶灯，在中午时分家中有人的情况下，若本小区突然主动开灯的用户达到了 80%，那么大数据就会被运算并通过云把指令传输到用户家中，顶灯会自动打开，因为很可能雷阵雨导致局部自然光变暗。他认为，真正的智能家居平台并不是只把所有的家用电器开关聚合到一个 App 当中，未来的智慧家庭是不需要用遥控来控制的，而是全部通过身份识别、大数据应用以及云服务来实现。

以小米为代表的互联网厂商做智能家居平台，其互联网思维的应用将更加深入。通过 MIUI 建立软件平台，通过路由器做入口，通过手机进行操控，通过手环完成身份识别，通过品牌效应提供低价芯片支持等，让智能家居更具人性化，更加廉价，更有乐趣，它符合了年轻人对于家庭生活的畅想。

（资料来源：http://www.diankeji.com/guandian/12305.html）

4.3.3 紧跟战略

紧跟战略是指企业紧跟本行业实力强大的竞争者，迅速仿制竞争者已成功上市的新产品，来维持企业的生存和发展。许多中小企业在发展之初常采用该新产品开发战略。

紧跟战略具有以下几个方面的优点。

(1) 风险较小。由于采用领先型新产品开发战略的企业已经过自己的努力，解决了产品创新过程中一系列的技术难题，特别是经过实践证明市场对这一新产品具有良好的市场反应,这样紧跟者或模仿者就可以大大减少技术开发与市场开发中的失误和风险。尽管紧跟者或模仿者仍然会遇到对已有产品性能改进在技术上的困难,但这与一项全新技术的研制开发是有很大区别的。

(2) 成本低。因为新产品的概念开发方面的成本已经由领先企业承担,紧跟者可以大大减少开发费用,缩短开发周期。

(3) 产品性能可以略胜一筹,更具竞争能力。尽管紧跟者是对领先者产品的一种模仿,但毕竟这种模仿有前车之鉴,模仿者完全有机会取其所长,避其所短,开发出性能、质量、价格均较领先者优越的"新产品"。

(4) 新产品营销方面可以采取更好的策略。紧跟者可以借鉴领先者在新产品进入市场时营销策略上的经验和教训,避免所犯错误,采用更好的策略,而将所仿造、改进后的产品更顺利地推入市场。

紧跟战略的主要缺点在于所面临的市场竞争比较激烈。因为其所生产的产品一投入市场就面临已有产品的竞争,改变已有产品品牌在消费者心目中形成的"先入为主"的印象,意味着本企业的产品必须比已有产品的性能和品质更高一筹,或者营销实力更为雄厚,否则很难取得市场份额。同时,采取紧跟战略的企业并非仅一家,而可能是多个企业,所有采用此战略的企业,几乎同时进入市场,其竞争必然十分激烈。

实施该新产品战略的关键是紧跟要及时,全面、快速和准确地获得竞争者有关新产品开发的信息是仿制新产品开发战略成功的前提;其次,对竞争者的新产品进行模仿式改进会使其新产品更具竞争力;强有力的市场营销运作是该战略的保障。

补充阅读　"老爹鞋"——引发新的时尚潮流

"老爹鞋"应该叫作 clunky sneaker,直译过来就是"蠢鞋",在近两年受到各类潮人的追捧,其特征是设计繁复、乱中有序。采用厚实鞋底和沉稳结构的设计,以皮革彰显复古风格。

自巴黎世家和 LV 之后,很多品牌也开始出现"老爹鞋",从 2017 年初在秀场上亮相开始,就不断有国内外媒体预测其将会成为近年来最热门的球鞋。古驰系列的运动鞋,以文艺复兴为灵感,融入当代青年文化个性元素的"老爹鞋"由此登场。

品牌 2018 春夏秀场上,就给了"老爹鞋"返老还童的机会,不仅重返了现代,还让它也回到了罗马宫廷时代,既可搭配华服,也可搭配 casual 成衣。国际大牌 Louis Vuitton 也受复古运动鞋潮流影响,添加了些许浮夸的设计,视觉效果比较夸张,和其他品牌相比有着自己的特色。

(资料来源:尚之潮网,2018)

4.3.4　防御战略

保持或维持企业现有的市场地位,有这种战略目标的企业会选择新产品开发的防御战略,通过有选择地开发一些风险较小、且不改变企业基本产品结构的新产品,以保持企业现有的市场地位和竞争能力。该战略的产品竞争领域是市场上的新产品;新产品开发的目标是维持或适当扩大市场占有率，以维持企业的生存；多采用模仿型新产品开发模式；新产品开发的主要来源是市场营销，即借助于对市场需求的分析来开发新产品或改进现有产品，其创新度多为模仿，对资源要求不高，可以自主开发为主，也可采用技术引进方式；产品进入市场的时机通常要滞后；新产品开发的频率不高；实力一般、资源较少且处于成熟产业或夕阳产业中的中小企业常采用此战略。例如，广州的一些小规模的洗发水生产商以低价格赢得了部分市场，为了应对宝洁、联合利华、丝宝等公司的竞争压力，就采取防御战略，被动地推出一些新产品以维持现有的市场份额。

4.4 新产品开发大纲

4.4.1 新产品开发大纲概述

新产品开发大纲是新产品开发的纲领性文件，是新产品战略的具体表现，企业进行新产品开发活动将以此大纲为指导。今天所用的新产品开发大纲的基本要素在几年前就已经开始出现了。亨利·福特公司(Henry Ford)的全黑 T 型轿车，安索夫与斯蒂威特(Stewart)在 1967 年提出的时机选择战略等，都是在广泛范围内的创造性思维的典范，这些思维拉开了一个必不可少的序幕。每个这样的活动无不归于新产品开发大纲的一个要素。然而，今天公司的开发大纲相对于早期规则要复杂得多。尽管这样的开发大纲经常是相当保密的，但是仍然有人进行了一些初步性的研究。其中最重要的发现是：一份报告可以完全给定一个企业的所有新产品活动的综合性大方向。在过去，一项政策也许只能适用于所服务的一个市场(如"我们的事业就是婴儿")，或相应的组织模式(如宝洁公司自身拥有的商标体系)，或技术创新的承担(如克宁公司和国际商用机器公司)。但是，当今的公司把这些要素放在一起通盘考虑，从而制订出全方位的战略，这对于着眼于公司利润最大化的特定的产品创新来说，无疑是十分必要的。

4.4.2 新产品开发大纲内容

新产品开发大纲的具体内容主要包括产品竞争领域、新产品活动目标与实现目标的规划等三个方面（见表 4-1）。

表 4-1 新产品开发大纲概要

产品竞争领域

1. 产品类型或等级
2. 最终用户应用/活动
3. 顾客群
   (1) 用户状况：现有用户/新用户
   (2) 人口统计方面
   (3) 心理统计方面
   (4) 分销状况

续表

4. 技术
　　(1) 科学/技术
　　(2) 经营
　　(3) 营销

新产品活动的目标

1. 发展目标
　　(1) 迅速发展
　　(2) 受控发展
　　(3) 维持现状——更新
　　(4) 受控收缩——转移

2. 市场目标
　　(1) 创造新的市场机会
　　(2) 扩大市场占有率——进攻型
　　(3) 维持市场占有率——防御型
　　(4) 放弃市场占有率

3. 特殊目的
　　(1) 多样化
　　(2) 季节性调整
　　(3) 避免被收购
　　(4) 提高产品质量水平
　　(5) 投资/资产收益率
　　(6) 加快资金回收
　　(7) 维持/改变企业形象
　　(8) 其他

实现目标规划

1. 关键创新要素的来源
　　(1) 市场/市场营销
　　　　① 竞争对手的产品
　　　　② 市场重新定位
　　　　③ 特许权扩展
　　　　　　a. 商标/公司名称
　　　　　　b. 销售人员特许权
　　　　　　c. 交易地位
　　　　④ 用户研究，未满足的需求
　　(2) 生产/经营
　　　　① 工艺/制造成本
　　　　② 产品质量
　　　　③ 低成本

续表

 (3) 技术创新
  ① 内部资源
   a. 基础研究
   b. 应用研究
   c. 开发/生产
  ② 外部资源
   a. 合资公司
   b. 许可证
   c. 收购
2. 所用创新程度
 (1) 先导
  ① 艺术性突破
  ② 杠杆性创造
  ③ 应用技术
 (2) 适应：技术性/非技术性
 (3) 模仿/竞争
  ① 紧跟战略
  ② 分片特许
  ③ 经济手段——价格竞争
3. 次序/时机选择
 (1) 率先进入
 (2) 敏感反应
 (3) 迟钝反应
4. 特殊方面
 (1) 避开职能
 (2) 避开法规
 (3) 产品质量水平
 (4) 获取专利可能性
 (5) 有无组织体系
 (6) 避开竞争对手
 (7) 仅进入发展的市场
 (8) 其他

1. 产品竞争领域

  产品竞争领域可以界定新产品开发活动的基本方向和范围，起到限制转向的作用。可以通过产品、最终用途、顾客群和技术等维度的多维组合来界定新产品战略竞争领域。

  (1) 产品。通常指明新产品的市场定位，即确定新产品属于哪个行业。可以利用产品大类、产品种类或产品等级来定义战略竞争领域。这种方法被生产轿车、家用电器、啤酒等产品的公司广泛采用。一些公司专注于耐用品或一次性用品的经营,而另一些公司可能局限于高档耐用品或低档耐用品的开发经营。例如,索尼公司一直专注于音像产品的开发,如数码摄像机、电视、激光音响产品等。再如,凯洛格公司(Kellogg)宣称,它将继续开发新的谷物产品,而无意进入快餐连锁店、玩具等行业,当然,该公司的意图并不指"早餐食品"或"超级市场出售的产品"——仅仅是谷物产品。

(2) 最终用途。明确规定新产品的功能或用途,可鼓励更多的创新思想。最终用途一般比产品维度更深入、更自由。产品与用途之间存在着多重关系。不同的产品既可以有不同用途,也可以有相同的最终用途,如有线电话与无线电话。而同一产品也可以有不同的最终用途,如计算机可以用来进行数据处理和计算,也可以用来进行文字处理与个人服务。因此,即使产品种类相同,不同的最终用途也会导致产品结构和性能的差异,如大型计算机与PC机的结构、性能差异很大。

用最终用途来界定竞争领域可以获得更广阔的开发空间。例如,如果中国铁路公司致力于"运输服务"开发而不只是"铁路"开发,这就意味着中国铁路公司开发的产品包括铁路、汽车和轮船等诸多方面。

再如,经过一段时间的收购,瑞克公司(Rucker)的业务也扩展到新的行业,从计算机软件到灌溉设备。公司计划只开发本行业,或仅仅进入那些它可能居领先地位的新行业——这意味着它将在最初擅长的石油钻探设备和服务领域内继续驻足。

又如,通用仪器公司的一个企业集团是最大的赌具供应商,而通用仪器公司正下了大赌注,以期望其在5年间利润能上升50%。这个集团的新产品活动将全部集中于赌博行业,尤其在政府规定的水平上。

(3) 顾客群。即确定目标顾客群。可基于用户状况、人口统计变量、地理统计变量及心理统计变量来确定目标顾客群。许多消费品公司常用顾客心理统计变量来确定顾客群。企业开发新产品是为了满足顾客需要,因此,企业应根据顾客的特点来界定竞争领域。

① 用户状况。新产品的用户状况可以分为原有用户和新的用户,如一种改进的洗涤剂就是针对原有用户。同时,新产品可以针对集中化的目标市场,也可以面向分散化的目标市场,即同时针对几个细分市场。年龄、性别、区域等人口统计特征可用于市场定位。例如,夹有绘画的冰激凌主要定位少年儿童,金利来的产品定位于男人的需求。

② 心理统计特征。消费倾向、生活方式、购买风格等心理统计特征可用来细分市场。例如,新产品可以面向收入丰厚的买主(如宝马的购买者),也可以针对追逐时尚的新人类(如福特的福克斯轿车的购买者)。

③ 人口统计方面。顾客群的第二方面是建立在人口统计变量基础上,它的使用也很普遍。嘉宝的"我们的事业就是婴儿"就是一个例子。但是大纲中最常见的人口统计变量似乎是市场定位,在这里大纲通常确定了创新是为了某个国内市场(也许是国内市场的一部分,也许是全部国内市场),还是为了国外市场,通常是在国有的层次上衡量。市场定位变量经常只是隐含在公司的报告中。其他常用的人口统计变量是年龄、性别(如联合烟草公司(Consolidated Cigar)的面对"男青年"的战略和托罗公司(Toro)的服务"青年夫妇"的思想),和机构(如NCR公司的面向"银行和零售店"和好利获得公司(Olivetti)的涉足"银行和法律事务所")。许多独特和少见的人口统计变量也得到了应用。这里有一个例子是,毕翠斯食品公司(Beatrice Foods Company)在20世纪70年代中期坚信,

他们公司的新产品可以在远离大城市的地方售出。

④ 分销状况。例如，在食品行业，皮尔斯伯里公司经常把"超级市场"加入其大纲中；而其他公司则把自己的注意力集中于"食品、药品或是大宗商品批发"。霍尔马克公司开发了一系列产品，专门为那些偶尔光顾出售该公司礼品的小型夫妻店的"谨慎有余的人"服务的。石油公司仅开发"在我们零售服务站销售顺利的新产品"。另外也存在一些不很普遍的情况：企业依靠特定的批发商或代理商，开发这些中介商能够很快售出的产品。当然，贸易也是一种替代手段。

(4) 技术。新产品开发可以利用现有技术，也可以采用新技术。如果企业实行根据自己实力经营的定位战略，则倾向于利用自己已有的先进技术来开发新产品。技术可分为科学技术、经营管理技术和市场营销技术等类型。许多公司利用科学技术来界定竞争领域，如施乐公司利用静电复印技术来开发新产品。而另一些公司则利用质量控制技术等经营管理技术或实物销售系统、宣传广告技术、包装技术等市场营销技术来开发新产品，如邮电公司、银行开发的多种配送服务和理财咨询服务。

一个典型的事例就是科宁玻璃公司(Corning Glass)多年使用的大纲：我们将开发那些产品，而且仅仅开发那些产品，即那些能利用我们先进的玻璃技术的产品。其想法是基于：假如公司遵照这一方针，它也许会大获成功，因为它所掌握的玻璃技术也许比世界上其他任何企业都更胜一筹。"根据你的实力经营"是确定战略竞争领域的另一种方式，而技术无疑就是一种实力。

(5) 多种维度的组合。企业通常通过多种维度的组合来界定战略竞争领域。

① 各种维度的组合形式。各种维度组合的常见形式主要有：主要用于消费品的产品-市场矩阵，主要用于工业品的技术——用途矩阵，以及产品-用途矩阵和技术-顾客矩阵等。有些公司也利用三维或三维以上的变量来界定战略竞争领域。例如，在生产高度紧张、生活节奏快的日本，洗浴行业的企业用技术、顾客群和产品三个维度界定了一个战略竞争领域：利用电脑自动控制技术为洗澡时觉得用手调节水温、不停地转动身体角度是个极大麻烦的"懒人市场"开发自动洗澡机。

② 组合维度的选择。界定战略竞争领域的维数越多，竞争领域的区分就越精确，其范围就越窄。这样就导致新产品的针对性越强、竞争力越高，但同时市场机会也就越小。反之，战略竞争领域的维数越少，竞争领域的区分就越模糊，开发方向就越不明确。这样会导致新产品的竞争力降低，但市场机会可能会增大。因此，组合维度的选择需要对产品竞争力和市场机会进行权衡。

2. 新产品活动的目标

开发新产品是为了满足企业一些特定的目标。不同企业的新产品开发目标是不同的。新产品开发的战略目标可以分为三大类型。第一类目标涉及企业的销售额或利润额，属于发展目标；第二类目标与企业的相对竞争能力或竞争潜力有关，属于市场目标；第三类目标与企业的特殊状况有关，属于特殊目标。

(1) 发展目标。新产品开发的发展目标是指增强未来的竞争能力，促进未来的销售额和利润的增长。发展目标主要有四种类型，即迅速发展型、受控发展型、维持现状型和受控收缩型。

① 迅速发展型。这类目标要求企业迅速开发出新产品，迅速地将开发出来的新产品投放到市场中，让企业尽快地扩大生产规模，以更快的速度占领新的市场。对于那些

能够迅速成长的市场和产品来说，由于其得到回报的概率会大于那些成长相对缓慢的市场和产品，因此将这一类的产品定位为迅速发展型是较为合适的。总之，这一类目标的最大特征就是"求快"，在整个开发新产品的过程中企业都应该保持一种"闪电式"的作风。

② 受控发展型。受控发展型目标不像迅速发展型目标那样要求新产品开发企业以"速度"取胜。受控发展型目标从节省投资和降低风险角度出发，逐步开发新产品、扩大生产规模和占领市场。受控发展型目标主要考虑产品开发速度与市场接受程度同步，或与市场竞争状况的变化相适应，力求稳定发展，因而是多数企业采用的战略目标。总之，这一类目标的最大特点就是"求稳"，要求企业在稳定中发展，因此对于那些不愿意承担高风险的企业来讲，将是一个不错的选择。

③ 维持现状型。维持现状型发展目标寻求对现有产品的持续改进，实行逐步更新的产品开发，以维持竞争力。这一类企业的最大特点就是"求保"，它是那些安于现状的企业的追求目标，适用于一些变动不是很大的新产品开发。

④ 受控收缩型。受控收缩型目标是指从产品开发中及时抽回资金，有计划地逐步转向其他领域或业务。这种目标在传统产品领域的产品开发中比较常见。

不论采用何种发展目标，发展目标主要是为了促进企业资源的合理分配，把握企业的发展速度。

(2) 市场目标。随着新产品开发机制的日益成熟，企业开发新产品的能力将会得到一步步提升。这样新产品投放市场后将会很快赢得自身的竞争优势，而新产品竞争优势的增强又会使得其在未来市场上的地位得到提升。

由此可见，新产品开发企业想要确定本企业的市场目标就可以参照对企业构成竞争威胁的大小来判断。

比较常见的新产品开发的市场目标可以分为以下几种。

① 开拓新市场。如果原来的产品市场需求已经趋于饱和状态，这时再花很多的精力去开发市场准入比较艰难的产品，实在是一件费力不讨好的事。正是考虑到这个原因，许多企业将市场目标定位在开拓新的市场上。通过开发全新的产品，创造新的市场机会，占领新的市场。例如，海尔公司通过收购和新产品开发，打入彩电、空调和电脑行业等新市场。

② 提高市场占有率。如果原来的产品市场还存在着很大的利用空间，企业就没有必要去开发全新的产品。因为利用原来市场中成熟的竞争力远比培养一种新的竞争力方便得多。这一类目标是一种进攻型的市场目标，可以通过开发创新程度大或差别优势大的竞争产品，或开发竞争对手的替代产品，来争夺对方的地盘，扩大市场份额。

③ 维持市场占有率。这是一种防御型目标。主要通过开发替代型新产品来维持产品的市场竞争力，保持市场份额。

④ 放弃市场占有率。如果原有的产品市场已经不再适合企业对其做进一步的投入，企业则可以毅然地将其放弃，转而进行其他领域的业务计划。企业不应该把精力浪费在衰弱的、过时的业务上。通过放弃那些不再具备成长潜力的产品业务，企业可以释放其所需的资源和减少成本，将注意力集中在那些更具发展前景的业务单元上。

(3) 特殊目标。

① 多元化。多元化目标是通过开发新产品来分散经营风险，增强市场适应能力。

多元化主要有纵向多元化、同心多元化、横向多元化等多种形式。

② 季节性调整。新产品开发是为了避免季节性生产与销售的波动，保证资金正常运转，如淡季产品的开发。

③ 加速回收投资。新产品开发是为了充分利用企业剩余的生产能力或现有技术，加快投资的回收。

④ 提高产品质量水平。一些企业要求新产品必须具有高质量水平，满足一定的质量标准。

⑤ 维持或改变企业形象。索尼、宝洁公司要求新产品开发应符合企业的创新形象。

(4) 利润目标。大家也许看出，上述的目标体系遗漏了一个方面——财务目标。任何公司的最高层领导必须规定公司的使命，这个使命是公司一切活动的核心。然而，使命指出的仅仅是方向，而不是精确的目标。例如，"本公司将努力在食品行业中得到不断的发展"，或者"我们在金属制品技术方面的一项雄心勃勃的规划，使得本公司将倾尽全力去促使利润持续增长"。使命描述了目标和方向，因此是定性表达，而定量化是公司计划的短期目标，如公司的年度计划明确地指出了公司的利润目标。

产品开发人员也为同样的问题所困扰，因为他们必须在企业的总体使命的范围内活动。而且，新产品开发大纲的每一个产品总体规划，通常具有方向性。有时，管理人员发现在总体要求与现有项目之间存在着差距，因此指派产品创新人员去消除这一特定的资金亏空。但是通常这样的活动针对产品创新的整体，而不是每一个具体的开发大纲。

一般产品开发大纲仅仅是方向性的，因为在开始时知道的东西太少，以至于无法给出具体的利润目标。而且每一项新产品在开发的过程中，自然而然地要对其盈利性做出认真的评价。

金(King)在1973年提出，所有的新产品开发人员也许会考虑："许多管理理论的文献都支持这一观点：公司的目标在于利润的最大化。但是对于中层及下层的管理人员来说，雇员的行动似乎并不遵循这一目标。从整体上讲，雇员的行为似乎表明，公司的目标就是保持和加强公司及其产品的连续性。因此，新产品开发大纲作为将最高层管理者的意愿转化成相应的命令的有效手段，使得中级管理人员进行新产品的开发，那么新产品开发大纲中，发展和市场占有率成为两类最主要的目标就不足为奇了。"

3. 实现目标的规划

实现目标的规划主要由以下几部分组成。

(1) 关键创新要素的来源。新产品开发的来源主要有三个方面。

① 市场方面。市场是新产品的一个关键创新要素来源。当新产品开发是市场拉动型，即由需求来开发新产品时，市场研究是新产品成功的一个重要因素。首先，从竞争产品获取新的知识和构思。其次，通过市场定位或市场分片来产生战略思想。虽然生产线上只有一种产品适合需要，但产品一旦向市场推出，创造性的活动也就随之产生了。再次，特许权扩大战略，即利用商标、销售实力和交易地位来建立新产品的竞争优势。例如，把已成功的商标应用到新产品上，进行品牌延伸，利用销售人员的信誉和企业分销系统的有利地位来促进新产品的销售等都能够提升新产品的竞争优势。最后，也是最常见的，是利用各种有效的营销研究手段(如顾客类型、市场调查、市场分析)来研究用户的需要、态度和认识等作为新产品创新的来源。

② 生产方面。改进生产工艺、进行质量分析和成本分析都是新产品设想的重要来源。有特色的生产工艺是新产品的主要来源之一，它可以通过制造方法的优化而使产品创新。半导体集成电路的创新就主要取决于工艺方法的进步。质量分析有助于发掘现有产品的缺陷，寻求产品创新的途径，许多改进型新产品就是诞生于这一途径。成本分析和成本控制有利于创造出性能比较高的改进型新产品。

③ 技术方面。来自市场的新产品构思多数属于改进型新产品，而全新产品的关键创新要素来源于技术开发。技术开发包括基础研究、应用研究。基础研究，即探索新的科学技术，从而创造全新的产品，电视、电话、计算机等全新产品都来源于基础研究；应用研究，即把现有的技术应用到新的领域或开发新的功能，如计算机技术和机械技术相结合的数控机床来源于应用研究。技术开发既可以在企业内部进行，也可以从外部获得。外部技术来源主要有联合开发、许可证交易和收购等方式。化工和制药公司的新产品开发利用外部技术比较多。

(2) 确定创新的程度。日本尼桑发动机公司(Nissan Motor Company)董事长塔克什·易斯海勒(Takashi Ishihara)说："在一个创造性的过程中，第一步应该是抵制模仿的诱惑。"企业能够采用的创新类型基本上可分为先导型、适应型和模仿型三种。

① 先导型。意味着首次进入某一领域，率先进入市场。它包括艺术性的突破、杠杆性创造和应用技术三种形式。艺术性的突破会导致产生新的业务甚至新的行业，但很少见，像3D打印机、微单、HPV疫苗等产品第一次出现在市场上就属于技术性突破。杠杆性创造包括新结构、新外形、新特点——利用有价值的知识和技能在产品用途方面获得重大进展，如圆珠笔、食品冷藏车、激光手术刀的开发等。应用技术是工程技术在从未涉足的领域的常规运用，是风险最少的新产品开发，往往采用一项新技术来实现一个特定的功能。应用技术的首创产品有轻便自行车(轻型材料的应用)、测量仪器的数字显示装置(数字显示技术的应用)、电视信号的光纤传输系统(光纤技术的应用)等。

② 适应型。创新的特点是：吸收别人的先导型创新成果，对其以某种方式进行改变，使其对于市场和市场部分具有更大的价值。先导型产品首次投放市场时，总有不足之处，提供了适应型的改进机会。通过对先导型产品进行改进，来提高产品的市场吸引力和竞争力，以提高产品价值。例如，市场占有率居第二位的率先紧跟者也能获得丰厚的利润，其获得的市场占有率一般能达到先导者市场占有率的一半。适应型创新最常见的方式是技术、功能和外形，还有市场定位。

③ 模仿型。模仿意味着对一项创新不加改变的照搬照抄。第一种模仿型创新是利用市场的区域优势或特定市场的特许权，来模仿新产品。例如，一些公司采用市场真空战略来开发新产品。第二种模仿方式是分片特许。例如，一家面对本地区销售的企业，希望它在这一地区生产的任何产品，都能被最大限度地接受。大多数商业银行也采用了分片特许的方式，即少数富于创新精神的银行开辟新的业务以后，数百家银行立即步其后尘，竞相成为所在地区第一家从事这项业务的银行。其他分片特许的模仿，是来源于各种常见的人口统计和心理统计。第三种模仿型创新是低成本模仿，即以比先导者和适应者更低的产品成本进行模仿和生产。这种战略比较适合市场容量足够大的产品。当市场容量较小时，价格竞争的空间一般也较小。日本工业长期实行低工资和高生产率的政策，从而为模仿——低成本战略开辟了广阔的前景。模仿型创新需要一些条件，如生产灵活性(设备能迅速转产)、迅速复制产品的开发能力、高水平的市场营销力量和产品快

速投放市场的能力等。

(3) 时序/时机选择。时序指企业在进入市场时希望采取的时间顺序。有三种时序可供选择：率先进入，即率先将某种新产品投入市场，采取冒险战略或进取战略的企业常会这样做；敏感反应，首先对现有新产品的前景进行估计，然后紧跟市场机会大的新产品领先者进入市场，力争成为率先紧跟者，这种公司须具有较强的研究开发能力和柔性生产能力；后期进入，即在新产品已经获得成功以后才进入市场，该选择只适应新产品市场潜力大或需要进一步改进的场合，后期进入新产品市场的企业如不具备低成本的生产能力和某些特许权扩大的能力将很难在新产品市场上有所作为。

(4) 特殊方面。在新产品开发战略的制订中，企业所面临的方方面面的影响因素不可能——列举，企业时常还会采取一些特殊的行动规划，如避开某些妨碍企业创新的职能、避开法规、获得高质量、获取专利、避开竞争对手，等等。

本章小结

新产品战略是对企业新产品开发目标、达成目标的途径和手段的总体谋划。新产品战略具有全局性、前瞻性、竞争性、系统性、相对稳定性和风险性。新产品战略的作用分为一般作用和特殊作用。一般作用包括提供协同、提供协调、辅助组织设计、配置资源、激励和评价等，特殊作用包括限制转向、指导企业新产品开发全过程等。

企业的新产品开发战略贯穿于企业总体战略、企业的业务战略及企业的销售战略三个层次之中。因此，企业的新产品开发战略并不是一个独立的战略。新产品开发战略的形成方式包括自上而下和自下而上两种方式。新产品战略的制订要经过使命表述、环境分析、问题与机会识别及战略形成等几个步骤。企业总体战略、市场营销计划、企业文化、资源及机会等要素对新产品战略计划有重要影响。

不同的企业可根据具体情况选择相应的新产品开发战略：冒险战略、进取战略、紧跟战略和防御战略。

新产品开发大纲主要由三个部分组成：产品竞争领域、新产品活动的目标及实现目标的规划。产品竞争领域可以界定新产品开发活动的基本方向和范围，起到限制转向的作用。可以通过产品、最终用途、顾客群和技术等维度的多维组合来界定新产品战略竞争领域。新产品开发的战略目标可以分为三大类型：第一类目标涉及企业的销售额或利润额，属于发展目标；第二类目标与企业的相对竞争能力或竞争潜力有关，属于市场目标；第三类目标与企业的特殊状况有关，属于特殊目标。实现目标的规划主要由关键创新要素的来源、确定创新的程度、时序/时机选择及特殊方面等步骤构成。

思考题

(1) 新产品开发战略有何特点？
(2) 新产品开发战略的作用有哪些？如何理解？
(3) 新产品开发战略形成过程包括哪几个阶段？

(4) 新产品开发战略的类型及其适用条件有哪些？
(5) 简述新产品开发大纲的主要内容。

案例研讨

丰田成功之钥——精益产品开发战略

有些制造企业认为丰田的成功是因为其精益生产方式(TPS)，其实不然。实施TPS只是优化企业其他功能性流程的第一步，精益产品开发模式才是它始终保持竞争优势的原因。通过有效地整合人力、流程、工具和技术，丰田进一步为客户增加价值。丰田实施的精益产品开发甚至能超越TPS的潜在绩效和成本节约的优势。它对企业的重要性犹如动力总成之于汽车。制造企业的灵活性往往受到产品开发阶段各考虑因素的影响。当组装工厂厂基于不同平台生产多种型号的汽车时，就表明企业已经充分利用人力与设备资源。虽然丰田依然保持着精益生产带来的高绩效，但这样的成绩更多得益于精益产品开发模式，而不是传统的丰田生产方式。相应的，那些最佳产品开发实践又推动了丰田生产方式的发展。交叉车型的迅速增加并不是精益产品开发带来的唯一价值。在丰田，减少浪费的核心在于缩短汽车从概念到上市的时间。丰田的目标是在最短的时间内让客户体验到新概念带来的惊喜。迅速引入新特性，并将其融入产品的生产中，有助于产品更快面市，从而提高赢利潜力。丰田的上市时间是衡量其精益产品开发成就的一个标准。例如，密歇根州安阿伯(Ann Arbor)丰田技术中心的首席工程师Yuichiro Obu说，丰田在美国开发的Tundra皮卡车从设计到投入生产只需22个月。而在20世纪80年代末的美国，通常需要30个月到40个月。丰田平均需要24个月，最低时只需要10个月。丰田精益产品开发模式的成功，背后有一个秘密，也是支持丰田生产方式的一个重要因素，即丰田的管理系统和它持续改进的执着精神。摩根和莱克都强调了丰田的承诺，即"合理整合人员、流程、工具和技术，从而为社会和客户创造价值"。

在丰田精益产品开发战略中，供应商和技术协调发展。有时，丰田会帮助供应商实施产品战略。如CAD/CAM软件公司PTC，自1985年成立后就持续改变产品开发模式，如今，它与丰田已经建立了合作关系来优化其软件解决方案。2000年，PTC设计的解决方案首次被丰田选为引擎和动力总成的行业标准。2002年，PTC的ProEngineer又入选。谢菲尔德说："第二年，丰田与我们合作优化ProEngineer，以供其使用。"改进后的Wildfire 2.0，在经过了丰田的测试后，于2004年开始应用到其产品上。谢菲尔德说丰田式的合作开发模式仅限于PTC的战略性客户。"和丰田合作是因为这家汽车制造商在离散制造方面的行业领导能力，这能使我们所有客户受益。实际上，通过选择合作开发伙伴，我们的产品发展方向也在不断演进。"

谢菲尔德强调了合作带来的六个得到改进的软件领域：集中和控制设计数据和流程的基于网络的数据库，现有知识的管理存储和重复使用，快速CAE的整合，集成、联合数控规划和机械加工，内部改进、供应链协作与灵活性，全三维注释简化了关键部分的制图。

谢菲尔德还指出，和丰田的软件合作开发通过每两周到三周一次的视频会议，以及在日本和美国两地的见面会议持续进行着。他说，丰田与PTC的持续合作反映了汽车制造商致力于将优化产品开发放在战略优先地位。"反之，合作开发为我们所有客户改进了产品质量和特性。过去五年我们与丰田的合作一直是个持续改进的过程，双赢是合作关系的关键。"

自从 PTC 与丰田开始合作开发软件项目以来，又有更多企业参与进来，包括波音、空中客车、西门子的自动化与驱动部门。谢菲尔德补充道。他说合作开发的效益源自对持续改进的承诺，以及不断研究技术如何更简单地落实这些改进措施。

谢菲尔德对企业提出告诫："衡量成功不容易。在工程和产品开发上，周期越长，衡量标准也更复杂，准确性也更低。虽然这使实行精益开发比精益生产更困难，但现在你处在流程的上游，获得竞争优势的机会更大。另外，精益产品开发也是企业获得长期成功的关键。"莱克还说，除了拥有更多获取竞争优势的机会外，精益开发战略还能开启制造流程中更广泛的机会。

(资料来源：John Teresko,《Toyota's Real Secret: Hint, It's Not TPS》,李玉珍译, IndustryWeek, http://www.industryweek.com)

案例思考题

1. 丰田公司采取的是哪一类型的新产品开发战略？为什么这么选择？
2. 丰田公司的关键创新要素的来源是什么？
3. 为了赢得竞争优势，丰田公司采取了哪些特殊的行动规划？

第 5 章　新产品创意的构思

 本章阐述的主要内容

(1) 新产品创意的来源；

(2) 创造性思维的主要形式；

(3) 新产品创意产生的方法。

引　例

故宫文创产品

文创产品的开发以文化创意研发为支撑。要有创意，要把创意融进文创产品，而不仅仅是复制。

比如故宫娃娃系列，孩子们每次到故宫就找有没有新的故宫娃娃，满足他们的童趣，故宫娃娃系列越做越多。小孩也开始使用手机，我们做了卡通手机壳，还有卡通书签、曲别针式书签、钥匙扣。故宫的宫门，人们对其印象很深，用它可以做故宫的箱包，也可以做手机壳、开瓶器。故宫脊兽，最多的是太和殿，有 10 个，可以做在铅笔上、尺子上、便签纸上、衣服夹子上、跳棋上。

再如故宫猫，经过媒体的宣传，故宫里面 200 多只野猫很有尊严，它们跟故宫一起生活，每个猫都有名字，我们照顾它们。5 点 30 分故宫员工下班以后，猫开始"站岗"，还"巡逻"，还"放哨"，故宫里面没有一只老鼠，猫功不可没。将猫做成文创产品，孩子们很喜欢，于是开始不断地研发。故宫不但有猫，其实还有狗。狗也是功不可没，每天晚上闭馆以后，在拉网式的检查以后，狗便开始工作了。

在清代，皇室很喜欢狗，乾隆皇帝甚至把他喜欢的十只狗让画家画了《十骏犬》，并禁止吃狗肉。狗有很多装饰服装，我们挑选了狗衣，还有很多狗铃铛之类的东西。不久前办的牡丹展，展出了有牡丹图案的狗服。今年秋天，紫禁城要办菊花展，还设计了菊花狗服、狗衣，也很漂亮。

（资料来源：单霁翔，整理自文化部工作新闻会议发言《故宫做好文创产品开发的十条体会》，2017-03-03）

5.1 新产品创意的来源

新产品开发面临的首要问题是寻找新产品的创意,好的新产品创意是新产品成功的关键,缺乏好的新产品构思已经成为许多行业新产品开发的瓶颈。这需要我们寻找新产品的创意,从企业开发新产品的实践来看,新产品创意的来源主要有以下几个方面。

5.1.1 新技术

据一份日本企业的新产品创意来源的调查中显示,日本企业在新产品开发中心产品创意的主要来源之一是专利信息,占企业选择率的 53.43%,竞争对手的技术研究动向占选择率的 44.16%。可见新技术在新产品开发中所占的重要地位。这里所指的新技术可能是全新的技术,也可能是从其他行业引进到本行业来的新技术。例如,手机的多功能化几乎借用了现在所有上升行业的技术,如计算机、数码相机、网络、音乐识别、游戏、电子、信息、新材料等。

补充阅读　　　　　　"万科智造"

上海万科发布 2018 年新一代产品主张"万科智造",运用人工智能、移动互联网、新能源领域的高新科技手段构筑美好生活场景,旨在将人本、安全、健康、节能、共享、高效的六大核心特质渗入生活与工作,提升人们生活与工作的便利度、效率及安全性。

作为万科"以人民的美好生活为中心"和"城乡建设与生活服务商"的具象化表达,"万科智造"是上海万科基于当代奋斗者的痛点与需求提出的新一代产品主张。上海万科将利用自有的空间优势、场景优势,携手众多海内外科技领域的合作伙伴,将智能新技术场景化,打造满足未来需求的美好生活场景。

近年来,物联网、人工智能等新技术以及共享经济、绿色经济等新业态、新模式的兴起,带来了前所未有的生活体验。作为城乡建设与生活服务商,万科适应时代变化,最大限度地满足客户需求,用更好的生活服务、更智能的产品来回馈当代奋斗者,免去他们奋斗路上的后顾之忧。

"万科智造"基于 3 大体系的核心技术,打造 22 项智慧系统,创造 100 多个体验场景,涵盖住宅、产业、长租公寓等服务领域,目前已包括人工智能体系:以人脸识别、结构化视频为底层技术,打造智慧儿童呵护系统、智慧敬老关怀系统和智慧宠物管理系统等,利用科技提升安全与品质。移动互联网体系:以物联网、移动支付为底层技术,打造"超级大堂"和社区版无人货柜等便民基础设备,为人们打造便利、高效的生活场景。新能源体系:以新能源为利用基础铺设光伏发电装置、光伏景观装置,构建社区集中供能体系等,并引入绿色共享的出行方式,打造节能、共享的美好生活。

未来在运用"万科智造"的社区内,老人、孩童将受到全方位呵护,例如落单儿童进入危险区域将触发警报提醒家长,家长则可通过手机实时查看在户外公区玩耍的孩子。上海万科七宝生态园项目将是第一个"智造"产品体系的办公项目,智慧共享大堂、智能停车指引系统、智能路径引导体系等十余项智能系统，将为在园区上班、来访的用户提供升级的服务与工作体验。上海万科租赁服务位于上海西站的全新产品"泊寓 plus"则将运用人脸识别门禁、智能门锁、智能插座等智能设备，实现远程操作，打造智慧社区，提升租房群体的便捷体验。

随着新一代产品主张的发布，上海万科同时推出"万科智造"两大重磅作品——万科启宸和 ATC 万科安亭天际。作为万科智造首发作品，万科启宸位于上海宝山北郊未来产业园核心区域，是上海万科时隔 7 年重回宝山的升级之作。上海万科在本项目上融入人工智能与移动互联网技术，构建人脸识别、住区安防、儿童呵护、敬老关怀、社区管理等多个智慧居住的智能系统，解决不断升级到的人居需求；同时在社区内通过美好生活聚落、物联超级大堂和多重公园体系等创想空间，造就更有生命的公共空间。"万科智造"旗舰作品——ATC 万科安亭天际位于上海国际汽车城核心区，将带来一个更安全、更便捷、更节能的生活社区。秉持"万科智造"基因，ATC 万科安亭天际采用集中供能技术、光伏技术为小区公共设施供电，节能减排，实现不插电社区；覆盖智慧儿童呵护系统与智慧敬老关怀系统，构筑无形的安全边界网；运用大数据分析客户生活中的社交及配套需求，为社区带来更多科技赋能。

（资料来源：《上海万科发布"万科智造"产品主张，引领智能化美好生活场景》，搜狐科技，2018-04-26）

5.1.2 消费者

消费者在产品创新中担当着主要角色，他们不仅是潜在需要的来源，而且还常常提供满足这种需求的方法。很多伟大的、令人拍案叫绝的新产品概念，其原创都来自广大的消费者。虽然消费者不太可能提供一个完整的创意，但是他们可能想出一些解决问题的办法。向企业提出某种未被满足的需求，成为企业产品创新的来源。例如，许多家用电器的改进都来自顾客的提议。

在欧洲，单身汉抱怨几乎所有的新产品都是为已婚家庭设计，他们在寻找符合单身汉生活的新产品时非常苦恼。荷兰飞利浦公司在一次市场调研活动中发现了这一巨大的潜在市场，通过深入的消费者调研，飞利浦推出了一系列基于单身汉需要的家电小型化产品，获得消费者广泛欢迎。

海尔集团在消费者终端访问中，发现个体户在使用冰柜时常常因为冰柜太深从上取食品显得很不方便，个体户对此抱怨多多。然而，海尔并没有忽视消费者的抱怨，市场部迅速将消费者信息反馈到技术研发部门，于是一款带抽橱的层级冰柜诞生了。

补充阅读　**自如的个性化产品和智能家居产品**

据 2017 年 10 月自如在北京发布会上提供的数据，截止到 2017 年 8 月，在北京、上海、深圳、杭州、南京五城累计居住的自如客数量已经超过 100 万人，累计管理房源数量 40 万间。

对个性化的追求已经成了年轻人对于自我的标榜，由此也引发了市场的相应变化。所以，当这群深受网络文化影响的年轻人逐渐成为消费市场主流时，租房市场变革迫在眉睫。

自如从满足各种消费者需求出发，推出了多类型的个性化租房产品。比如，长租产品中，自如友家致力于"打造中国新租住形态"；自如三居伴随自如客的成长，为那些组建了家庭的老顾客提供了更大的空间和更多的家具家居选择；全新的自如寓则考虑到单身人士的需求，不仅是具有小空间美学的首个单身社交公寓，更是全北京第一个可以养宠物的现代公寓；为了迎合更多自如客的需求，自如还推出高端租房产品自如豪宅……比如短租、旅居产品，自如民宿选择了主打全球精选民宿平台，自如驿的定位则是"世界青年旅居驿栈"，强调社交属性以适应互联网发展。伴随着这些产品的相继推出，意味着在自如平台，年轻人对租房的大部分需求都可以得到满足。不仅如此，自如还通过智能家居，线上线下覆盖了用户所有的个性化场景，从产品端实现了年轻人个性化需求的满足。

目前智能家居开启了新一轮家庭生活场景，而伴随着智能家居产品的火热，租房产品也实现了"用户所在之处就是一个智能场景"的服务升级。在自如的发展历程中，从长租产品起步到短租产品推出，自如通过智能家居等所有与"住"有关产品的迭代升级，为消费者带来了更加贴心、时尚的服务。通过由智能锁点状扩散的智能家居产品线，自如实现了以智能家居为核心，以长租、短租及周边等覆盖个性化需求的产品，实现了线上线下生活全场景覆盖。这一系列改变意味着自如正在从标准化朝专业化、个性化的方向发展，而这些精细化、个性化、不断升级的产品在满足年轻人群的居住需求的同时，也为年轻人带来了更高品质的生活方式。

（资料来源：《自如新产品发布，租房行业的变革到了？》，搜狐科技，2017-10-31）

5.1.3 生产与服务

生产中的创新常常受到忽视。这里的生产主要是指生产过程或工艺的改进对新产品创意的贡献。模块化生产方式的出现使多品种少量生产得以实现。但是随着消费者行为越来越个性化，人们追求个性化的产品符合自己的个性，企业为了适应这种个性化消费需求的特点，在生产规模上不得不实行多品种少量化生产。

此外，企业在提供服务和保修的过程中，有时候也会产生创意。企业从服务和保修的纪录中可以发现产品质量或者功能与消费者需求之间的差距。因此，很多企业非常重视销售人员的报告和提案带来的信息，同时也很重视保修记录。

5.1.4 竞争者与其他公司

竞争对手的产品与创意一直是新产品开发创意的重要来源。企业应时刻关注着竞争对手或相关企业新产品开发的新动向。由于新产品大多数并不是全新的产品，而是改进或者增加产品线的新产品，因此竞争对手的任何动向都对本企业的产品战略有很大的影响。同时，其他行业对自己不构成威胁的公司的创意也是新产品创意来源之一。创意常常从一个行业流向另一个行业。

第 5 章 新产品创意的构思

引　例

银行最大的竞争者是同业的锐意创新者

从 2004 年开始，IBM 每年给全世界不同行业的高管进行一次商业扫描式的调研。在最近一份报告里，IBM 发现，在过去若干年之内，有许多"互联网+"式的颠覆性创新，如阿里的电子商务、自媒体的崛起。

对传统银行业来说，当前最有力的竞争者来自何方？IBM 调研显示，72%的受访者认为竞争者来自同业的锐意创新者。在 5 年前或 3 年前，从业者担心得更多的是技术挑战或者跨界竞争者。结合历次调研，IBM 提出"锐意创新者"论："传统银行应该利用好现有的技术，创造自己新兴创新发展的机会。"比如 2018 年 4 月建设银行金融科技子公司的成立，令整个行业瞩目。银行一改曾经因保守而受互联网技术公司冲击的现状，开始进行产品、服务上的创新。

（资料来源：《IBM 陈文：银行的最大的竞争者来自同业的锐意创新者》，金融界，2018-05-17）

5.1.5　供应商

分销渠道和供应商也是新产品创意的重要来源之一。X. Michael Song 和 Mark E. Pamp 通过对 233 位日本高新技术公司的开发部和营销部经理的调查，总结产品创新成功的因素有 8 个，其中供应商的参与是新产品开发的重要原因之一；在调查中，其中有超过 90%的公司认为未来数年中将会有更多的供应商被整合到新产品开发的流程中，有 72%的公司认为在新产品开发的更早时期就应该把供应商整合进来。如 Mercedes-Benz 公司在亚拉巴马开办新的赛车装配工厂时，把供应系统分解，如把司机的驾驶室（包括安全气囊、加热系统和空调系统、仪表盘、操纵系统、电路）交由其供应商 Delphi 公司生产。Delphi 公司根据 Mercedes-Benz 公司某些详细的说明书和计划要求进行设计，并对驾驶室的生产负有全部责任。Mercedes-Benz 公司和其他汽车厂商都希望供应商能够承担更多设计与生产责任。

补充阅读　丰田公司的供应商参与创新

丰田生产模式已经成为目前汽车制造业及采用大规模流水线生产的制造业最有竞争力的生产模式。丰田生产模式下的创新不仅仅局限于企业自身，还关注供应商在整个创新中的作用。丰田与供应商的联系不仅局限于采购的规格、价格等基本信息，甚至涵盖了图纸设计、生产流程乃至生产指令等多维度的沟通与交流。丰田常常使用目标价格和"含糊其辞"指令相结合的方式来管理供应商，使供应商在明确降低成本的目标后，充分发挥自主创新的能动性。具体做法如黑箱设计，总装厂只是将零部件的设计和开发要求指标交给零部件供应商，让供应商自己画出图纸和做出原型。如今日产汽车公司自己设计、有蓝图的零件只占20%，另外80%的零件都是由供应商设计的。

（资料来源：芮明杰，《丰田公司合作创新生态圈中的舵手企业创新促进机制研究》，搜狐科技，2016-09-30；王炳成，李洪伟，《丰田生产模式的实现基础研究——供应商集群的视角》，技术经济与管理研究，2009-04-16）

5.1.6 公司员工

公司内部员工的创新活动一直是新产品开发团队的创新来源之一。创意可能来源于公司的所有部门，因此，具有创造性、开放性和互相学习的企业氛围是创新的重要环境。

海尔公司的企业文化是创新，海尔鼓励员工提出新创意，每一天都有员工提出新创意并被记录在案。

《幸福》杂志曾经报道丰田汽车公司的构思奥运会，它从1976年开始每年举办一次，在1980年共有1 300名雇员发明家参加了竞赛。丰田汽车公司对所提出的构思质量，没有加以评论。柯达、美利肯和其他一些公司给年度提出最佳创意的员工以奖金和奖励。

最有启发的建议通常来自同顾客打交道，解决顾客实际问题的雇员。麦克格瑞在1972年提到过，一位钻头制造商的服务部门发现，许多钻头之所以被烧坏，是因为顾客们把它当作电动的螺丝起子使用，于是在钻头上附加了一个扳手装置，就创造出一种新产品。推销人员都知道，丧失大量订单的原因，总是由于公司的产品不能满足消费者的需求。意见投诉处理部门也十分了解消费者对产品的使用情况，而制造和工程技术人员通常是业余的发明家，可以鼓励他们提出其构思，但在处理这些构思时，又需要特别地注意，他们需要有法律部门的关照和有关政策的明确声明。

5.2 创造性思维及创新技法

5.2.1 创造力的开发

1. 创造力的含义

创造力是由拉丁语"creare"一词派生出来的，是指在原先一无所有的情况下创造出新的东西。我国创造学者甘自恒对创造力作了如下定义："所谓创造力，是主体在创造活动中表现出来、发展起来的各种能力的总和，主要是指产生新设想的创造性思维能力和能产生新成果的创造性技能。"

创造力由以下三个方面构成。

一是作为基础因素的知识，包括吸收知识的能力、记忆知识的能力和理解知识的能力。一个对光电知识一无所知的人无法发明出新型的电灯，一个对计算机一窍不通的人也不能开发出新的操作系统。

二是智力因素，它包括一般智力、创造性思维能力和特殊智力。一般智力，如观察力、注意力、记忆力、操作能力，它体现了人们检索、处理及综合运用信息，对事物做间接、概括反映的能力；创造性思维能力主要指发散思维能力，如创造性的想象能力、逻辑加工能力、思维调控能力、直觉思维能力、推理能力、灵感思维及捕捉机遇的能力等，它体现出人们在进行创造性思维时的心理活动水平，是创造力的实质和核心；特殊智力指在某种专业活动中表现出来的并保证某种专业活动获得高效率的能力，如音乐能力、绘画能力、体育能力等，它可视为某些一般智能专门化的发展。

三是非智力因素，包括创造意识因素和创造精神因素。创造意识因素指创造的动机、兴趣、好奇心、求知欲、探究性、主动性、对问题的敏感性等；创造精神因素，指创造过程中积极的、开放的心理状态，包括怀疑精神、冒险精神、挑战精神、献身精神、使命感、责任感、事业心、自信心、热情、勇气、意志、毅力、恒心等。

2. 创造力与创造能力

创造力是天生所具有的能力，它是人类大脑的一个自然属性，随人的大脑的存在而存在，随着大脑的进化而进化，是每一个正常人都应具有的一种隐性的、潜在的能力。而创造能力则是经历过后天学习、训练才发现出来的显性能力。

创造力与知识和素质无关，无法测定，也没有大小之分，而创造能力则与知识和素质密切相关，可以测量，也具有大小，是创造力的间接反映。

3. 创造力的开发

多年来的研究充分证明，创造力并不是神秘的，它并不是少数杰出人物所具有的特殊能力，而是每个正常人都具有的，只是由于不同的人在不同方面的创造才能发挥程度和运用水平差异，导致了创造才能因人而异。

美国加州理工学院心理学教授斯佩里(R.W.Sperry)的研究发现，人的左脑除具有抽象思维、数学运算及逻辑语言等各项重要技能外，还可以在关系很远的资料中间建立想象和联系，在控制神经系统方面也很积极。而人的创造力主要蕴藏在右脑中。因为人的右脑具有许多高级功能，它承担着形象思维和直观思维的功能，并掌握着空间关系和欣赏艺术的能力，因此，右脑被称为创造的脑。但是，由于人们一直只是注意左脑的训练和使用，忽略了右脑创造能力的开发。因此，每个正常人都具有巨大的潜力，只要进行科学的开发，人们右脑的创造力完全可以被激发出来。

5.2.2 创造性思维

1. 创造性思维的含义

创造性思维是指在创造活动中产生的新颖、独特的、有社会价值的产品和观念的思维。创造性思维具有以下几个特点：第一是新颖性，创造性思维在思维的选择上、技巧上或者结论上具有前无古人的独到之处，在前人、常人的基础上有新的见解、新的发现、新的突破，从而具有一定范围内的首创性、开拓性；第二个特点是灵活性，创造性思维无现成的思维方法、程序可循，人可以自由地、海阔天空地发挥想象力；第三，创造性思维具有艺术性和非拟化的特点。

2. 创造性思维的主要形式

(1) 直观思维。直观思维就是人们不经过逐步分析，而迅速对问题的答案做出合理的猜测、设想或顿悟的一种跃进性思维。直观思维的优点是注重从整体上把握事物，并利用人们感性的认知(如感觉到的、看到的等)，然后在头脑中进行逻辑程序的高度浓缩，整个思维过程难以用语言表述出来。其缺点表现在：由于直观思维具有飞跃性与迅速性的特点，难以用逻辑思维语言逐步分析和表述，因此，直观思维往往也带有一定的局限性和虚假性，有时甚至会导致错误的结论，在创新过程中应注意避免。

(2) 联想思维。联想思维是指人们通过一件事情(触发物)在触发而迁移(想)到另一些事情(联想物)上的思维。联想思维能够克服两个不同的概念在意义上的差距，并在另一种意义上把它们联结起来，由此可产生一些新颖的思想。因此，联想思维是创造性思维的一种重要表现形式。从联想内容的相关关系来看，常见的联想分为相近联想、相似联想、对比联想、因果联想等四种类型。

① 相近联想，是指联想物与触发物之间在时间或空间上关系极为密切的联想，但是联想物与触发物之间并没有什么共同特征。如由粉笔想到黑板，桌子想到椅子。

② 相似联想，是指联想物和触发物之间存在着一种或多种相同而又极为明显属性的联想，也就是说联想物和触发物之间存在某种共同的性质或特征。如由鸟到飞机(都能飞)，由自行车到汽车(交通工具)等。如有人从含硅的物体表面光滑，黏接剂对硅不起作用的特点出发，联想到纱布上如浸入硅可使患者手术后纱布与皮肤不粘连而减轻痛苦，由此发明了特种医用纱布。

③ 对比联想，指联想物与触发物之间在属性(形状、体积、功能等)上具有相反性质的联想。如黑与白、大与小的联想。

④ 因果联想，指联想物与触发物之间可能存在某种因果关系的联想。这种联想往往是双向的，既可以由起因想到结果，也可以由结果想到起因。如由下雨想到地湿，由叶动会想到风吹。

(3) 幻想思维。幻想思维是由个人愿望或社会需要所引起的指向未来的特殊想象。幻想思维最主要的特点是它的脱离现实性，它是从人们美好的目的或希望出发而进行的与现实脱离的一种想象。幻想的构想比一般创造性的想象具有更大灵活性，它在人们心中绘制了关于未来的美好蓝图，能使人产生创造的欲望，激发人们的上进心理并指明创造的方向。但是对于幻想，不能过分强调"实事求是"与"科学态度"，否则很难真正发挥幻想的重要作用。比如，过去曾被认为有一定科学根据的"科学幻想"中的火星人，现已证明不存在，而以前被完全脱离实际，毫无科学根据的飞机与宇宙飞船，则早已成为现实。越是大胆的幻想，出现的错误也就可能越多，但是只要我们不断用事实去验证它，错误就会被修正，正确的就会被充实、发展。

幻想思维可以使人们的思想开阔、思维奔放，因此它在创造中的作用是显而易见的，尤其在创造的初期，更需要各种各样的幻想。

(4) 灵感思维。所谓灵感，就是人们大脑中突然产生的新想法。灵感思维是指人们苦思不得其解时，思维由于受到某种外来信息的刺激和诱导，对问题的解决产生重大顿悟。灵感思维是在无意识的情况下产生的一种突发性的创造性思维活动，主要有以下三个方面的特征。

① 突发性。灵感往往是在出其不意的刹那间出现，使长期苦思冥想的问题突然得到解决。在时间上，它不期而至，突如其来；在效果上，突然领悟，意想不到。这是灵感思维最突出的特征。

② 偶然性。灵感在什么时间可以出现，在什么地点可以出现，或在哪种条件下可以出现，都使人难以预测而带有很大的偶然性，往往给人以"有心栽花花不开，无意插柳柳成荫"之感。

③ 模糊性。灵感的产生往往是闪现式的，而且稍纵即逝，它所产生的新线索、新结果或新结论使人感到模糊不清。灵感思维所表现出的这些特征，从根本上说都是来自它的无意识性。

灵感思维在创新发明中作用不小，它能提供创新的思路线索，在解决某一难题时提供设想等。但灵感也有它的局限性，它的可靠性不强，需进一步验证。灵感虽然在某些问题上突破，但并不全面，它与问题的完全解决存在很大差距，需要进一步大量而艰苦的努力。

(5) 发散思维。发散思维是指从一个目标出发，沿着各种不同的途径去思考，探求多种答案的思维。简单地说，发散思维通过从不同方面思考同一问题，如"一题多解"、"一事多写"、"一物多用"等方式。

发散思维具有三个特点：一是多端，即对一个问题产生许多联想，获得多样结论；二是灵活而精细，即对同一问题，根据不同情况进行全面细致的考查；三是新颖，即对一个问题得到有差别的不同答案。

在新产品构思中，发散思维的运用往往是以概念、观点、原料、技术等为出发点，进而诱发出新设想、新构思。

(6) 反向思维。反向思维又称逆向思维，也叫求异思维，它是创造性思维的一种特殊形式。

反向思维是敢于"反其道而思之"，是对司空见惯的似乎已成定论的事物或观点反过来思考的一种思维方式。每一事物都具有正、反两个方面，有些问题如果我们从反面进行思考，反而容易解决。特别是在新产品开发中，反向思维的运用有时可获得意想不到效果，它能使得思想豁然开朗，创新工作产生实质性的突破。如说话声音高低能引起金属片相应的振动，相反金属片的振动也可以引起声音高低的变化，爱迪生根据上述原理，在对电话的改进中，发明制造了世界上第一台留声机。

补充阅读　<u>由逆向思维引发的创新——推特</u>

推特的兴起称得上是一种逆向思维带来的颠覆式创新，其与传统博客最大的区别就在于博客没有字数限制，但是推特限定字数为 140 个。推特和脸书又不一样，脸书是封闭的熟人社交，用户之间彼此认识，是双向的。而推特则是开放的，不认识也可以交流，是单向的。正是因为逆向操作，推特跟传统的博客和脸书都不一样，推特才有机会在市场中占有一席之地。

（资料来源：《打败强大对方的唯一方法，颠覆性创新》，搜狐科技，2018-02-12）

5.2.3 创造发明的技法

1. 头脑风暴法

头脑风暴法(brain storming)又称智力激励法,是由创造学奠基人奥斯本在1939年提出的。头脑风暴法的基本内容为:针对要解决的问题,召集6到12人的小型会议,参加会议的人按照一定的步骤在轻松融洽的气氛中敞开思想、各抒己见、自由联想、互相激励和启发,使创造性思想火花产生共鸣与撞击,引起连锁反应,从而导致大量新设想产生。日本松下公司运用头脑风暴法在一年内可获得170万条创造性设想。

为了尽可能多地产生新设想,奥斯本头脑风暴法制订了两条基本法则:延迟判断,要求所有人畅所欲言,会议进行中禁止对意见作任何评判;构思方法数量多多益善。

根据以上两条基本原则,头脑风暴法会议定有以下六条开会原则。

(1) 不允许在会议上批评他人,即使有人提出幼稚的想法。
(2) 提倡独立自由思考、畅所欲言。
(3) 以会议主题为中心,追求设想的数量,并全部记录下来。
(4) 追求综合性改进,鼓励在会后听他人意见,使设想能达到开发或应用的程度。
(5) 与会人员不分老幼与上下级,一视同仁。
(6) 不允许私下交谈或代人发言。参加会议人员一般不超过12人,会议时间不超过1小时,议题应明确单纯,如碰到复杂的问题,应先作分解,逐个对单个次级问题分别召开会议。

补充阅读　头脑风暴法——直升机除雪

有一年,美国北方格外严寒,大雪纷飞,电线上积满冰雪,大跨度的电线常被积雪压断,严重影响通信。过去,许多人试图解决这一问题,但都未能如愿以偿。后来,电信公司经理应用奥斯本发明的头脑风暴法,尝试解决这一难题。他召开了一种能让头脑卷起风暴的座谈会,参加会议的是不同专业的技术人员,要求他们必须遵守以下原则。

第一,自由思考。即要求与会者尽可能解放思想,无拘无束地思考问题并畅所欲言,不必顾虑自己的想法或说法是否"离经叛道"或"荒唐可笑"。

第二,延迟评判。即要求与会者在会上不要对他人的设想评头论足,不要发表"这主意好极了!"、"这种想法太离谱了!"之类的"捧杀句"或"扼杀句"。至于对设想的评判,留在会后组织专人考虑。

第三,以量求质。即鼓励与会者尽可能多而广地提出设想,以大量的设想来保证质量较高的设想的存在。

第四,结合改善。即鼓励与会者积极进行智力互补,在增加自己提出设想的同时,注意思考如何把两个或更多的设想结合成另一个更完善的设想。

按照这种会议规则,大家七嘴八舌地议论开来。有人提出设计一种专用的电线清雪机;有人想到用电热来化解冰雪;也有人建议用振荡技术来清除积雪;还有人提出能否带上几把大扫帚,乘坐直升机去扫电线上的积雪。对于这种"坐飞机扫雪"的设想,大家心里尽管觉得滑稽可笑，但在会上也无人提出批评。相反，有一工程师在百思不得其解时，听到用飞机扫雪的想法后，大脑突然受到冲击，一种简单可行且高效率的清雪方法冒了出来。他想，每当大雪过后，出动直升机沿积雪严重的电线飞行，依靠高速旋转的螺旋桨即可将电线上的积雪迅速扇落。他马上提出"用直升机扇雪"的新设想，顿时又引起其他与会者的联想，有关用飞机除雪的主意一下子又多了七八条。不到一小时，与会的10名技术人员共提出90多条新设想。

会后，公司组织专家对设想进行分类论证。专家们认为设计专用清雪机，采用电热或电磁振荡等方法清除电线上的积雪，在技术上虽然可行，但研制费用大、周期长，一时难以见效。那种因"坐飞机扫雪"激发出来的几种设想，倒是一种大胆的新方案，如果可行，将是一种既简单又高效的好办法。经过现场试验，发现用直升机扇雪真能奏效，一个久悬未决的难题，终于在头脑风暴会中得到了巧妙解决。

随着发明创造活动的复杂化和课题涉及技术的多元化，单枪匹马式的冥思苦想将变得软弱无力，而"群起而攻之"的发明创造战术则显示出攻无不克的威力。

(资料来源：周小可，《头脑风暴法》，六西格玛管理评论，2007(1):15-17)

2. 列举法

列举法是一种借助对一具体事物的特定对象(如特点、优缺点等)从逻辑上进行分析并将其本质内容全面地一一地罗列出来的手段，再针对列出的项目一一提出改进的方法。列举法基本上有三种：特征列举法、缺点列举法和希望列举法。

(1) 特征列举法。这一方法由美国学者R.克劳福德于1931年提出，克劳福德认为创造就是对旧事物的改造，也是对旧事物的继承及对其某些特征的改变。基于此思路，克劳福德提出了特征列举法。

特征列举法常分为以下两步进行：第一步，尽可能详尽地列举出需改进事物的特征，防止遗漏；第二步，提出可改进的特征或将其他事物的特征移植过来，从而满足对事物的新要求。

事物特征的列举，可以从名词性、形容词性、动词性三个方面来考虑。所谓名词性特征即对某一事物，从整体角度指出其组成部分特征或各要素，并用名词来表示，如台灯可分为灯罩、灯头、灯座及接线；形容词性特征即能用形容词来表达的特征，如项链有金的、银的、非金非银的，而金的还分黄金的、白金的，等等；动词性特征则指事物能用动词表达的特征，它还常指该事物所具备的各种功能，如闹钟一般具有计时、报时、装饰等作用。

特征列举法全面展现了事物的细节，有利于克服创造者感知不敏锐、不全面的思想障碍，因而能发现问题，并从各个细节入手探讨改进方案而导致创新。

(2) 缺点列举法。缺点列举法是要发现和挖掘事物的缺点，并将这些缺点逐一列举出来，再通过分析找出其中的主要缺点与具有改进价值的缺点，进一步提出改进构思。运用此法时，通常采取缺点列举会的形式，让与会者尽可能多地发现开发对象的不足与缺陷，再从所列举的缺陷中找出那些消极后果明显和有改进可能的缺点，并以这些缺点作为目标进行设想构思。

利用缺点列举法进行创新，可从功能、使用过程、人的感觉因素及产品的使用环境等四个方面指出新产品的缺点，针对这些缺点提出具体的解决方案。

利用此方法开发的新产品比比皆是。比如可调节灯罩，可以调节灯罩的角度和方向，由用户根据自己的喜好来调节周围的光或阴影的区域，弥补了旧式台灯光照范围、方向不能调节的缺点；再如蒙马特推出的城市安全防盗背包系列，针对普通背包拉链易拉开的缺点，采用隐藏拉链，其开口紧贴背部，被消费者称为"小偷克星"。

(3) 希望点列举法。希望点列举法是偏向理想型设定的思考，是透过不断地提出"希望可以"、"怎样才能更好"等理想和愿望，使原本的问题能聚合成焦点，再针对这些理想和愿望提出达成的方法。希望点列举法的步骤是先决定主题，然后列举主题的希望点，再根据选出的希望点来考虑实现方法。

3. 综摄法

综摄法是由美国麻省理工学院教授威廉·戈登于1944年提出的一种利用外部事物启发思考、开发创造潜力的方法。戈登发现，当人们看到一件外部事物时，往往会得到启发思考的暗示，即类比思考。综摄法是指以外部事物或已有的发明成果为媒介，并将它们分成若干要素，对其中的元素进行讨论研究，综合利用激发出来的灵感来发明新事物或解决问题的方法。

为了加强发挥创造力的潜能，戈登提出了四种极具实践性、具体性的模拟技巧。

(1) 拟人类比。把问题类比成人或自己，想象自己变成该事物后，会有什么感觉，会采取什么行动，然后再寻找解决问题的方案。

(2) 拟物类比，是指以作为模拟的事物为范本，直接把研究对象范本联系起来进行思考，提出处理问题的方案。

(3) 幻想类比，是指充分利用人类的想象能力，通过童话、小说、幻想、谚语等来寻找灵感，以获取解决问题的方案。

(4) 象征类比，是指把问题想象成物质性的，即非人格化的，然后借此激励脑力，开发创造潜力，以获取解决问题的方法。

4. 设问法

设问法是通过提问来发现事物的症结所在，继而进行发明创造的技法。设问法中最具有代表性的就是奥斯本的"检核表法"。它是从以下九个方面提问并进行检核的。

(1) 现有的发明成果有无其他用途，或稍加改变后有无别的用途？

(2) 有无类似的东西？利用类似的东西可否产生新东西？可否模仿其他事物？

(3) 能否改变一下？像改变一下功能、形状、颜色、气味、音响等？是否还有其他改变的可能性？

(4) 能否增加一些什么，如增加尺寸、增加使用时间、增加强度、增加新成分而延长寿命等？

(5) 能否减少一些什么，如可否省去、压缩、减薄、减轻、去掉、分割和小型化等？

(6) 能否替代，如有没有别的材料、别的元件、别的能源、别的颜色、别的光源来替代？

(7) 能否变换，如可否互换成分、在造型上变换布置、变换顺序或变换因果关系等？

(8) 能否颠倒，如可否正反、里外、头尾颠倒，可否目标和手段颠倒？

(9) 能否重新组合，如部件、材料、方案、目的等可否重新组合，可否混合、合成、配合、配套等？

通过提出以上一系列问题，然后一个个地加以分析和进行讨论，以产生最好的方案和设想。我国一些创造学研究者依照奥斯本检核表法并结合具体工作的实际制订了若干技术革新和管理工作检核表，对开发职工的创造力和推动企业技术进步做出了贡献。

此外，常用的设问法还有"5W2H"法，即通过提问"为什么(why)，做什么(what)，何人(who)，何时(when)，何处(where)，怎样(how)，多少(how much)"七个方面的问题从而形成创造性设想的技法。

5. 联想组合法

(1) 查阅产品样本法。查阅产品样本法，是将两个或两个以上的，一般情形下彼此并无关联的产品(或想法)强行联系组合在一起而产生出新颖性成果的方法。在这种思维方法中，由于思维随着两件事物的"联系"而产生，跳跃比较大，因而易于摆脱经验的束缚，开启灵感。

口香糖+伟哥：伟哥口香糖

口香糖里加伟哥，是糖还是药呢？当然是药，但是药业公司可以制造，糖业公司也可以制造。虽然不是简单的融合添加，必有试验和一定的技术，但确实是用的最简单的"异类组合法"的发明技法。这一发明又确实创造了新的商机，谁第一个想到的谁就可第一个申请专利。这一发明专利是哪家企业申请的呢？原来就是箭牌口香糖制造公司申请的。

(2) 二元坐标组合法。二元坐标组合法是先把要组合的对象列成坐标系，然后再进行一一对应的强制组合的创造联想方法。具体操作步骤如下。

① 列出联想组合的元素（见图5-1）。除必须列出的有关创造发明目标的元素外，其他元素的范围尽可能宽一些。比如，可列出玻璃、扇、气、梯、滑行、日历、清凉、照明、瓶、手摇、管、车、纸、流动、座、三角、笔筒、杯等18个组合元素，其中日历是要发明的目标元素，其他元素为任意所列且不限制词性。

② 将所列出的元素分为相等的两部分，分别排成纵、横行列，然后用组合线强制沟通所有的元素并编制成组合图形。

③ 进行联想组合和判断，并将判断结果按图示标记符号标记在图的组合交点处。注意在结果判断时互换两元素的位置，如"笔筒玻璃"与"玻璃笔筒"，前者是无意义的结果而后者则已成为现实。

④ 从图中找出有意义的结果。

⑤ 对有意义的结果进行可行性分析。

不同的人可能列出的联想组合元素不会相同，如果把若干人所编的这种图表依次互换并取长补短，就可以发挥集体智慧，获得最佳的创新构思。如：

① 蜂王浆+纸→纸质蜂王浆瓶；

② 蜂王浆+花→花粉蜂王浆；

③ 毛巾+扇→毛巾扇；

④ 毛巾+光→变色毛巾(儿童一定会喜欢)或荧光毛巾；

⑤ 扇+笔→扇笔(在扇骨处装上笔，经过特殊装置，使扇骨的间距可调，可以同时画出几根平行线来，也可以画出几个大小不同的同心圆来)；

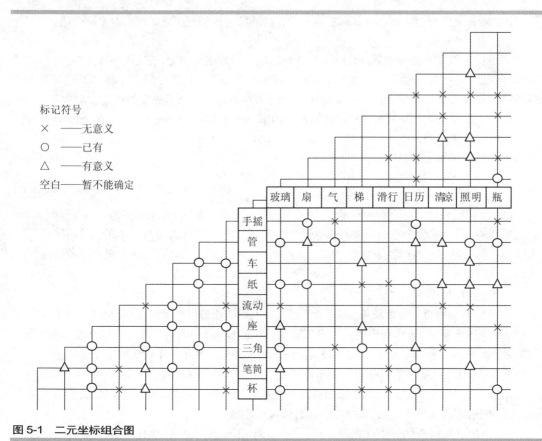

图 5-1　二元坐标组合图

⑥ 扇+墨水→扇形墨水瓶；

⑦ 墨水+光→荧光墨水或变色墨水；

⑧ 信封+笔→带笔的信封(一次性笔,可以使寄信者不因忘带笔而无法写地址寄信)；

⑨ 墨水+纸→一次性纸质墨水瓶；

⑩ 花+人参→人参花粉浆。

当然有些组合成的产品是否适用,能否实现,还需要在实践中去检验才行。

(3) 焦点组合法。在焦点组合法中,焦点组合的一方可任意联想,另一方则必须为预先指定的欲创造的对象,即所谓的"焦点"。焦点组合法要求创造者紧紧围绕"焦点"进行强制联想,如以生产笔筒为例,运用焦点组合法的做法和步骤如下。

① 以笔筒作为强制联想的"焦点"。

② 任意联想一个物品作为参照物来进行联想,在联想组合时这种对照物往往起到触发物的作用。如可选取日历为参照物。

③ 用发散性思维分析日历,并将其结果分别与笔筒进行强制联想组合。例如,挂式日历——悬挂式笔筒,台历——摆放式笔筒,音乐日历——带音乐的笔筒,球形日历——球形笔筒,香味日历——香味笔筒等。

④ 对于上一步发散的结果再次进行联想发散,并将其结果再次用笔筒进行强制组

合。如，以香味日历为例子，可进行联想：香味—花—百合花，从而设想出百合花形状的香味笔筒。

⑤ 从以上众多的方案中选出有商业价值的设想。

5.3 新产品创意的方法

5.3.1 技术创新的方法

技术创新是新产品开发的重要资源，无论是技术推动的新产品开发还是市场需求拉动的新产品开发无疑都是以技术创新为根本的。虽然许多新产品只是在原有的产品上做了某些改进，但是正是这种技术上的改进，使改进后的新产品大受欢迎。如飞利浦的男士三面自动旋转剃须刀，它只是在以前两面剃须刀上增加了一个面，但是自动旋转的三面剃须更加贴合男士的脸部，更加彻底地清除胡茬。因此研究技术创新的路径和方法对新产品开发至关重要。俄国学者根里奇·阿奇舒勒(Genrich Altshuller)创建的 TRIZ 理论(发明问题解决理论)是一种有效的技术创新方法。

补充阅读　　　　**TRIZ 理论**

　　根里奇·阿奇舒勒 (Genrich Altshuller)及他的同事于1946年在对20万个发明专利进行了研究，特别在对其中4万个他认为发明程度很高的专利进行深入研究的基础上总结出各种技术发展进化遵循的规律模式，以及解决各种技术矛盾的创新原理和法则，构建了 TRIZ 理论，该理论英文全称是 theory of the solution of inventive problems(发明问题解决理论)。

　　TRIZ 理论的体系涉及的内容众多，其中非常核心的内容之一就是 TRIZ 创新原理。Altshuller 在分析了大量发明专利之后发现，很多发明其实所涉及的问题是类似的，而对于这类问题，背后所应用的方法都存在某种共性的东西。因此，Altshuller 将其总结概括，形成一系列的方法、工具，这里主要就是矛盾矩阵与创新原理等。这样使得我们在遇到技术难题的时候，不至于陷入千头万绪，大大提高了我们问题求解的效率。

　　TRIZ 创新原理由 39 个工程参数构成的矛盾矩阵、40 个解决技术矛盾的创新原理及 11 个解决物理矛盾的分离原理等组成。针对工程中的技术难题，提炼出存在技术矛盾的矛盾对，或物理矛盾，映射到矛盾矩阵的相应位置，即可得到 TRIZ 理论所推荐的创新原理来创造性地解决技术难题。矛盾(冲突)普遍存在于各种产品的设计之中。按传统设计中的折中法，冲突并没有彻底解决，而是由冲突双方取得折中方案，或称降低冲突的程度。TRIZ 理论认为，产品创新的标志是解决或移走设计中的冲突，而产生新的有竞争力的解。设计人员在设计过程中不断地发现并解决冲突是推动产品进化的动力。技术冲突是指一个作用同时导致有用及有害两种结果，也可指有用作用的引入或有害效应的消除导致一个或几个子系统变坏。技术冲突常表现为一个系统中两个子系统之间的冲突。

　　(资料来源：http://baike.baidu.com/view/1469160.htm)

5.3.2 顾客需求研究方法

1. 直接观察法

从对顾客的直接观察中发现问题，然后寻找解决办法，是研究顾客对新产品需求的常用方法。具体观察的方面如下。

(1) 对消费者使用现有产品的观察。克莱斯勒公司的一位工程师注意到他妻子要费很大的劲才能把一个儿童车座放进他们的微型货车中，于是他产生了一种想法，在货车座位系统中集成一个儿童车座。克莱斯勒公司采用了这个设计，产品因此非常受欢迎。

(2) 观察消费者购买倾向。某公司的营销经理每周必定花一定的时间到人群多的地方去观察，如电影院、商场等。有一天，该经理到电影院听到一对情侣中女孩对男孩说，她非常想要一项具有什么特征的帽子，她的朋友从别的城市买回来的。该经理立刻去收集到了该帽子的信息，在该城市率先推出了这款新产品，获得了很好的市场效益。

2. 顾客意见研究法

很多时候顾客对产品的需求并不能明确地表达，这需要营销人员对顾客需求进行深入研究。常用的研究方法有以下几种。

(1) 焦点小组法。焦点小组法是一种广泛采用的了解顾客需求的方法。小组通常由 8~10 个用户组成，他们的职业是来自不同领域，讨论小组被带到一个中心地点，通常给每个成员一定的报酬作为占用他们时间的补偿。讨论由一个主持人来引导，讨论的过程被录下来，通常还有一面单向透光镜，以便公司人员能够观察讨论的过程。参加讨论的人员被告知他们的讨论过程是被观察或录像的。讨论开始人们通常会谈论他们是如何使用产品，列举出喜欢或不喜欢产品的地方。

一个优秀的主持人是焦点小组访谈法成功的关键因素。主持人要保持对讨论的控制并确保每个人都有发表意见的机会，同时还鼓励讨论者之间相互影响，因为团体的力量能够有助于消费者描述他们潜在的感受。允许回答者写下他们对新产品概念的感受并把内容告诉其他参与讨论的人常常是一个有用的方法。召集顾客在一起讨论的目的是要了解顾客的观点、语意结构、使用产品的方式、态度和购买过程。

"焦点小组法"最大的优点是能和用户早期接触并了解人们对市场上现有产品的深切感受。

2008 年国庆节，日本 Kanebo(嘉娜宝)集团旗下的化妆品品牌——AQUA(雅呵雅)在武汉群光广场三楼贵宾室举行了一次美容护肤洽谈会，参加讨论会的女士均为 AQUA(雅呵雅)的会员。在每一台贵宾桌上陈列了一套 AQUA(雅呵雅)针对秋冬季皮肤问题推出的新品。主持人首先询问了参加洽谈会的会员在秋冬季有哪些皮肤护理的困扰。会员开始互相讨论，提出自己的皮肤烦恼——干燥、出痘、细纹、黑眼圈、肤色暗沉等。雅呵雅专属的美容专家针对会员所提出的不同皮肤问题，展示 AQUA(雅呵雅)的解决方案，并现场演示新产品效果。会员开始试用桌前的新产品，向主持人反映自己的感受与建议。最后，主持人将消费者的感受与建议一一记录，反馈。

(2) 垃圾调研法。垃圾调研法指清理分析消费者的垃圾，从而掌握消费者行为的调研方法。垃圾调研法是观察调研法中行踪分析的一种方法。垃圾分析员(garbologist)通过清理消费者的垃圾，并隐蔽地收集起来进行编码，来确定人们常用产品的信息。从中发现隐含的新产品需求信息。这种无阻碍技术在人们不愿诚实地报告自己对某些产品的使用时特别有用，如对于那些诸如酒和避孕药之类的敏感性的产品。实际上，垃圾调研法对于许多包装类快速消费品如牛奶、饼干、方便面等的调研十分有效，不仅准确而且快速。20世纪80年代初期，美国的雪佛隆公司聘请亚利桑那大学人类学教授对垃圾进行研究，研究者在每次垃圾收集日的垃圾中挑选数袋，然后将垃圾的内容依照原产品的名称、重量、数量、包装形式等予以分类。经过对亚利桑那州土珊市一年的垃圾研究，获得了当地有关食品消费的信息，从而得知，劳动者阶层喝的进口啤酒比收入高的阶层多；中等收入阶层人士比其他阶层消费的实物更多；因为双职工都要上班，以致没有时间处理剩余的食品，在所浪费的食品中有15%是还可以吃的好食品；减肥清凉饮料与压榨的橘子汁属高收入人士的良好消费品。该公司根据这些信息组织产品的开发获得了很好的市场业绩。

(3) "驻扎在外"研究。也称为"飞上墙头的研究"。这是一种与顾客密切配合、倾听他们提出的问题、理解他们的业务和工作流程的顾客意见研究法。许多公司用来发现未被满足的需求和新产品机会。其宗旨是，如果你要研究大猩猩，只通过一些会议、电子邮件调查和几次采访是不够的，你必须买个帐篷，与大猩猩住在一起对它们进行仔细的观察。惠普公司的医疗部门生产一种医院使用的心脏测试设备，这种设备如果出现故障是可能致命的，所以进行现场试用时，设计团队的成员必须驻扎在医院照看这种设备，通常每次要花费几个月的时间。当医院工作人员使用和有时滥用心脏检测设备时，他们处于一个非常好的位置去观察和倾听。这种驻扎在外的经验给设计团队提供了重要的顾客意见，也促使了大量新产品构思的出现。福特公司在重新设计其广受欢迎的"探索者"SUV时，将一支设计师队伍派到停车场。以便观察人们如何使用汽车，这项研究提出了"探索者"得以更容易进入市场的途径。

(4) 重点客户方法。与具有创新精神的客户一起工作，可能获得新产品的构思。这种方法下的新产品构思关键是识别具有创新精神的客户或者是重点客户。Von Hippel 认为重点客户的流程通常有四个主要步骤：第一，奠定基础，识别目标市场的公司在这一市场中的创新目标(搜寻客户名单中大宗买卖者)；第二，确定趋势，和对新技术具有远见的领导应用潮流的人交流；第三，识别重点用户，使用一种网络工作流程，在这个流程中项目团队成员向在该问题上具有专业知识的人请教一些问题，如从事研究工作的专家或者对该问题具有著述的人；第四，开发这些突破性的产品，和用户一道建立一个工作车间，有内部关键的技术和营销人员参加，参加者分成小组工作，然后组成一个整体来定义最终产品概念。

在新产品开发实践中，重点客户的建议和可能的解决方案是公司新产品概念的重要来源。3M公司将重点客户方法应用到从新的医疗产品到电信系统等领域的开发创新活动中。

(5) 问题分析法。不论我们采用什么方法去了解顾客的需求，最终要对顾客新的需求进行确定。但在营销实践中营销人员发现，顾客所列出的需求类清单与问题类清单的内容有明显的不同，如果我们观察顾客的后续行为就会发现，与需求类清单相比，问题类清单更能对新产品构思提供借鉴。如你问顾客对洗发水有什么需求，答案将是清洁头发、护理头发。但如果你问顾客头发有什么问题，有关答案就可能分布在一些与洗发水本身不相关的区域。

问题分析法的基本步骤如下。

第一,确定产品的类别。

第二,在所确定的产品类别中识别一组重量级的产品用户参与者。

第三,从重量级的用户那里收集与所选择的产品类别相关的问题。要求受访者对以下内容进行评估:①他们希望从产品中获得的好处;②他们正在得到的好处。它们之间的差距就能显示出问题所在。

第四,对顾客提出问题的严重性和重要性进行分类和分级,最常用的方法是测度两个重要指标:①问题的"惹人烦"程度;②问题发生的频率。用户可以根据自己对当前能够解决该问题的方案的了解,对这种麻烦指数进行调节,这样能够识别出那些对用户来说重要的、目前还没有解决的问题。表5-1是宠物产品制造商对来自宠物主人提出问题的简单列表。

表5-1 问题评分中使用的"惹人烦"分析法　　　　　　　　　　　　　　单位:%

	A(问题发生的频率)	B("惹人烦"问题)	C=A×B
需要经常喂食	98	21	0.21
长跳蚤	78	53	0.41
剪毛	70	46	0.32
发出噪音	66	25	0.17
孕育多余的小宠物	44	48	0.21

(资料来源:Burtou H.Marcus,Edward M.Tauber,《Marketing Analysis and Decision Making》,Boston: little Brown,1979)

 补充阅读　　　　小测试

下面是21个关于电话的问题。请你试试看能否把它归纳成更少数的问题,然后挑出一个问题,对电话新产品开发人员最有建设性意义。

保持电话机清洁;

总爱掉在地上;

与电话线缠在一起;

能够在黑暗中看到它;

在屋中保持隐私;

对方不在话机旁边如何能听到我的声音;

外出时能够电话留言;

能够查到过去的留言;

查找数字时有困难;

能处理忙音;

关节炎患者很难握住;

不能提着电话在房间、楼宇之间移动;

太多的电话推销和电话调查；

我的手臂和耳朵都累了；

铃声问题让人头痛：有时声音太大，有时声音太小；

容易断线；

看不到面部表情等身体语言；

拨打紧急电话时让人感到慌乱；

深夜有人打错电话；

铃声有时让人感到害怕；

想知道给别人打电话的最佳时刻。

(资料来源：莫尔，克劳福德等著，《新产品管理》，黄炜等译，北京：中国人民大学出版社，2006年)

5.3.3 产品属性分析法

产品属性分析是指将现有产品的属性一一列出，然后寻求改进每一种属性的方法，从而改良这种产品。因为某个产品未来的任何变化必然包含在它当前的一种或多种属性之中。我们对这些属性进行研究，运用各种可能引起变化的方法去改变每一个属性，就能发现该产品可能发生的各种变化。

产品属性是产品的全部，一般而言属性有三种类型：特征、功能和利益。特征的内容包括维度、美感、构件、原料组成、制造过程、材料、服务、性能、价格、结构、商标、其他；利益的内容包括用途、感官享受、经济利益、节约(时间)、非物质的福利、其他；功能是产品如何工作的描述，功能的变化是无穷无尽的，但是，更多是通过利益和特征的研究实现需要的功能。从理论上说，这三种基本类型的属性的关系是：特征决定了一定的功能，然后带来利益。

对产品属性进行分析来找到新产品概念的具体方法可分为定量方法和定性方法。

1. 定量分析法

常用的定量方法是空隙分析法。空隙分析法是使用市场图确定不同产品的定位在市场上被用户感知的程度。有三种方法可绘制空隙图。

(1) 决定因素空隙图。使用管理经验和判断绘制产品在图中的位置，即管理者使用自己选择的产品属性因素和自己对各属性的评分绘制图。

(2) AR 感知型空隙图。该方法是管理者自己选择产品属性，但使用用户评定的分数进行绘图。

(3) OS 感知空隙图。管理者使用整体近似性，从用户那里得到数据。即管理者使用用户选择的属性和用户评定分数进行绘图。

2. 定性分析法

常用的产品属性定性分析方法有维度分析法、检查表法。

(1) 维度分析法。维度分析法即分析产品可能的每一个特征，首先列出某种产品类别的所有特征，从这些特征中引发产品概念的创新。如果维度的列表达不到一定的长度就不可能在维度分析中发现有价值的信息，故而维度分析的关键是要超常规地找出别人没有看到的维度。

(2) 检查表法。检查表法是构思者对产品提出以下八个问题：

它能被改编吗？

它有某个被代替的对象吗？

它能被修改吗？

它能被放大吗？

它能被颠倒过来吗？

它能被缩小吗？

它能与别的对象组合吗？

它能通过某种方式重组吗？

补充阅读　　**10种获得伟大新产品创意的方法**

(1) 举办非正式会议，会上顾客小组与公司的工程师和设计人员一起讨论问题、需求，以及用头脑风暴法提供潜在问题的解决方案。

(2) 允许技术人员花费时间从事他们喜欢的项目。3M公司允许员工有15%的时间干自己的事，罗姆和哈斯(Rohm & Hass)公司允许10%的时间。

(3) 使顾客头脑风暴会议成为工厂活动的常见特征。

(4) 对你的顾客进行调查：发现在你和你的竞争对手的产品中，他们喜欢哪些，不喜欢哪些。

(5) 像福禄克(Fluke)公司和惠普公司那样，对客户进行"寻求缺陷"或"扎营"式调查。

(6) 运用重复方式：一群顾客待在一间房内集中小组座谈，确认问题；一群技术人员在另一间房内，听取问题并运用头脑风暴法提出解决方案。然后，立即将所提出的解决方案拿到顾客那里测试。

(7) 建立关键词搜索，时常浏览各国的贸易出版物以获得新产品发布等方面的消息。

(8) 把贸易展览当作智力成果信息，你可以仅在一个地方看到所有你所属行业的新产品。

(9) 让你的技术和营销人员参观供应商的实验室，并与其技术人员一起花时间探索现在有什么新东西。

(10) 建立一个创意构思库，使其向众人开放并易于进入。允许员工思考并提出建设性建议。

(资料来源：Robert Cooper,《Product Leadership: Creating and Launching Superior New Products》, New York: Perseus Books, 1998)

本章小结

新产品创意的来源是多方面的：新技术、市场需求、生产与服务、竞争者与其他公司、供应商与分销渠道、公司管理人员与员工、环境变化。

进行创造性思维的培养，加强创新技法的运用，将有助于进行新产品构思。常见的创造性思维有：直观思维、联想思维、幻想思维、灵感思维、发散思维、反向思维等。头脑风暴法、列举法、综摄法、设问法、联想组合法等为许多企业运用于新产品构思。

新产品创意产生的方法有：技术创新方法；顾客需求研究方法，包括直接观察法、焦点小组法、垃圾研究法、重点客户方法和问题分析法；产品属性分析法，具体包括空隙分析法、维度分析法和检查表法。

思考题

(1) 新产品创意的来源有哪些？
(2) 简述创造性思维的几种形式。
(3) 简述头脑风暴法的基本内容，以及头脑风暴法的两条基本法则。
(4) 顾客需求研究法有哪些？在新产品构思中如何运用？
(5) 练习运用空隙分析法进行新产品构思。
(6) 练习运用维度分析法进行新产品构思。

案例研讨

"子弹短信"叫板微信

2018 年腾讯(Tencent)和阿里巴巴(Alibaba)在中国日益壮大的挑战者队伍中增添了一名新成员：一款瞄准由微信主宰的即时通信市场的App——子弹短信。

据市场数据公司 App Annie 的统计，子弹短信发布仅两周，就已成为苹果(Apple)中国应用商店下载次数最多的免费应用。分析师表示，这促使腾讯旗下拥有 10 亿用户账户的微信平台着手改善其语音到文本翻译功能。根据在线数据服务提供商七麦数据的信息，截至上周五，这款应用的下载量约为 720 万次。

子弹短信上线仅 7 天就筹集资金 1.5 亿元人民币（合 2200 万美元）。这是 46 岁的原英语教师罗永浩的创意，他还有个绰号叫"罗胖子"。作为一名企业家，罗永浩建立了一个庞大的粉丝群，部分是通过他创立的智能手机生产商锤子科技(Smartisan)举办的新产品发布会，顾客买票去参加这些活动。他还因捍卫消费者权益而赢得了大众的赞誉，最引人注目的事件是，他在抗议冰箱生产商西门子(Siemens)被指质量控制松懈的活动中，举着大锤砸冰箱。

即时通信是一个很难撼动的行业，就连阿里巴巴在构建一个能与微信抗衡的社交网络的过程中也是屡屡受挫。罗永浩在社交媒体网站微博上的一则帖子中承认，"卸载微信是不现实的"。

但与分析师和铁杆粉丝一样，罗永浩认为，子弹短信可以成为一个细分领域产品，无须击败其最大竞争对手微信。

咨询公司 China Channel 的创始人马修·布伦南(Matthew Brennan)将该公司的早期成功归结为三个因素：①创始人的个性；②部分用户对微信市场主导地位的不满；③拥有多项优越的功能，包括从语音到文本的翻译能力。"这绝对不是微信的杀手，"他说，"但你可以看到，这是一个拥有铁杆粉丝的利基市场产品。"

（资料来源：路易丝·卢卡斯，《"子弹短信"叫板微信》，FT 中文网，2018-09-03）

案例思考题

"子弹短信"背后的产品构思来源有哪些？

第6章 新产品构思筛选

📝 **本章阐述的主要内容**

新产品构思筛选的原则；

新产品构思筛选的流程；

新产品筛选的模型。

引 例

基于顾客需求开发产品的希尔顿

希尔顿（1887—1979），美国旅馆业巨头，人称旅店帝王。1887年生于美国新墨西哥州，是曾控制美国经济的十大财阀之一。第一次世界大战期间曾服过兵役，并被派往欧洲战场。战后退伍，之后经营旅馆业，并在1919年创建第一家"希尔顿酒店"。希尔顿经营旅馆业的座右铭是："你今天对客人微笑了吗？"这也是他所著的《宾至如归》一书的核心内容。希尔顿的"旅店帝国"已延伸到全世界，资产发展为数十亿美元。

"一个尺码难以适合所有的人"，希尔顿在对顾客做了细致分类的基础上，利用各种不同的饭店提供不同档次的服务以满足不同的顾客需求。希尔顿集团的饭店主要分为以下七类。

(1) 机场饭店：自从1959年旧金山希尔顿机场饭店建立以来，公司已经在美国主要空港建立了40余家机场酒店，它们普遍坐落在离机场跑道只有几分钟车程的地方。

(2) 商务酒店：位于理想的地理位置，拥有高质量服务以及特设娱乐消遣项目的商务酒店是希尔顿旗下的主要产品。

(3) 会议酒店：希尔顿会议酒店包括60家酒店30680间客房，承办各种规格的会议、会晤及展览、论坛等。

(4) 全套间酒店：适合长住型客人，每一套间有两间房，并有大屏幕电视、收音机、微波炉、冰箱等。起居室有沙发床，卧室附带宽敞的卫生间，每天早上供应早餐，晚上供应饮料，还为商务客人免费提供商务中心。全套间饭店的一个套间有两个房间，收费却相当于一个房间。

(5) 度假区饭店：一个人选择了希尔顿度假区饭店的同时，他也选择了方便快捷的预订、顶尖的住宿、出色的会议设施及具有当地风味特色的食品和饮料。人们在这里放松、休养、调整，同时也可以享受这里的各种娱乐设施。

(6) 希尔顿假日俱乐部：为其会员提供多种便利及服务；商务及会议等服务也同样令人满意。

(7) 希尔顿花园酒店：希尔顿花园酒店包括38家酒店5270间客房，是近年来希尔顿公司大力推行的项目。1998年就新开业了8家希尔顿花园酒店。其目标市场是新近异军突起的中产阶级游客，市场定位是"四星的酒店，三星的价格"。希尔顿花园酒店价位适中、环境优美，深得全家旅游或长住商务客人的喜欢。

（资料来源：《希尔顿酒店案例分析》，道客巴巴，2016-20-22）

6.1 新产品构思筛选概述

6.1.1 构思筛选的目的和原则

1. 构思筛选的目的

一项新产品的研发和推出过程中会耗费大量的人力、物力和财力。所以企业要谨慎选择新产品构思，以避免许多不必要的浪费。新产品构思筛选就是企业运用一系列的评价标准，对各种构思进行比较判断，以找出其中最有成功希望的构思。具体说来，新产品构思筛选有以下目的。

(1) 权衡各创新项目的费用、潜在效益与风险，尽早发现和放弃不良构思，选出潜在赢利大的新产品构思。

(2) 筛选的过程中可以对原有构思做出修改与完善，使新构思更适应市场需求。

(3) 筛选可促进不同部门的联系与交流。筛选过程中，来自不同职能部门的评判者往往需要讲述自己对于各个构思的意见，这是各部门人员相互吸取经验和增长才干的大好机会。

2. 构思筛选的原则

(1) 可行性原则。可行性原则包括技术上的可行性、经济上的可行性和政策法规上的可行性。技术上的可行性是指新产品的构思必须要有现行可以达到的技术作为支撑，使新产品构思能够付诸生产实践；经济上的可行性是指核算分析新产品构思一旦投入生产销售后的成本与收益、投资效果等；政策法规上的可行性是指新产品构思要以符合国家现有的各项法律法规为前提。新产品构思必须符合以上三条，其中任何一条得不到满足都必须予以舍弃。

(2) 效益性原则。新产品构思方案能够被采用的根本原因在于它能为企业创造效益。因此新产品构思筛选中必须以效益性为原则，在市场调研部门的协助下，根据市场调研的结果，对新产品的市场潜力、回报周期、赢利幅度等做出分析判断。

(3) 适应性原则。适应性原则是指新产品开发工作必须与公司现有的研发力量、生产力量、销售力量及顾客需求相适应，与公司长期目标相一致。适应性是新产品构思能顺利实施的保障。

为执行上述原则，企业需要建立一套新产品开发必须满足的最低标准，如新产品能产生独一无二的利润,解决现有产品未能解决的问题,开辟一个巨大且不断增长的市场,具有长期的潜力,赢利幅度较大,可因此而摆脱竞争的影响,或不存在有优势的竞争对手等。

6.1.2 构思筛选的困难

1. 人的因素

首先是筛选人员选择的困难。选配筛选人员时,不仅要考虑他们的专业知识、业务能力和各自代表的职能部门,而且要考虑他们之间的性格搭配与协调,以免出现争执而形成僵局,导致筛选工作的停滞。

其次是筛选人员的"误舍"。由于现实上普遍存在的新产品开发失败会导致主管人员受罚而不开发新产品的管理者反而较为"安全"这一事实,常使得筛选人员有意无意地设置较高筛选的"门槛",犯下"误舍"好的新产品构思的错误。

2. 资料过时的问题

资料在搜集时就可能已存在时滞,到运用资料进行分析则又间隔了一段时间,这段间隔很可能已导致资料过时,不能真实地反映现时情况,这也使筛选工作产生一些偏差。

3. 评价模型的运用

构思筛选通常采用评分筛选模式,虽然有多种类型评分筛选模式,但是不管选择哪一种评分筛选模式,都要涉及评分要素的选择、等级划分及权数确定等方面。这些评价往往带有很强的主观性,不利于公正地对新产品构思做出筛选。宏观环境的变化、消费者兴趣的转移、竞争者状况的变化等不可控的因素,都会影响到筛选小组成员对各评价因素的评分。有时正是在这些不可控因素影响下得到高分的新产品构思,将企业新产品开发引向失败。

6.1.3 构思筛选的流程

1. 筛选小组的成立

因为构思的筛选若由个人或领导决策,失误的可能性很大,所以企业通常需要设立或临时成立专项的新产品构思筛选小组。筛选小组成员通常由来自技术、生产、财务、营销和销售等部门的专家与代表组成。在选配筛选小组成员时,不仅要考虑他们各自代表的职能部门,而且要考虑他们的评判能力和性格特征,小组成员之间应性格互补。一般来说,企业的高层领导者和提出构思的人员最好避免参加构思的筛选,以免他们的发言左右其他小组成员的思想,影响筛选结果。

2. 经验筛选

所谓经验筛选,就是由筛选人员根据自己以往的经验来判断构思。把那些与企业经营目标、生产技术、财务能力、销售能力等明显不相适应的构思剔除掉,将较接近者留下做进一步的评分筛选。

3. 评分筛选

如果把经验筛选称作粗筛，那么评分筛选就是精筛，即利用评分模型对粗筛留下的构思进行筛选。评分筛选模型有多种评分模型，但无论何种评分模型都包括四个基本要素：评分要素、评分等级、权重及筛选人员。

评分因素是指影响新产品开发成功的各主要因素。如企业的研究能力、财务能力、生产能力、营销能力、原材料的采购能力、市场潜力、竞争状况、公司形象等。

评分等级即对各评价因素进行量化，如对企业研究能力的评价可采用等级分数来描述，7分表示研究能力最强，1分表示研究能力最弱，界于强弱之间则分别用6分至2分表示。评分等级是评价人员乐于使用但又不易度量的要素。

权重的应用不仅限于评价因素，对每位评分人员也须加权。权重对评分结果影响很大，但权重的确定却很难有科学的依据。需要评价人员对各影响因素的重要性进行客观、深入的研究。筛选人员依据评分模式对各构思加权计分，再依据其分值选出下一步开发的对象。

表6-1给出了一个加权评分法的例子。该表第一栏列出产品开发成功而打入市场所必须具备的各项因素；第二栏是根据各职能部门的情况和意见而给予这些因素不同的权数，反映其相对重要性。例如，表中列出市场营销情况相对重要(0.2)，而地理位置和设备相对不重要(0.05)。然后按照每一项企业的相关能力，从1到7进行评分。分数越高，等级越高，最后将成功因素的重要性与企业的能力水平相乘，得出该产品成功推入市场的总评定。

表6-1 产品构思评定

产品成功的必要条件	相对权数(A)	企业能力水平(B)	评分(A×B)
企业形象和信誉	0.20	7	1.40
市场营销	0.20	6	1.20
研究与开发	0.20	5	1.00
人力资源	0.15	6	0.90
财务	0.10	3	0.30
采购与供应	0.05	4	0.20
生产制造	0.05	2	0.10
地理位置和设备	0.05	3	0.15
总计	1.00	—	5.25

6.2 新产品构思筛选模型

6.2.1 构思评估

1. 市场评估

新产品构思的市场评估就是要解决为什么要开发这一新产品的问题。市场评估的内容包括评估市场吸引力和潜力有多大,市场接受新产品的程度有多高,市场当前的竞争状况如何等。

2. 技术评估

技术评估是要解决新产品构思能否在技术上实现的问题。在新产品构思中,顾客根据自己对使用现有产品中的不足,会提出一些改进产品功能的要求,或人们往往能构思出一些极具市场潜力的新产品,然而这些构思者并没有太多去关注技术上的可行性。一个好的构思必须要有技术支撑,评估新产品构思的技术可行性,指出可能存在的技术风险,以确定构思的可实现性。

关于产品技术可行性的重要问题包括:

(1) 产品规格和要求基本上是什么?

(2) 从技术方面如何才能达到这些要求?需要新的发明和新科技吗?

(3) 新产品在技术上可行的概率有多大?将会花费多大的成本和多长的时间?

(4) 你是否具备独立开发该产品的技术能力?或者在某些开发活动中你是否需要一个合作伙伴和外部供应商?

(5) 该产品可以被生产或制造吗?用什么样的设备、以多少成本去生产或制造?

(6) 涉及什么样的知识产权和产品管理规章的问题?注意管理规章和专利问题是在较早阶段被引进来并给予考虑的。

(7) 主要技术风险是什么?我们将如何处理每项风险?

3. 商业和财务评估

对构思的商业和财务评估是要回答该构思是否值得企业去开发的问题。尽管在早期阶段对新产品的预期销售、成本和所需要的投资和估计会出现过高的估计,但此时实施初步的财务分析是必要的。

4. 企业开发能力评估

一项有市场潜力、技术可行又能带来良好市场绩效的新产品构思当然是一个好的创意,然而这项构思是否适合本企业做是筛选中必须要评估的又一重要方面。除上面技术评估中要对本企业的技术开发能力进行评估外,还需评估以下几项:

(1) 该新产品构思与企业发展目标是否一致;

(2) 企业是否具备开发该新产品的人力、资金等资源;

(3) 企业是否具备营销该新产品的能力,如渠道能力、传播力、品牌影响力等;

(4) 企业是否能有效阻止竞争对手的进入;

(5) 该构思是否与企业原有产品冲突很大;

(6) 如果该新产品失败,本企业能否承受。

6.2.2 构思筛选模型

1. 相对指数评分模型

首先,要确立相关的评价因素,通常包括企业的产品质量目标、技术能力、生产能力、销售能力、竞争状况、市场潜力、利润率等。

然后，根据各个评价因素对企业的重要程度给予相应的权重，并把各因素的评分与权重相乘。

最后，将各评价因素的得分数相加得到该构思的总分。

相对指数评分法的评分模型见表 6-2。

表 6-2 相对指数评分法模型

评价因素	因素重要程度	相对适应能力					得分数
		很好(5)	好(4)	一般(3)	差(2)	很差(1)	
市场规模	0.15	✓					0.06
市场占有能力	0.15			✓			0.45
设计的独特性	0.10		✓				0.40
与现有销售渠道的关系	0.10				✓		0.20
与现有产品系列的关系	0.10	✓					0.50
质量与价格关系	0.05			✓			0.15
是否方便运输	0.05				✓		0.10
是否影响现有产品销售	0.05			✓			0.15
可靠性	0.05		✓				0.20
适应市场周期性波动能力	0.03				✓		0.06
适应季节波动能力	0.02		✓				0.08
现有设备的利用	0.02	✓					0.10
现有人员的利用	0.02			✓			0.06
原材料的可获性	0.01		✓				0.04
附加价值	0.05		✓				0.20
用户增长的可能性	0.05		✓				0.20
总计	1.00	产品相对系数					3.59

2. 多方案加权评分模型

多方案加权评分模型是对不同的构思进行比较，适用于新产品构思较少的情况。它是根据市场机会与企业的优势两大评价项目进行多因素考虑，从中找出最具有优势的新产品构思。市场吸引力通常分为市场占有率、市场容量、今后 5 年的市场增长率等，而企业的优势包括企业研究开发的能力、生产技术专长等。对于这些因素要赋予不同的权数，评价人员根据经验对每一因素进行评分，然后将各因素的权数与其得到的评分相乘就是该因素的分值，最后将各因素的分值相加。表 6-3 为多设想加权评分法模型。

表 6-3 多设想加权评分法模型

评价项目		权数 g	新产品构思							
			构思 A		构思 B		构思 C		构思 D	
			评分 n	n×g	评分 n	n×g	评分 n	n×g	评分 n	n×g
市场吸引力	1) 市场占有率	5	5	25						
	2) 市场容量	13	5	65						
	3) 今后 5 年的市场增长率	9	5	45						
	⋮	⋮								
	10)									
	小计	70		240		185				
开发实力与专长	研究开发能力	8	6	48						
	生产技术专长	7	3	21						
	⋮	⋮	⋮	⋮						
	12)		4	5	20					
	小计	30		140		80				

为了直观地将各构思的评价结果显示出来,多设想加权评分法通常以市场吸引力为横轴,开发实力与专长作为纵轴,划出九个区间,并根据每个构思的得分将其结果填入相应的区间,上述构思 A、构思 B 所属区间如图 6-1 所示。

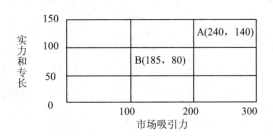

图 6-1 多设想加权评价分析矩阵

显然,产品构思 A 所在的区域市场吸引力最大,实力和专长最强。

3. 市场营销系数评价模型

市场营销系数法是一种多因素、较全面的评价方法。首先企业要确定影响新产品开发成败的主要因素,并确定各因素的权重。例如,可以将产品的可销售性、企业的生产能力、产品的持久性及市场的增长潜力作为影响新产品开发成功的主要因素,见表 6-4。

表 6-4 主要因素及权重

主 要 因 素	权　重
1. 产品的可销售性	0.49
2. 企业的生产能力	0.30
3. 产品的持久性	0.10
4. 市场的增长潜力	0.11

然后再进一步为各主要因素确定若干要素。产品的可销售性可划分为五个要素：与企业销售渠道的关系，与企业产品系列的关系，质量与价格的关系，对现有产品销售的影响，销售能力，见表 6-5。上述每项要素适应状况分为很好、好、一般、差、很差五等。

表 6-5 产品的可销售性的各要素

要因	等级 要素	很好	好	一般	差	很差
可销售性	与企业销售渠道的关系	可利用	主要通过现有渠道	一半现有一半新	主要是新渠道	全部新渠道
	与企业产品系列的关系	同类产品的扩大	有某种程度的完善	不矛盾	基本共存	不能共存
	质量与价格的关系	价格低于同质量产品	价格低于某些产品	价格与同质产品相同	价格高于许多产品	价格比所有产品高
	销售能力	产品有助于推销	产品较有助于推销	推销特性同其他产品	推销特性少	完全没有
	对现有产品销售的影响	有助现有产品销售	可能有助	无影响	可能有碍	减少现有产品销售

企业的生产能力可划分为需要的设备，必需的知识和人员和原料来源，见表 6-6。同样，上述每项要素适应状况分为很好、好、一般、差、很差五等。

表 6-6 企业的生产能力的各要素

要因	等级 要素	很好	好	一般	差	很差
企业的生产能力	需要的设备	利用闲置	利用现有	需要部分补充	可利用部分	全部新设备
	必需的知识和人员	已具备	绝大部分具备	需要部分新知识和人员	需大部分新知识和人员	需要很多新知识和人员
	原料来源	全部从可靠供应商处获取	从现存供应商处获取	有一个新供应商	有几个新供应商	全部新供应商

产品的持久性分为稳定性、市场广度、季节影响和设计专有权，见表 6-7。上述每项要素适应状况也分为很好、好、一般、差、很差五等。

表 6-7　产品的持久性的各要素

要因	要素＼等级	很好	好	一般	差	很差
持久性	稳定性	产品寿命长	高于平均寿命	寿命一般	寿命短	非常短
	市场广度	全球市场	全国市场	地区市场消费者多	地区市场消费者少	小范围市场
	季节影响	稳定	一般稳定	略受季节影响有波动	受季节影响波动较大	受季节影响波动大
	设计专有权	受专利保护	享受某种程度保护	无专利但难模仿	无专利仿制费贵	无专利易仿制

市场的增长潜力划分为市场上的地位、容易进入的市场和预计最终用户,见表 6-8。上述每项要素适应状况分为很好、好、一般、差、很差五等。

表 6-8　增长潜力的各要素

要因	要素＼等级	很好	好	一般	差	很差
增长潜力	市场上的地位	满足新需求	对现有产品有较大改进	对现有产品有某些改进	对现有产品有微小改进	与现有产品基本没差别
	容易进入的市场	需要极大的投入	大量投入	一般投入	投资较少	无投资
	预计最终用户	用户大量增加	一般性增加	用户可能增加	用户不可能增加	用户绝对不可能增加

以产品的可销售性为例,可销售性各要素与等级确定后,用表格的方式列出各要素、各等级的权重,见表 6-9。

表 6-9　产品的可销售性各要素的权重及各等级的权重分配

产品的可销售性要素	权重	各等级权重				
		很好	好	一般	差	很差
1. 与企业销售渠道的关系	2.50	0.50	0.20	0.20	0.10	0.00
2. 与企业产品系列的关系	2.50	0.30	0.20	0.20	0.20	0.10
3. 质量与价格的关系	2.00	0.40	0.30	0.20	0.05	0.05
4. 对现有产品销售的影响	1.50	0.30	0.20	0.20	0.20	0.10
5. 销售能力	1.50	0.30	0.30	0.20	0.20	0.00

最后,由构思筛选人员判定各构思中不同要素的等级,以等级权重乘以要素权重,再将乘积加总得各主要因素系数,然后用各主要因素系数乘以主要因素权重,再加总各乘积即得该构思的市场营销系数。对该评分模型的运用,可根据企业的具体情况选择不同的主要因素和要素,各主要因素、要素的评分等级及权重也因企业特征及新产品性质的不同而各异。

本章小结

新产品构思筛选要遵循可行性、效益性和适应性原则。

对新产品构思进行筛选是减少新产品开发风险的重要手段。新产品构思筛选的困难是显而易见的,筛选人员的主观性,对评价指标本身无法评价及资料的过时性等,都会难以保证经过新产品构思筛选后保留的新产品构思就一定能成功。

新产品构思筛选的评估内容包括市场评估、技术评估、商业和财务评估及企业开发能力评估。

无论采用何种新产品构思筛选的评价模型,都要考虑以下四个要素:评价因素、评价人员、评价等级及权重。企业可根据新产品的行业及市场特征选择或编制不同的评价模型。

思考题

(1) 简述新产品构思筛选的流程。
(2) 新产品构思筛选应遵循什么原则?
(3) 对新产品构思进行评估时需要考虑哪几个方面的因素?
(4) 市场营销系数评价模型是怎样判别新产品构思优劣的?

案例研讨

苹果公司的创新管理

苹果公司(简称"苹果")的各种产品,多数给人以惊艳的感觉,这与苹果公司的产品创新模式息息相关。对于任何公司来说,一种真正成功的产品,在拥有卓越的质量与性能的同时,又要满足消费者的潜在需求。正是满足了以上两点,才使得苹果公司的产品能迅速占领市场。

苹果公司的高级工程经理Lopp说:"苹果公司的产品研发过程需要花费大量的工作和极长的时间,这个过程就是要去除所有的瑕疵和含糊不定的地方。虽然这个过程在开始可能会耗费大量的时间,但是它减少了后期纠正错误和进行修改造成的浪费。"

苹果公司最主要的客户是其忠诚用户,这些消费者有可能已经拥有一些苹果的产品。而苹果公司的潜在用户是通过不同途径接触过但未曾拥有苹果公司的产品的用户。针对这些群体,苹果公司将目标消费者纳入创新体系当中。这样才能使产品规划更贴近目标消费者,更具有前瞻性。所以,通常一个新产品的设计理念需要三份评估文件:一份市场开发文件、一份工程设计文件和一份用户体验文件。苹果公司的一些潜在消费者,并不明确其真正的需求是什么,是苹果的产品使其转变想法,接受"所见即所需"的产品理念。"我们不做市场调研,我们只想生产伟大的产品。"乔布斯如是说。所以苹果总是在用自己的产品告诉消费者其真正需要的是什么。

在 i 系列产品推出之前,市场上产品的研发大多是以市场为导向,以消费者需求为出发点,但是真正能做到的却寥寥无几。对于苹果公司的设计师来说,在研发初期,产品的成本或者市场表现都不在其考虑之列。能做到如此自信是因为,设计师追求的结果只有唯一的一个——完美的产品。而且苹果公司在研发时就把自己当作最苛刻的消费者,把消费者的需求作为研发的唯一导向,所以其更明白消费者真正的需求是什么,甚至比市面上的调研公司更明白。

在苹果公司内部,一个新的创意从萌芽到运用通常要经过一个"10 到 3 到 1"的过程。工程师在考虑解决一个问题的方法时,首先要拿出 10 个可能的解决方案,在此阶段,毫无限制地激发创意。紧接着由专家团队从 10 个可行性方案中选出 3 个较为优秀的,再从中挑选出 1 个作为最后的实施方案。这一过程保证了不同观点的产生,又兼具了实施的可行性,使产品不断优化。

除此之外,公司内的研发团队每周都会有两次会议。第一次会议是头脑风暴会议,每个人都可以尽情地发表自己的想法,无论职位高低。力求通过高效的交流、思想的碰撞激发创意,既追求创意,也追求数量。第二次会议是成果和创意筛选会议,这次会议与第一次完全相反,设计师和工程师在这次会议上必须明确每一件事情,需要对前面疯狂想法的可行性和进展做出描述,保持理性的想法。

事实上这两次会议是产品创新的两个不同的阶段,同时也应用了两种不同的创意方法与工具。

第一次会议运用的是头脑风暴法,头脑风暴法遵循一二三四原则。一发言:要求每人都要发言,但每次只能一人发言。二追求:追求数量、追求创意。三不许:不许质疑、不许批评、不许打断。四个关键步骤:主持人发言、个人自由发言、小组讨论、小组决策。此次会议运用的是黄帽子思维方法,黄色代表阳光和乐观,黄帽思维代表着正面、积极。要求所有创意无限穷尽、不批评、不反对,发散思维。

第二次会议是进行产品的创意筛选,运用的是黑帽子思维方法。黑色代表阴沉、负面。黑帽思维考虑的是事物的负面、风险。要求尽量从客观与反面的角度分析实施中有可能存在的问题。

在产品创新中,还有很多方法可供使用,如六顶思考帽方法、聚焦的头脑风暴方法、系统思考方法、现有产品改进创新方法、创造性问题解决方法、用户创新方法、顾客价值定位方法、商业模式定位方法、员工创意激发方法、创意激发方法、创意收集与管理方法、顾客理想设计方法、价值分析方法、简化的质量功能展开方法、产品生命周期管理方法等。这些方法能帮助苹果进行不同阶段的产品创新。

(资料来源:《苹果公司创新管理案例》,MBA 智库,2015-03-21)

案例思考题

苹果公司是如何提出新产品创意并进行筛选的?

第 7 章 新产品概念测试及实体开发

📋 **本章阐述的主要内容**

(1) 新产品概念的本质；

(2) 新产品概念的形成过程；

(3) 新产品概念测试的内容及方法。

引　例

三全餐饮彩蔬蒸饺重磅上市

蒸饺有着广阔的市场空间，主要原因有三：一是蒸饺作为传统食品，有广泛的群众基础；二是蒸饺的品质、卖相和口感都不错，具有推广的优势；三是蒸饺比水饺操作起来更加方便，注定其未来的潜力不会小，卖水饺的餐饮店可能会有一部分转卖蒸饺。基于此，速冻食品行业对蒸饺产品的市场前景普遍看好。

回顾蒸饺走红的历程，大致可以概括为以下几个阶段：2015 年以前，行业内初露苗头，该品类处于培育期；从 2015 年起，正大、三全、湾仔码头等行业大鳄纷纷上马蒸饺项目，为其正式进入大众视野做了有力助推；随后，一大批中小型企业召集人马，拉起了速冻蒸饺的生产线。截至 2018 年，蒸饺的江湖已是群雄毕至，市场如火如荼，该品类也成功跻身"超级单品"行列。但随之而来，这一行业的问题也日益突出，最明显的表现就是产品创新能力不足。业内人士指出，现有蒸饺的口味仍以猪肉馅为主，过于单一，也与当下倡导的健康理念不够匹配。要想取得长足发展，未来需要在产品和渠道两方面进行创新，产品要有能吸引消费者的特色，增加功能性，同时顺势而为，着力开拓餐饮渠道。

问题的另一面，就是机会。三全餐饮向来以创新为驱动力，决定迈出开拓性的一步：推出彩蔬素馅蒸饺，并全面进军连锁餐饮渠道。三全餐饮彩蔬蒸饺，以 100%果蔬入面，加上菠菜皮、紫薯皮、南瓜皮等多种吸睛彩色面皮，精心包制而成，无论是外观、内馅等硬性指标，还是口感、健康等主观价值，彩蔬蒸饺的表现都可圈可点。在外观上，0.7 毫米薄皮，薄到可以透过面皮看到内馅的丰富色彩，双折边设计无硬边，口感提升更柔和。360° 全方位的馅料填充，使饺形更加饱满，一口咬下，充足的馅料占领口腔，让"吃货"的心无比满足。在内馅上，馅含量大于65%，辅料更是6毫米切丁，在产品内涵更为丰富的同时，保持极佳的口感，保证最佳的舌尖体验。香菇、莲藕，均保持了明显的颗粒感，整个彩蔬蒸饺食用起来，层次分明。

在产品稳定性上，公司内部进行了一次"产品出厂，到经销商手中，再返厂"的实地测验，事实证明，整个过程无变色等问题出现，质量过硬。在"好吃、健康"的产品基础属性外，三全餐饮的彩蔬蒸饺，给人的另一感觉就是足够亮眼，足够抓人眼球。"吸睛"对客户来说，也是抓住消费者的一大亮点，是客户宣传的一大传播点。

（资料来源：《三全餐饮彩蔬蒸饺重磅上市》，食品饮料新闻资讯，2018年1月）

7.1 新产品概念的形成与测试

7.1.1 新产品概念的本质

1. 新产品概念

新产品构思是企业创新者希望提供给市场的一些可能的新产品的设想，如一种可以取代钻石用于工业切削的非常硬的塑料，一种可以去痘的新型化妆品，一种可以治愈癌症的新药物等，但是这些都是新产品的设想，只有把新产品构思转化为新产品概念，才能真正指导新产品的开发。

新产品概念是企业从消费者的角度对产品构思进行的详尽描述，即具体描述新产品的性能、用途、形状、优点、外形、价格、名称及提供给消费者的利益等，让消费者能够很容易地识别出新产品的特征。

消费者购买的是新产品概念，而不是新产品构思。

 补充阅读　　　戴森吹风机

戴森吹风机采用流体设计，外形具有金属质感，设计也非常时尚美观。同时配备的3款风嘴则能满足不同的美发造型需求，戴森采用了13片叶轮的专利戴森数码马达，调制后的马达可以发出一个较高的声音频率，它超出人类耳朵听觉范围之外，也就相当于减少了噪音。

戴森吹风机采用的是戴森第九代数码马达，它的转速可以达到每分钟110 000转，能够制造出强劲气流。再配合 AirAmplifier 气流倍增技术，可以把马达吸入的气流增大到3倍，这样的气流高速喷射而出可以很快吹干头发。

戴森吹风机出风口配置了玻璃珠热感测器，每秒检测20次出风口的温度，当温度过高时自动调节。风速和温度可以任意调节，3种风速加上4种温度，一共12种风速/温度组合任你选择，还有一键冷风按钮，让使用更加便捷。

戴森采用了独创的无扇叶设计，即使头发靠近进风口也不会被卷进去，不会出现头发被缠的窘境。同时，戴森吹风机的一个创新，是将吹风机马达放置在吹风机的手柄上，将吹风机整体中心下移，巧妙利用杠杆原理让吹头发变得更省力。

（资料来源：《戴森吹风机为什么那么贵？主要是因为这 7 个原因》，https://www.jd.com/phb/zhishi/ba182d8a6a5c7df4.html，2018-09-12）

2. 新产品概念的形成过程

新产品概念的形成过程是把粗略的新产品构想转化成为详细的新产品概念的过程。

首先，收集相关的市场信息，包括市场特征、竞争状况等，通过行业专家及潜在顾客来评估对新产品构思的态度。其次，从产品使用经验丰富的顾客那里获得有关新产品概念的建议。

例如，房地产企业进行工程规划前，都会进行系统的市场调研。通过获取全国和当地房地产市场的政策变化、市场销售现状、客户情况，以及通过踩盘等形式了解竞争对手的现状和销售策略等，更好地进行产品的规划和建设。此外，房地产企业十分重视老客户的潜力挖掘，通过后期对老客户进行调研，了解到客户的需求和现存的不足，在后期的产品设计中不断予以完善，也能促进"以老带新"，提升后期业绩。2013 年以来，互联网技术的进步，大数据、云计算等相关技术的融入，使得房地产企业能更为精确地进行市场分析，把握行业趋势，了解客户需求。

任何一种产品构思都可能转化为几种产品概念。通过对以下三个问题的回答，一般可形成不同的新产品概念。

(1) 谁使用该产品？

(2) 该产品提供的主要利益是什么？

(3) 该产品适用于什么场合？

下面以调节空气湿度的产品为例进行分析。

首先，要考虑的是企业希望为谁提供调节空气湿度的产品，即目标消费者是谁。大凡空气过于潮湿或者干燥的环境中都可以使用这种产品，但要考虑是针对家庭使用，还是提供给诸如学校、商场、医院等公共场所使用，或者是针对工农业生产中的空气湿度调节。

其次，要考虑的是调节空气湿度的产品能提供的主要利益是什么。主要利益就是调节空气湿度，使过于潮湿或过于干燥的空气根据消费者的需求自动调节，以此来保持消费者的健康，保护消费者的皮肤，维持工农业的生产。

最后，要考虑的是调节空气湿度的产品适用于什么场合。

根据对这些问题回答的组合，可得到以下几个新产品概念。

概念 1：一种家庭空气调节器，为保持家庭成员身体健康，保护皮肤而准备的。

概念 2：一种专门为保持学校、商场、医院等公共场所的空气湿度平衡的调节器。

概念 3：一种用于工业或者农业生产中的空气湿度调节器。

7.1.2 新产品概念的测试

新产品概念形成以后，就必须在大量的消费者中进行新产品概念测试，因为这些消费者代表的就是未来新产品的目标市场。新产品概念的测试主要是为了了解消费者对新产品概念的反应，从消费者反应情况中选出最有希望成功的新产品概念，以减少新产品开发失败的可能性。新产品概念的测试能让企业对新产品的市场前景有一个初步认识，从众多消费者中寻找出对测试的新产品概念感兴趣的消费者，针对目标顾客的要求改进产品。

1. 新产品概念测试的内容

(1) 新产品概念的可传播性和可信度。消费者了解该新产品的概念吗？相信该新产品的概念吗？

(2) 消费者对新产品概念的需求水平。消费者对该新产品概念的需求愿望强烈吗？消费者的需求愿望越强烈，新产品概念的成功可能性就越大。

(3) 新产品概念与现有产品的差距水平。该新产品概念与现有的其他产品在某一重要方面有什么不同吗？如果在这一重要方面现有产品无法满足消费者的需求，那么潜在消费者对该新产品概念的兴趣就越高。

(4) 消费者对新产品概念的认知价值。消费者愿意或者期望为该产品付多少钱？也就是相对于价格而言，新产品概念是否物有所值。

(5) 消费者的购买意愿。消费者会购买该新产品吗？如果新产品已存在，消费者购买该产品的可能性。但是消费者在回答其购买意愿时，总是容易过高地估计自己的购买欲望。因此，购买意愿不能被认为是严格意义上的销售潜力。

(6) 用户目标，购买场合和购买频率。消费者愿意在什么场合购买该产品？使用该产品的频率是多少？

通过以上问题的测试，新产品开发人员可以判断新产品概念是否对消费者有足够的吸引力，也可以了解到消费者对新产品概念改进的建议。

以家庭空气湿度调节器为例，进行新产品概念的测试时采用评比量度方法向消费者提出下列问题。

(1) 您对该产品所提供的利益：
　　A. 很不清楚　B. 不清楚　C. 较清楚　D. 清楚　E. 很清楚

(2) 您认为该产品能否提供调节空气湿度的作用？
　　A. 完全没有　B. 没有　C. 有一些作用　D. 有作用　E. 非常有用

(3) 您对该产品的需求情况是：
　　A. 根本不需要　B. 不需要　C. 可能会需要　D. 需要　E. 非常需要

(4) 某某产品是否已经满足了您对调节家庭空气湿度的需要？
　　A. 完全没有　B. 没有　C. 满足了一些　D. 满足了　E. 完全满足

(5) 您觉得该产品的价格如何？
　　A. 太高　B. 较高　C. 较合适　D. 合适　E. 很合适

(6) 您是否会购买该产品？
　　A. 肯定不买　B. 不买　C. 可能买　D. 会买　E. 肯定会买

对消费者回答进行整理，由 A 至 E 分别为 1~5 分，得分越高，新产品概念的潜力越大。既可将各项得分相乘，也可将各项得分相加，来判断各种新产品概念的得分差距。此外还须关注重要问题的得分，如将需求水平与差距水平相乘，得到需求差距分数，需求差距分数越高，说明消费者对该新产品概念的兴趣越大。消费者购买该产品的意愿得分是必须考虑的重要方面。如某食品生产商规定，当低于 40% 的消费者选择不愿购买某新产品概念时，企业将拒绝该新产品概念。

2. 新产品概念测试的方法

新产品概念的测试越可靠，对下一步新产品开发的指导意义越大。新产品概念测试结果的可靠性在很大程度上取决于测试方法的科学性。

进行新产品概念测试的首要困难在于如何将新产品开发人员心中的新产品概念有效地传递给被测试的消费者。因为简单的文字描述或图片无法让不同的消费者产生对新产品实体的统一想象。有时需要运用更先进的科技进行更为具体和形象的阐述，甚至通过"虚拟现实"，使消费者正确理解企业所希望的新产品概念。如对汽车新产品概念的测试，研究人员在计算机上使用某种软件来设计出像真实的汽车那样被驾驶的模拟汽车，通过操纵特定的控制，受试者可以接近模拟汽车，打开车门，坐上车，发动引擎，听到发动机的声音，体验驾驶的感觉。公司可在模拟陈列室中展示模拟汽车，模拟销售人员以一定的方式和语言接近顾客，以使测试过程更加生动逼真。测试过程完成后研究人员可向受测试者提出系列问题，这种汽车的优缺点，是否打算购买等。下面简要介绍两种新产品概念测试的方法。

(1) 单个新产品概念测试。单个新产品概念测试时，采用向消费者口头或者书面介绍新产品概念以观察消费者的反应。如可以采用调查问卷的方法，举例如下。

一家大型软饮料制造商希望得到您对一种新节食软饮料概念的看法，回答问题之前，请先阅读下面的说明。

这里有一种可口的、不同寻常的饮料，它不仅能止渴、提神，还能让口中留下橙子、薄荷和酸橙混合的美妙味道。它能通过减少对甜食和餐间小吃的食欲，帮助大人(还有小孩)控制体重。最令人叫绝的是，它绝对不含热量。该饮料有罐装和瓶装两种，价格为3元。

您认为这种节食性软饮料与市场上目前能买到的、具有可比性的其他软饮料相比差别有多大？

□ 非常不同　　□ 多少有些不同　　□ 略有不同　　□ 根本没什么不同

假设您使用了上面描述的产品，也很喜欢它，您认为您购买它的频率大约为多少？

每周多于一次

每周大约一次

每月大约两次

每月大约一次

更少

永远不会购买

……

(2) 组合分析测试。任何一种产品构思可以产生多种产品概念，组合分析测试是通过测试来确定消费者最喜爱的新产品概念。

以一种新型饮料为例进行分析。假定新产品开发人员考虑了以下三种设计要素：

三种品牌名称(A、B、C)；

三种容量(200 ml、500 ml、750 ml)；

两种口感(青柠味、香橙味)。

新产品开发人员根据以上三组要素组成了表 7-1 中的 18(3×3×2)种产品概念。

表 7-1 新产品组合分析

序 号	品牌名称	容 量/ml	口 感	受试者评价序号
1	A	200	青柠	
2	A	200	香橙	
3	A	500	青柠	
4	A	500	香橙	
5	A	750	青柠	
6	A	750	香橙	
7	B	200	青柠	
8	B	200	香橙	
9	B	500	青柠	
10	B	500	香橙	
11	B	750	青柠	
12	B	750	香橙	
13	C	200	青柠	
14	C	200	香橙	
15	C	500	青柠	
16	C	500	香橙	
17	C	750	青柠	
18	C	750	香橙	

让消费者对这 18 种产品概念进行排序，最喜欢的排第 1，最不喜欢的排最后。也可对这 18 种产品概念进行适当挑选，精选出一些产品概念进行评价，这样便于消费者的选择。

7.2 新产品的实体开发

新产品开发从开始构思到概念测试阶段结束，一直在用文字、图片、印刷模型或计算机制作的模型进行描述的。如果新产品构思通过了概念测试，那么就要通过设计和制造使产品概念成为现实产品，这个过程就叫作新产品的实体开发。新产品的实体开发包括新产品设计、试制、测试和鉴定四个具体步骤。本阶段要解决的问题是新产品构思能否转化为在技术上和商业上可行的产品。技术设计和生产部分将主要负责对新产品的实体开发任务。

7.2.1 新产品设计

1. 新产品设计的要求

新产品设计是应用相关的专业技术理论,把将要开发的新产品概念通过技术文件和图样的形式表达出来，以便在生产中更易于接受。有统计资料表明，新产品质量的好坏，60%~70%取决于设计工作。此外，产品的生产成本在很大程度上也取决于设计工作。好的新产品设计可以让消费者方便地掌握产品的功能，并且在正常的使用条件下，产品可以安全地执行它的功能，同时产品能以预计的成本生产出来。新产品设计的具体要求如下。

(1) 可靠性。可靠性是指产品能在规定的使用时间内和使用条件下，发挥其应有的功能。可靠性是衡量产品质量的重要指标，如家电的可靠性是指在额定功率下平均无故障时间的长短。产品质量的好坏首先取决于设计质量，因此要求设计人员对影响产品性能的多种因素进行分析，研究产品失败的规律，探索预防产品失败或发生故障的技术和措施。在设计过程中，要重视零部件的可靠性试验，注意原材料、协作件、外购件和成品的一致性。

(2) 可行性。可行性要求设计人员进行产品设计时，既要考虑技术上的先进，又要考虑经济上的合理，更主要是考虑满足消费者的需求。力争做到消费者满意、技术可行、成本合理及制造便捷四者的统一。

(3) 标准化。在设计中贯彻标准化，就是按图样管理制度进行技术文件的编制和图纸的设计、更改工作。对产品结构的设计尽量多采用标准件、通用件。贯彻标准化可以简化设计，简化产品结构，减少自制零部件的种类，避免设计工作中的重复劳动。对于企业来说，实行标准化可以加快新产品开发的步伐，缩短试制的周期，提高生产的效率。

(4) 继承性。继承性就是把老产品中成熟的、合理的、先进的技术和结构等，充分运用到新产品设计中去，它是加快新产品设计和制造速度的重要途径。

2. 新产品设计的类型

新产品设计按照图纸来源不同可分为创新设计、测绘设计、复制设计和改进设计。

(1) 创新设计。创新设计是企业采用新原理、新结构、新材料、新技术进行新产品的设计。创新设计的难度比较大，时间和资金的投入也比较大，但是如果设计成功会使产品产生突破性的变化。

(2) 测绘设计。测绘设计是以国内外某种先进产品为样本，在对该样本进行全面分析研究的基础上，进行仿制设计。对于已有样本产品的选择要十分慎重，需要对它的市场潜力、产品性能、原材料的易得性、产品工艺对本企业的适用性等进行详细的调查研究。

(3) 复制设计。复制设计是对已有的新产品图纸进行研究、分析、消化后，对该图纸进行复制。新产品图纸通常来源于企业外部，可能是其他单位的设计，也可能是从国外引进，或者是由新产品用户提供。

(4) 改进设计。改进设计是基于目前的产品存在的问题，而进行局部修改设计或增加某种新技术，从而使现有产品能改进其性能，满足消费者的需求。

3. 新产品设计的程序

新产品设计是一项非常细致而复杂的工作，只有遵循合理的设计程序，才能使新产品达到技术先进、经济合理、使用可靠的要求。新产品设计的程序一般分为方案设计、初步设计、技术设计、工作设计图和设计审核。

(1) 方案设计。方案设计是指合理地编制技术任务书，在设计书中正确地选择产品的结构特征，并且确定设计方案的原则。技术任务书直接关系到产品设计的优劣和成败。

(2) 初步设计。初步设计是指在技术任务书中，规定新产品性能指标和把各项要求具体化。具体内容通常包括：产品工作原理示意图、产品的主要结构及部件草图、产品的总装图和主要零部件在规定尺寸限度内的位置图、总体方案设计和外观造型设计、产品的参数及技术性能指标计算等。

(3) 技术设计。技术设计是将技术任务书中已确定的基本结构和主要参数具体化，根据技术任务书所规定的原则，进一步确定产品结构和技术经济指标，以总图、系统图、明细表、说明书等形式表现出来。

(4) 工作设计图。工作设计图是根据技术设计绘制新产品试制生产所需的全套图纸，编制有关制造工艺上所需要的全部技术文件，为产品的制造、装配、使用提供确切的依据。

(5) 设计审核。设计审核是指对新产品的全套图纸和必要的技术文件进行全面、系统的设计审核，以确保设计的合理性、科学性和适用性。

 补充阅读

华为产品变革：
用30%的产品，满足客户100%的需求

华为"以客户为中心"的口号，让企业整个组织结构都会为之调整。从获取客户需求、产品的开发、组织结构的变革、产品的销售等各方面进行设计。

华为原来只有一个交换机产品，后来产品种类不断增加，其中有很多产品是无效开发。IBM给华为的诊断结果是，华为可以反复做一件事情，却不能一次把事情做好。因此，华为开始进行IPD（集成产品开发）变革。

华为在进行IPD变革的时候，首先是需求收集分析体系的建立，然后是需求的判断决策以及管理团队的建设，决策完了以后就可以进入开发流程。

华为强化一线功能，如果需求没有搞对，则会造成巨大的投资浪费，错失市场机会。公司成长起来以后，需要一个技术团队协助领导决策；若技术团队决策有问题，则需要结合市场、研发、财经、供应链等关键部门，成立跨团队决策组织。

IPD流程中有这样的描述：在开发过程中需要战略客户的意见领袖和关键技术专家加入到产品的研发过程中。大型设备的开发周期比较长，而ICT（信息通信技术）行业的变化比较快，需求会变。因此，后来华为在IPD流程里，又增加了市场评审点，这样，市场或者战略客户的专家参与到研发过程中。至此，IPD从纯研发的流程，变成闭环的真正以客户为中心。

"以客户为中心"不是一句口号，整个工作过程或流程都是以客户为中心，从了解客户需求，到后面客户需求的变更管理和落实，甚至到后面上市都是跟客户需求连在一起的。转型战略定了之后，流程变了，组织结构也要相应做出调整，对原有组织的冲击是非常大的。很多公司在早期都会有一个技术权威部门，像总师办或总工办等，对技术或产品立项进行评审和决策，华为以前也有一个这样的组织叫总体办。

当华为只有一个产品交换机的时候，总体办的技术权威具有深厚的技术背景，决策及时准确，能抓到问题的关键点。后来产品越来越多，技术权威们需要不断学习新的知识和技术。虽然凭借着自己的经验和长期积累，仍然可以抓到问题的关键点，但决策速度开始下降。后来从有线技术发展到无线技术之后，由于技术的跨度很大，决策难度不断加大，决策准确性明显下降。从决策延迟，到决策错误，总体办已经成为组织的瓶颈。

而IPD流程是横向贯穿的，一条条产品线把市场、研发、供应链、财经等串起来了，这就突破了总体办这个瓶颈组织。流程变革带来的结果是组织的调整，总体办被撤销了。华为经过这次流程变革以后，产品研发越来越契合客户的需求，推出了很多有实效的产品，所以发展很好，业务越做越大。

（资料来源：《企业案例｜华为产品变革：用30%的产品，满足客户100%的需求》，泰山管理学院，2018-07-11）

7.2.2 新产品试制

新产品试制阶段的主要工作，就是根据产品设计图纸制造出新产品实体个样。在试制的过程中，可以验证新产品设计的可操作性，又可以对设计中不适应生产的部分进行修改。新产品试制的过程如下。

1. 新产品设计图纸的工艺分析与审查

工艺分析和审核的内容有：产品结构是否合理，加工是否方便，设备及生产线布置是否满足要求，是否便于采用高效率加工方法，零件的几何尺寸、公差和粗糙度是否合适，材料选择是否经济，是否符合材料的标准等。

2. 拟定工艺方案

工艺方案要根据新产品设计的要求，确定产品所采取的工艺原则，确定工艺规程制订的形式和详尽程度，并且规定了从新产品试制过渡到成批或大量生产时应达到的质量要求、材料利用率、劳动量、设备利用率和制造成本等技术经济指标，还要列出新产品的各类加工关键，必须具备的物质条件和应采取的措施，确定工艺路线和生产组织形式，规定工艺装备系数和工艺装备的设计原则，并进行经济效果分析。

3. 个样试制

个样试制是根据新产品设计和工艺方案要求组织试制出一件或几件产品，用以检验产品结构、性能及主要工艺，验证和修正设计图纸，使产品设计基本定型。在个样试制过程中，制造部门可以根据试制的实际情况向设计部门提出修改意见。

4. 编制工艺文件和设计制造工艺装备

工艺文件是企业安排计划，进行生产调度、技术检查和组织材料、工具等供应工作的重要依据。有些新产品往往要由几十个、几百个，甚至成千上万个零件组成，要经过上万道工艺加工，所以应推广工艺规程典型化，即在对零件进行分类的基础上，为同类型零件编制通用的工艺规程。

工艺装备是指按照既定工艺规程进行新产品制造所需的各种模具、夹具、刀具、量具、辅助工具和定位器具的总称。

5. 小批量试制

小批量试制是为了检验产品的工艺规程和工艺设备,检查图纸的工艺性,验证全部工艺文件,并对设计图纸再次做出必要的修改,为大批量生产创造条件。

7.2.3 新产品测试

新产品个样试制出来后,必须对新产品个样进行产品功能、实用性等方面的测试,审核其是否达到了设计所规定的技术标准,新产品实体是否能满足消费者对产品核心利益的要求,如一种新型去头屑洗发水是否能真正有效地去头屑。只有对新产品实体个样进行测试,才能确定新产品个样是否合格,能否进入大批量生产。新产品个样测试主要是对新产品个样进行功能测试和市场评价。

1. 新产品个样功能测试

新产品个样功能测试是检测新产品是否具有企业所期望的特定职能,如检测空气湿度调节器是否具有调节空气湿度、平衡湿度的功能。通常要根据产品的类型来确定测试的内容和方法,如医药产品的功能测试通常是在实验室的动物身上试验,然后再进行临床人体试验。

2. 新产品个体市场评价

新产品最终是否成功,关键是在于消费者的反应如何。新产品个样市场评价让消费者在试验或试用新产品后,对试制出的新产品个样发表实实在在的看法,充分表达出他们的感受。

潘婷在推出乳液修复润发精华素时,通过美优网为许多爱美的网友提供了免费试用装,但是申请免费试用的网友必须向其提供使用这款润发精华素的感受。

在吉列公司,每天来自各部门的 200 名不刮胡子的志愿者,走上公司在南波士顿的制造与研究厂二楼,走进有水槽与镜子的小间,他们从另一扇小窗接受技术员的指示刮胡子洗脸,完成以后,他们还要写调查表。吉列的一个员工说:"我们花钱做试验,这样消费者在家中刮胡子,脸就舒服多了。"

下面将简单介绍三个典型的新产品个样市场评价的测试方法。其中,A、B、C 是某产品的三个样品。

(1) 简单顺序排列法。消费者按照他们的偏好次序排列被测试的三个样品,A>B>C。但是这种简单的排列顺序只是说明了消费者的相对偏好,有可能消费者三个样品都不喜欢,只是相对于 B 和 C 更偏好 A 而已,也不能表明消费者喜欢 A 的程度胜过 B 和 C 有多少。

(2) 配对比较法。将 A、B、C 三个样品组合成 AB、AC、BC,向消费者展示。当 AB 和 AC 比较时,消费者偏好前者,说明消费者认为 B 比 C 好;当 AB 和 BC 比较时,消费者偏好后者,说明消费者认为 C 比 A 好。那么可以得出结论,消费者对三个样品的偏好次序是 B>C>A。

(3) 一元评等法。采用 7 段分等法，如果消费者得出下列结果：A=6，B=4，C=2，则消费者的偏好次序为 A>B>C。通过偏好数值，可以了解到消费者对每个产品偏好的质的层次及各种偏好程度的大致差距。

7.2.4 新产品鉴定

新产品鉴定包括对新产品个样试制品的鉴定和小批量试制品的鉴定。鉴定小组由有关领导、技术人员、工人、营销人员等组成，必要时可邀请有关科研机构的专家或者使用部门人员参加。鉴定结果写入鉴定书中，企业根据鉴定书的意见和建议对试制品完善后即可批量生产，投放市场。

本章小结

新产品概念是企业从消费者的角度对产品构思进行的详尽描述，即描述出产品的性能、具体用途、形状、优点、外形、价格、名称、提供给消费者的利益等。新产品概念的形成来源于针对新产品构思提出问题的回答，一般通过对以下三个问题的回答，可形成不同的新产品概念，即谁使用该产品？该产品提供的主要利益是什么？该产品适用于什么场合？

新产品概念测试的主要内容有：新产品概念的可传播性和可信度，消费者的需求水平，新产品与现有产品的差距水平，消费者的认知价值、购买意图、目标顾客的购买场合、购买频率等。可采用单个新产品概念测试和组合分析测试法对新产品概念进行测试。

新产品实体开发将经历新产品设计、新产品试制、新产品功能测试和新产品鉴定四个步骤。新产品设计是新产品实体开发的指导书。好的新产品设计应达到这样的效果：消费者觉得它体现了产品概念中说明的关键属性。新产品试制首先须对新产品设计图纸进行工艺分析与审查，继而拟定工艺方案，然后进行个样试制，根据个样试制编制工艺文件和工艺装备的设计制造，最后进行小批量生产。新产品个样的功能测试包括对新产品的技术性能和市场反应进行测试。新产品鉴定书是企业进行大批量生产的依据。

思考题

(1) 什么是新产品概念？
(2) 如何形成新产品概念？
(3) 新产品概念测试的内容有哪些？
(4) 简述新产品概念测试的方法。
(5) 如何进行新产品功能测试？
(6) 分析说明新产品概念测试与新产品实体功能测试的异同。

案例研讨

小雅 AI 音箱发布

2017年6月20日,在一场以孤独为名的发布会上,由洛客与喜马拉雅 FM 联合打造的小雅 AI 音箱(简称"小雅")终于揭开了神秘的面纱。这款基于喜马拉雅 FM 亿万收听数据和内容沉淀的内容型音箱,截止到发布会当天,首发的 5 万台产品就已被一抢而空。而这样的一款爆款产品,它的诞生过程注定是不平凡的。

洛客平台通过共享设计的价值主张,将协同用研、协同设计以及协同营销三大维度融合,打造全新的设计模式助力小雅的诞生。

1. 协同用研——全面挖掘用户需求,探索产品可能性

洛客联合喜马拉雅共同建立了声音实验室,并通过全新的全民众创模式,发起了一场"设计声音之美——为 3 亿双耳朵做设计"的系列众创活动。众创活动覆盖了 37.5 万用户,其中 2.5 万用户直接参与为自己的真实需求和愿望发声,使其成为史上参与人数最多的众创事件。同时,我们也从真实用户的口中得知,他们需要的是一个"孤独"的解药,继而以此作为"小雅"的产品定位。

2. 协同设计——线上线下招募设计师战队,用户协同设计

小雅的设计过程也打破常规,开启了线上线下设计师战队协同设计的新模式。线上百名音乐设计师火热报名,线下战队同步创意一起做设计。

3. 线下设计师协同设计创意

设计师打造了小雅圆润而具有科技感的形态,让用户看到产品就有一种想去触摸的感觉。通过设计,带给用户更多的友好度和易用性。而其设计灵感则来源于中国传统乐器——中国鼓,设计师选取鼓的基础形状,并提取出对称、圆润以及饱满的线条,将中国传统美学与人工智能完美地融合为一体。我们增强了产品互动体验感,产品顶部的触摸式操作,仿佛乐手在鼓边缘轻抚滑动,让产品整体变得更温暖,更真实,更人性化!分享与共鸣——产品的底部使用三角支撑设计,在保持稳定的同时,减少与桌面的接触面积,有效避免共振现象引起的音质受损。让美妙的声音内容传递给更多的用户!

设计师构建了人机交互场景模型。对于小雅,用户体验是产品设计中非常重要的一环,在产品按键、音量调节等细节的设定上做了上百次的模拟实验,希望用户手中的产品拥有极为流畅的使用体验。

小雅不仅是一台能够识别语音的音箱,它灵敏的反应速度、丰富又接地气的语库以及对主人喜好和生活习惯的学习能力,决定了它能与人进行不僵硬的、有温度的对话,能猜测主人心理,给予最个性的推荐,是伴侣,更是知己。

更接近人的沟通体验——1.5 秒内快速反应,识别率达 90%以上。在 5 米范围内可以准确识别。主动贴心——海量音频内容、订阅更新提示、跨设备断点续播,为你找到感兴趣的好声音。智能点播——精确搜索也能"随便听听",精确到单集点播,模糊到大类搜索。清亮动听——360°全方位声场,专业级 TI 功放芯片,把声音原本的"形态"还原给你。百变有趣——丰富语料持续更新，想象每天都有明星大咖叫你起床，不同的惊喜等着你。全能高效——开启未来世界，新生活入口，语音记事本。

（资料来源：《小雅 AI 音箱发布 当日即被抢购一空》，http://www.lkker.com/successCase/detail/15，2017-06-20）

案例思考题

1. 如何评价小雅 AI 音箱的新产品概念测试？
2. 从新产品开发的角度对小雅 AI 音箱的开发过程进行分析。

第 8 章 新产品市场化分析

📋 **本章阐述的主要内容**

(1) 新产品的市场潜力及市场渗透力预测；

(2) 新产品的销售潜力预测；

(3) 新产品的财务分析。

引 例

小罐正流行 可口可乐推"迷你罐"

社会一直都在不断发展和变化，市场竞争也越来越激烈。在 2018 年，可口可乐开始向中国市场大力推广 200 ml 迷你罐新品。早在 2017 年 2 月，可口可乐就已联合皇冠制罐特别为巴西市场推出了一款 220 ml 纤体两片铝质饮料罐，以解决消费者对小规格包装、更多产品种类的需求。可口可乐表示，为降低人们对碳酸和含糖饮料的消费，公司将把旗下 500 多种饮料的糖分减少。

通过借鉴咖啡文化风行于都市人群的经验，小罐茶出品方将小罐茶定位为一款时尚、便利的产品，在包装、冲泡、品质标准和销售形式上都进行了颠覆性创新，为消费者带来了全新的产品体验。同时，50 元/罐的定价让其有"茶行业中的茅台"之称。

消费趋势总在改变，也让包装创新层出不穷，似乎让人无所适从。只要有良好的消费体验，符合消费者现在的消费观念，就是一款好产品。小罐是未来产品发展的趋势，怎样把握趋势，与企业自身相结合，推出符合消费者需要的产品，是每个企业需要认真思考的问题。

（资料来源：小杜，《小罐正流行 可口可乐推"迷你罐"》，食品饮料新闻资讯，2018 年 10 月）

8.1 新产品市场预测

新产品市场预测包括市场机会预测和销售潜力预测两个部分。

8.1.1 新产品市场机会预测

1. 新产品市场机会预测概述

新产品市场机会的大小直接影响着新产品上市后是否成功。新产品市场机会是指潜在消费者心中未实现的需求。按照菲利普·科特勒的定义：需要是指没有得到某些基本满足的感受状态，存在于人们自身的生理结构和人类的条件，不是社会或营销人员所能创造的；欲望是指想得到这些基本需要的具体满足物的愿望；需求是对有能力购买并愿意购买的某个具体产品的欲望。只有当欲望与购买力相结合才会产生需求。

寻找新产品市场机会的一种有效方法就是将自己的新产品与其主要竞争者做比较，具体可从以下四个方面入手。

(1) 相对优势。公司要审视自己的新产品：它是否能提供消费者更优越的利益？这些优越性是否更明显？高优越性的新产品能在市场上显示出优秀的成绩，而且随着各种产品的更新及产品线的扩充，该新产品的相对优势也将增加，因为用户通常会继续在该新产品上投入。例如，现行手机市场上，Android 系统的市场份额在智能手机行业中处于绝对领先地位，是 iOS 系统的好几倍。与 iOS 系统的闭源策略相比，安卓系统从一开始的定位就是开放性，很多手机厂商、第三方 ROM 提供商介入，使得 Android 系统进步很快，各种好玩 App、服务 App 不断涌现出来，给个人手机用户的权限很高，可玩性、可定制性比较强，也比较能张扬自己的个性，从而俘获了用户的心。

(2) 风险。风险跟时间相关，随着时间的推移，风险会渐渐降低，从而使新产品更具潜力。但上市初期，高风险(财务风险、技术风险等)会严重影响新产品的销售。一般而言，风险随时间呈降低的趋势，从而提高了市场潜力。仍以 Windows 操作系统为例，该系统推出后，市场的购买潜力越来越大，在中国市场已成为个人电脑的标准配置。

(3) 协调性。如果采用新产品不需要使用者改变很多，且即使需要改变也是无关紧要的，那么该产品往往会快速成长。协调性问题的涉及面很广，具体可以到顾客、中介机构、公司自身(如销售人员)等。同样，不协调性也会随着时间减轻。Windows 操作系统一经上市，尽管其版本不断升级，但都是在前一个版本的基础上做调整，并没有突然推翻重做，这是其大多用户一直使用的重要原因之一。

(4) 相似产品的影响。不妨寻找一种类似于新产品的老产品，通过观察它在市场的表现，从而估计新产品的表现。为使类比具有合理性，新产品和它的类比对象都应该有同样的目标市场，给消费的可感受价值相当，价格也应相近。例如，棉衣可以和羽绒服进行对比，因为它们的目标市场都是要求保暖的人群，都强调保暖和美观，价格也近似。

新产品的市场机会可用市场潜力和市场渗透力来预测。

2. 新产品市场潜力预测

新产品的市场潜力是指在一个既定的环境下，当行业营销努力达到无穷大时，市场需求所趋向的极限。一个产品的市场需求是在一定的地理区域和一定的时间内，一定的营销环境和一定的营销方案下，有特定的顾客群体愿意购买的总数量。市场总需求不是一个固定的数，而是一个在一组条件下的函数，市场总需求受营销环境、消费者收入水平及行业营销费用等因素的影响。市场总需求量的大小将随着其影响因素的变化而变化，但它的变化是在一定的区间内进行的。当市场需求作为行业营销努力的函数时，常把市场需求变化区间的下线称为市场最低量，即不需要任何营销努力也会发生的基本销售量；市场需求变化区间的上线称为市场潜量，即当营销努力超过一定水平后，市场销售量也不能再进一步增加。

对新产品市场潜力的预测通常可采用以下方法。

(1) 总量估计。总市场潜量是在一定的时期内，在一定的行业营销努力水平和一定的环境下，一个行业全部公司所能获得的最大销量。估算方法为

$$Q = nqp$$

式中：Q——总市场潜力；

n——在一定的假设下，特定产品的购买者数量；

q——一个购买者的平均购买量；

p——每一平均单位的价格。

下面利用该公式对中国鲜奶市场潜力进行估算。根据2007年国家统计年鉴显示，2005年中国人均年消费鲜奶达17.92 kg，而2006年上升到18.32 kg。按照现有数据推测2007年人均年消费鲜奶18.8 kg，假定鲜奶平均价格为每千克10元，中国人口按13亿计算，则中国2007年鲜奶市场的潜力为

$$Q = (13 \times 18.8 \times 10)亿元 = 2\,444\ 亿元$$

(2) 锁比法。该法主要用于对新产品潜在购买者的估算，具体计算中统计量环环相套，像锁链一般，以一种新型增白洗衣粉为例。

新型洗衣粉的市场潜量 = 人数 × 每人可支配的个人收入

　　　　　　　　　　× 可支配收入用于日用品的平均百分比

　　　　　　　　　　× 可支配收入用于日用品的平均百分比

　　　　　　　　　　× 日用品中用于洗涤用品的平均百分比

　　　　　　　　　　× 洗涤用品中用于洗衣粉的平均百分比

　　　　　　　　　　× 洗衣粉中用于增白洗衣粉的平均百分比

3. 新产品市场渗透力预测

市场渗透力是指新产品上市后的规划期内，市场潜力将以何种速度逐渐实现，即新产品逐渐占领市场的速度，它是市场机会预测的又一重要指标。市场渗透力的强弱意味着新产品被消费者接受速度的快慢和程度的深浅。通常，市场渗透力越强，新产品成功的概率越大。一般可用两种方法来预测。

(1) 扩散模式。首先将新产品的潜在购买者分为创新者和模仿者。创新者是指率先购买新产品的消费者，他们的购买行为主要受新产品的宣传。模仿者则指追随创新者而购买新产品的购买者，这类群体主要被市场内部人与人之间的影响过程所影响。例如，人们在选购一种新化妆品时，常常会向使用过的朋友询问感受后再决定是否购买，这样，就受到了"口传"的影响。现时互联网上流行的论坛，也会起到这种作用。

扩散模式公式为

$$ADP_t = INO\,(POT - CUM_t) + IMI\,(CUM_t/POT)(POT - CUM_t)$$

式中：ADP_t——在t时采用者的人数；

　　　INO——创新的系数；

　　　IMI——模仿的系数；

　　　POT——市场潜力，即产品生命周期中初次购买的人数的总和；

CUM_t——直到 t 所累积的采用者人数。

其中参数 INO、IMI、POT 信息来自产品以往的销售资料,并借助多元回归分析法预测而得到。其缺点就在于:对尚未上市的新产品将因三个参数的数据不能得到而无法发挥作用。所以,借助类比的思想,可采用另一种模式——类比扩散模式来预测。

(2) 类比扩散模式。类比扩散模式所采用的公式与扩散模式相同,不同之处在于对 INO、IMI、POT 这三个参数是以与新产品相似的现有产品的数据、市场调查、专家判断、市场测试等为基础来进行预测的。在该模式中把创新系数、模仿系数、市场潜力分别表示为 INO'、IMI'、POT',则公式变为

$$ADP_t = INO' (POT' - CUM_t) + IMI' (CUM_t / POT') (POT' - CUM_t)$$

具体运用步骤如下。

① 预测市场潜力(POT')。可以运用前面所述的方法估算。

② 确定一组与新产品类似的产品。类似产品的数量不应太少。

③ 预测扩散系数(INO'和 IMI')。收集每一种类似产品的历史销售资料,通过计算分析得到每个产品的创新与模仿系数。新产品扩散系数的选择即可从类似产品中挑选一项与新产品最相似的产品,也可通过对所有类似产品的扩散系数进行平均而得到新产品扩散系数。

④ 预测采用者人数(ADP_t)和市场渗透力(PEN_t)。根据扩散模式可估算出在新产品上市的规划期内,每年的采用者人数,将每年的采用者人数进行累积,便得到市场渗透力。

使用类比的扩散模式需要注意模式的形式与假设可能有所限制。在基本模式中,创新与模仿的系数均假设每年都为固定的常数,但是当营销计划随着时间流逝,逐渐变得比较有效的时候,认为系数会随着改变的想法才是比较合理的假设。而且扩散模式也没有反映供应商的限制,如果预测结果没有包括因为供应受限以致无法满足的需求,可能会导致错误的扩散率。因此使用类比的扩散模式来协助预测市场渗透能力,要综合考虑所产生的成本和效益。

8.1.2 新产品销售潜力预测

新产品的销售潜力是指当企业的营销努力达到最大限度时,可能实现的销售量。而新产品市场潜力是针对一个新产品所创造的行业内所有企业所共同拥有的市场机会。企业要预测新产品在市场容量占有多大的市场份额,则须对新产品的销售潜力进行预测。

1. 新产品销售潜力预测的困难

预测的基本依据是预测对象的历史数据和特征,而新产品没有以往的销售资料。虽然可以借鉴或参考相似产品的历史销售资料,但这将使得对新产品销售的预测出现较大的偏差。特别是对全新新产品销售的潜力预测,借鉴相似产品方法的有效性就要大打折扣了。例如,近年来概念车被不断提及,概念车还处在创意、试验阶段。因为不是大批量生产的商品车,每一辆概念车都可以更多地摆脱生产制造水平方面的束缚,尽情甚至夸张地展示自己的独特魅力。概念车是如今的最新汽车科技成果,代表着未来汽车的发展方向,因此其展示作用和意义很大,能够给人以启发并促进相互借鉴学习。但是在此

之前没有类似车型的存在，也没有历史销售数据作为参考，加之汽车本身也存在很大的开发风险，因此无法准确预估新概念汽车在市场上的销售潜力。

另外，成熟产品销售预测可采用的方法很多，如时间序列法、回归分析法等。而新产品销售预测时缺乏大量的历史资料，所以上述方法不得不放弃。所以，对成熟产品在营销计划期内的销售潜力预测一般侧重于计划期内可能达到的销售量，而新产品销售潜力预测的重点在于估算新产品的首次购买量和重复购买量。

2. 新产品销售潜力预测的影响因素

新产品销售潜力预测有四个影响因素是至关重要的。

(1) 潜在消费者的行为。企业首先要分析购买其新产品的潜在消费者的数量。企业须对消费者的购买行为进行分析，在此基础上来判断本企业新产品的可能销售量。消费者做出购买选择往往会受到多种因素的影响，包括新产品本身所提供利益，以及企业的品牌优势、营销努力及企业形象，等等。

(2) 竞争者的行动。竞争者的介入会极大影响企业新产品的销售。例如，现有市场上流行着 A 型数码相机，而某企业推出了新的 B 型数码相机，该款相机性能同 A 型相似，但是体型更小，理论上更具销售潜力。但 A 型数码相机制造商立刻降价销售，这一举动大大影响了 B 型数码相机的销售业绩。所以说，竞争将使本企业的销售量下降。

(3) 环境的影响。宏观环境的变化也会影响企业新产品销售的实现。例如，在 2008 年美国严重的次贷危机影响下，全球股市下跌，危机波及我国，直接导致依赖出口的企业大批破产，这些地区的市场受到严重冲击。由于市场的不景气，当地消费者或企业的购买力下降，此时推出的新产品，自然面临极高的风险。

(4) 企业的新产品战略。采取不同的新产品开发战略(如创业或冒险战略、紧跟战略、进取战略及防御战略等)对市场份额的追求各不相同，故而预测新产品销售潜力须结合企业的新产品战略。

3. 新产品销售潜力预测方法

(1) 新产品的首次销售量。无论对于何种新产品，估计该新产品的首次购买量应该放在首位。具体计算公式如下：

$$首次销售量 = 市场潜量 \times 市场渗透力$$

福特(Fort)和伍德洛克(Woodlock)通过对几种新的非耐用消费品进行市场测试后，提出了一个新产品首次销售额的数学模型。公式为

$$Q_t = rq(1-r)^{t-1}$$

式中：Q_t——在 t 时期内预计试用该产品的家庭占家庭总数的百分比；

r——尚未开发的潜在渗透率；

q——预计最终试用该产品的家庭数占总数的百分比；

t——时间。

例如，假定某新产品最终会有 30%的用户使用，即 $q=30\%$，在每一个时期还剩下 50%的新购买者正在被渗透，即 $r=50\%$，则在开始的三个时期试用该新产品的家庭百分

比为

$$Q_1 = rq(1-r)^{1-1} = 0.5 \times 0.3 \times 0.5^0 = 15\%$$
$$Q_2 = rq(1-r)^{2-1} = 0.5 \times 0.3 \times 0.5^1 = 7.5\%$$
$$Q_3 = rq(1-r)^{3-1} = 0.5 \times 0.3 \times 0.5^2 = 3.75\%$$

随着新产品的逐步被采用,试用率的增量逐渐趋向于零,且连续的利润潜量是递减的。估计任何一时期来自新购买者的销售量时,可用任一时期的估计试用率乘以家庭总数,再乘以预计的每户家庭对此新产品的首次购买费用而得出。

(2) 新产品的重购销售量。虽然首次销售量对于新产品非常关键,但是产品的销售不是一锤子买卖,大量的重复购买者才是新产品赢利的保证。新产品重复购买模式如下。

某一时刻的销售累计量	=	该时刻首购者累计数量	×	平均购买量	+	该时刻重购者累计数量	×	平均购买量

这里需要强调"试销"。因为在实际预测新产品销售时往往缺乏预测依据,特别是对全新的新产品的销售预测,很难找到相似产品作为参考,所以此时获得销售预测信息的较好办法是通过新产品的试销来收集相关资料。

8.1.3 新产品市场预测的效用

(1) 进行新产品市场预测,能够回答"如果……会怎样"的问题。在考虑遵循什么战略和战术时,关键的信息是对各种战略和战术结果的估计。

(2) 进行新产品市场预测有助于确定预算。例如,销售预测指出了要取得的销售水平,这样就需要足够的资源来保证预测目标的完成,因此它就成为公司预算的依据。

(3) 进行新产品市场预测是有效监控的依据。市场战略制订后,并非一成不变,但是产品经理需要足够的信息来发现来自市场的警告信号。当产品经理将手中的预测情况与实际情况做比较时,发现出现了偏差。一种偏差是实际情况不如预测情况,这时产品经理就可以及时分析原因,找出对策。另一种偏差是实际情况好于预测情况,要注意,此时也不能掉以轻心,因为这其中可能蕴藏危机,也可能蕴藏更大的机会。无论哪一种,若被忽视,都会是一种损失。

(4) 进行新产品市场预测有助于生产计划。例如,为了节省成本,提高效率,有的企业会在分销渠道上采用低存货水平,这时,准确的预测将变得非常重要。假设华新水泥集团的渠道存货不足而新的水泥产品市场表现极佳,那么一旦断货而又供应不上,对于公司将会是极大的损失。

8.2 新产品的经济分析

8.2.1 经济分析的内容

1. 定量分析和定性分析

(1) 定量分析。对新产品进行定量分析主要是指进行财务分析,财务分析法的价值不仅在于它提供了对项目的主观评价与选择，而且还在于它提供了对产品开发流程评价的结构和对工作方法的测度。因为成功的新产品一定是可获利的，它们产生的累积现金流入会大于累积现金流出。这就会成为一个测量参考。

(2) 定性分析。虽然定量分析对那些可测量的因素有作用，但是在实际项目中经常会遇到一些很难量化的因素，并且有的因素不可能量化，如竞争环境的特性。正如田忌赛马，局部的数据告诉我们某匹马不可能赢，但企业应该看到总体的战略战术。

2. 经济分析的过程

对一个新产品开发项目进行经济分析大致需要以下三个步骤。

第一步，建立一个在基本情况下的财务模型，并进行财务分析。

第二步，进行分析以了解财务成功与模型关键假设及变量间的关系。

第三步，考虑对新产品成功有影响的定性因素。

8.2.2 财务分析

1. 财务分析的意义

新产品的财务分析主要是研究分析新产品开发的投入与产出的关系。从财务分析的角度来看，没有市场回报的新产品企业是不会开发的。重视风险、投资报酬、资金的时间成本，可使企业卓有成效地开发新产品。

由于新产品开发风险大，财务分析便显得特别重要。尽管不同的企业开发新产品的目标有所不同，但无一例外的是，任何企业对新产品开发过程中所牵涉的财务问题最为关心。一项新产品无论多么深具魅力，但由于新产品开发失败的记录居高不下，企业必须重视财务部门的系列指标。新产品的开发成本、获利能力、投资回报率、回收期、资金的时间价值等是企业在新产品开发中关注的重点。现代市场营销观念促使企业研究市场，开发满足消费者需求的新产品，但这并不是企业的最终目的，而是为实现企业发展的手段，即通过满足消费者需求来实现企业赢利的目标。

2. 财务分析方法

(1) 现金流量表。现金流量表主要用于分析新产品的销售量、成本和利润的关系。根据新产品特征可分析预测新产品未来3年或5年或更多年份的投入产出情况。现金流量表见表8-1。

表 8-1 预测三年的现金流量表

	第 0 年	第 1 年	第 2 年	第 3 年
① 销售收入				
② 销售成本				
③ 毛利				
④ 开发成本				
⑤ 营销成本				
⑥ 分摊的间接费用				

续表

	第0年	第1年	第2年	第3年
⑦ 总贡献额				
⑧ 补充贡献额				
⑨ 净贡献额				
⑩ 折现贡献额				
⑪ 累计折现现金流量				

表 8-1 中各指标解释如下。

① 销售收入。可根据前面有关新产品销售量预测来估计新产品第一年的销售量，以后各年的销售量可根据产品生命周期规律，结合相似产品的增长率、预计的新产品市场成长率、企业的市场份额进行预测。将销售量乘上新产品的定价便得到预计的新产品销售收入。

② 销售成本。该成本是指产品实体的生产、包装、运输等费用。

③ 毛利。销售收入与销售成本之差。

④ 开发成本。开发成本包括三部分：研究、开发和新产品实体测试的产品开发成本；营销方案的优化调整和市场研究的营销成本，包括包装试验、室内安装试验、品名试验和试销的估计成本；生产新产品而添置的新设备、新厂房和存货投资的制造发展成本。

⑤ 营销成本。营销成本是指新产品在市场销售中发生的一切营销费用，主要有营销调研、广告宣传、促销、销售人员支出和营销管理等。

⑥ 分摊的间接费用。该项费用是新产品开发的管理费，包括管理人员的工资及相关的费用。

⑦ 总贡献额。总贡献额是毛利减去第④、⑤、⑥项的差，也称贡献毛利。

⑧ 补充贡献额，是指由于新产品的开发上市，而导致企业其他产品收入的增加或减少。如果因为新产品的上市引起其他产品收入的增加，则补充贡献额为正。如果因为新产品的上市引起其他产品收入的减少，则补充贡献额为负。

⑨ 净贡献额。总贡献额加补充贡献额就是净贡献额。

⑩ 折现贡献额。将未来的收入折现为现值，现值的计算公式如下：

第 n 年的折现值=第 n 年的值$/(1+$折现率$)^n$

⑪ 累计折现现金流量。该指标是每年折现贡献额的累计。企业是否开发新产品主要依据这个现金流量。通过对各年累计折现现金流量的分析，可看到最大投资损失和投资回收期。例如，A 公司对其开发的新产品进行财务分析得出，第一年的累计折现现金流量为 -500 万元，第二年为 -348 万元，第三年为 126 万元。如果公司在第一年停止新产品开发则损失 500 万元，投资回收期为三年。

(2) 损益平衡分析。损益平衡分析是分析企业的新产品销售量达到何种水平时，新产品的总收入等于总成本。如果新产品的销售量能达到盈亏平衡点的销售量，则新产品开发有意义；反之则应舍弃。计算公式为

$$R = C$$
$$R = PQ_b, \quad C = F + VQ_b$$

$$PQ_b = F + VQ_b$$
$$Q_b = F/P - V$$

式中：R——总收入；

C——总成本；

P——价格；

F——固定成本；

V——变动成本；

Q_b——损益平衡时的销售量。

该模式的时间意义一般为一年，即每年的销售量应该为多少，才足以收回每年的固定成本。但对新产品投资决策而言，该模式有很大的缺陷，因为新产品的销售量并非每年固定，而是连续递增到某一限度后，再逐渐递减。因此，这里的销售量最好用产品生命周期内的每年平均销售量。

(3) 风险分析法。风险型决策技术可以帮助决策者判断未来其各种情况发生的概率，因为做出肯定判断是不现实的。常用的方法是决策树，该方法较适合新产品的收益分析。借助于决策树对新产品开发中的财务状况进行分析，须在假定的营销环境和营销策略条件下，这样可得到三种估计状况：畅销、一般或滞销。

运用决策树分析法，通常是以最大期望利润或最小期望成本作为决策的准则。决策树如图 8-1 所示。

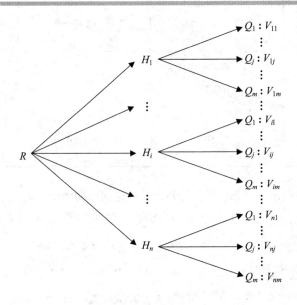

图 8-1　决策树

图 8-1 中，R 表示决策点，称为树根；H_i 表示策略点，$i = 1,2,\cdots,n$；从 R 出发引出的 n 条线称为树枝或决策枝；从策略点 H_i 引出的 m 条线，表示 m 种自然状态，出现第 j 种状态的概率记为 p_j，$j = 1,2,\cdots,m$，称这 m 条线为概率枝；V_{ij} 表示采用第 i 种策略出现第 j 种状态的获利或成本。则可计算各种策略的期望获利或成本，计算公式为

$$E(H_i)=\sum p_j V_{ij} \qquad i=1,2,\cdots,n$$

由期望获利最大的决策准则，得到最优策略是使 $E(H_i)$ 取最大值的 H_{i0}，即

$$\max_{1\leq i\leq n}\{E(H_i)\}=E(H_{i0})$$

若决策准则是期望成本最小，则最优策略是使期望成本达到最小值的 H_{i0}，即

$$\min_{1\leq i\leq n}\{E(H_i)\}=E(H_{i0})$$

具体决策步骤如下。

第一步：收集决策所需的信息。
第二步：列出决策表格。
第三步：根据表中给出的条件，计算出各种策略下的期望值。
第四步：根据决策准则进行决策。

例如，某企业决定开发一种新型电视机，面临着三种选择：液晶电视、背投电视及显像管电视。具体资料见表 8-2。

表 8-2　电视机信息

决策变量＼利润成本＼市场状态	畅销(θ_1) 概率 $P(\theta_1)=0.3$	一般(θ_2) 概率 $P(\theta_2)=0.5$	滞销(θ_3) 概率 $P(\theta_3)=0.2$
液晶电视(H_1)	V_{11} (120)	V_{12} (60)	V_{13} (20)
背投电视(H_2)	V_{21} (70)	V_{22} (50)	V_{23} (30)
显像管电视(H_3)	V_{31} (50)	V_{32} (40)	V_{33} (36)

根据表中给出的决策条件，计算出三种电视的期望收益值。

$$E(H_1)=\sum V_{1j}P(\theta_j)=120\times 0.3+60\times 0.5+20\times 0.2=70 \quad (ij=1,2,3)$$
$$E(H_2)=\sum V_{2j}P(\theta_j)=70\times 0.3+50\times 0.5+30\times 0.2=52 \quad (ij=1,2,3)$$
$$E(H_3)=\sum V_{3j}P(\theta_j)=50\times 0.3+40\times 0.5+36\times 0.2=42.2 \quad (ij=1,2,3)$$

根据决策准则，取获利能力的极大值，故应选择开发液晶电视。

3. 财务分析总表

表 8-3 包括了编制财务总表的设想和指导方针，这是财务总表编写之前的一些基本准备工作，各个企业可根据各自的情况选择不同的方式。事实上，表 8-3 是随着设想和指导方针而变的，它提供利润分配途径、税前收入途径、税后收入、净现值、内部收益

率、记账收益率或资本收益率、投资回收期及其他几种形式。在实际应用中，企业可以根据各自的需要简化表 8-3。这里给出的形式是适合各种情况的，因此，设计思想和指导方针也就显而易见了。

表 8-3　主要设计思想和指导方针

财务总表：建议_____　分析日期：_____　先期分析：_____

(1) 经济状况：_____

(2) 市场分类：_____　　(3) 产品寿命：_____

(4) 价格：_____元　其他贴现：_____

　　推销商贴现：_____　促销：_____　数量：_____

　　工厂净值：_____元

　　每单位产品的平均售价：_____元

(5) 产品成本：_____

　　间接制造成本的合理比率：_____

　　使用特定成本计算过程说明：_____

(6) 未来支出额、其他投资、额外支出：_____

(7) 流动资金占销售额的_____%

(8) 合理的间接成本：

　　公司级占销售额的_____%

　　部门级占销售额的_____%

(9) 计算中的间接收益：_____

(10) 计算中的间接成本(特殊的正当负担、保险费用的增加或设备拆用的早期结算)：_____

(11) 拆用设备销售的净损失占新产品销售额的_____%

(12) 放弃尚未进行市场营销的项目而发生的未来成本或收入：_____

(13) 新的资本或支出性的折减税：_____

(14) 待折旧资产的合理折旧率：_____

(15) 所得税税率：_____%　　注释_____

(16) 合理的资本成本：_____%

　　风险性收益或亏损百分率：_____%

　　期望投资收益率：_____%

(17) 用净现值表示的基本风险曲线：标准型_____

(18) 进行敏感性测试必需的关键要素(销售额、削价额)：_____

(19) 沉没成本：

　　日常支出：_____

　　日常资本投资：_____

续表

(20) 与本方案密切相关的新产品战略的各种因素(如多样化经营、现金风险等)：_____

(21) 基本销售和成本预测：

年	单位销售额	单位产品 直接生产成本	市场营销 费用
___	___	___	___
___	___	___	___
⋮	⋮	⋮	⋮

(22) 其他特殊的设想思想和指导方针：

表 8-3 中各指标解释如下。

(1) 经济状况。企业对经济状况的预测是经常的，新产品开发项目的负责人常常与企业对经济状况的预测结论不一致。

(2) 市场分类。对新产品"市场"的界定应谨慎。

(3) 产品寿命。产品寿命即产品的使用年限，产品使用寿命的长短将在很大程度上影响新产品的财务分析结论。

(4) 价格。确定新产品的价格是为了将销售量转换为销售额。

(5) 产品成本。每个企业对新产品成本的核算各不相同。企业可根据自身特点进行计算，但将直接费用和间接费用分开计算，有利于企业进行增值分析和边际分析。

(6) 未来支出额、其他投资、额外支出。对货币未来的流量进行分析。主要包括：新增机器设备费用、新建厂房的费用、特许权转让、改进和扩大生产线所需要的未来研究开发费用、前期原材料费用、一次性投入的市场营销费用等。

(7) 流动资金。对为维持正常销售所需的现金、存货和应收货款的估计。

(8) 合理的间接成本。各企业可根据自己的标准划分新产品开发的直接和间接费用。

(9) 计算中的间接收益。有关新产品间接收益的计算并没有标准的模式。大多数企业的做法是在计算过程中忽略间接收益和间接成本，而在注释中说明。另一类做法是采用一些数目很大而且是易于度量的特定收益和成本，忽略其他不易量化的间接收益和成本。

(10) 计算中的间接成本。与间接收益的计算一样，间接成本也没有标准的模式。在计算的过程中通常忽视间接成本，或是忽略不易量化的间接成本而直接采用数目大且易于度量的特定成本。

(11) 拆用设备销售净损失。新产品的生产或多或少都会影响到企业的现有生产设备的利用。有些全新产品甚至会全部购置新设备。现有设备如因新产品而提前退出使用，那么该损失应计算到新产品的开发成本中去。

(12) 项目放弃的未来成本和收入。新产品的开发过程也是不断筛选、测试新产品，进而不断淘汰开发产品的过程。也许是在构思筛选阶段，也许是新产品概念测试阶段，或者是试销阶段都有可能淘汰开发中的新产品。淘汰一种开发中的新产品，并不意味着这一过程的结束。因为到放弃这个项目为止，项目已有的投入已到一定的程度，对这些投入进行处置将产生一定的收入,在某种意义上,这类收入将成为未来的成本。而放弃项目的成本将会成为未来的收入。有些企业倾向于把项目放弃获得的经验和机能作为未来收入的一部分,但应该扣除早期投入中已资本化的部分。

(13) 新的资本或支出性的折减税额。公益类的新产品有时能得到国家减免税收等优惠政策。

(14) 待折旧资产的合理的折旧率。对每个新产品开发项目确定合理的折旧率。

(15) 所得税税率。通常由政府制订。

(16) 期望投资收益率。新产品开发的风险性,使得企业在评价新产品项目时,十分关注投资收益率。每个企业都有自己的期望投资收益率标准,在企业的"平均风险"活动中,期望投资收益率与企业的资本成本相一致。而具体到每一项目的期望投资收益率,会随着项目风险的大小而变化。新产品的风险越大,企业的期望投资收益率相应越高。如果评价的新产品预计赢利能力小于期望投资风险率,则该项目必须放弃。在评价新产品的赢利能力是否符合企业发展要求时,许多企业会将资本成本指数提高,即以较高的期望投资风险率来评价新产品的收益能力。

(17) 总体风险曲线。即利用风险曲线图对风险进行分析。典型的风险曲线是一种正态分布图。

(18) 灵敏度测试的基本原理。灵敏度测试有正式和非正式两种形式。正式的灵敏度测试需根据列举工作中遇到的特殊情况和各种偶然因素等进行。如分析偶然性因素价格变化对净现值的影响。灵敏度测试是最昂贵、技术性最强的分析方法之一。因此,新产品开发人员有时会忽略这个问题。

(19) 沉没成本。沉没成本是由于那些过去的决策所引起并已经支付过款项而发生的成本,也称历史成本或旁置成本。例如,一条生产线的投入为 600 万元,折旧回收 200 万元后被淘汰,则 400 万元为沉没成本。新产品开发中的沉没成本会随着开发过程的不断进行而增加,该指标是新产品财务分析必须核算的。

(20) 战略要素。任何一个企业的新产品战略,在他们的产品创新大纲中都有所体现,包括一定种类的产品及特定的过程。

有了表 8-3 中所需的全部数据,完成表 8-4 及经济分析就易如反掌了。各种假设确立之后,就可以帮助人员决定在经济总表中如何使用各种参数。例如,如果人们对产品成本这个参数有异议,可以马上考察可变成本与间接支出之间的差别。如果在对合理的间接费用率的认识上存在差异,可以用替换数据作重复计算加以解决。经验似乎表明,在确定假设内容时产生争议总比出现计算完利润和收益后产生争议要好。

表 8-4 财务总表

产品:_____   建议:_____   分析日期:_____

	第 0 年	第 1 年	第 2 年	第 3 年	第 4 年	第 5 年
(1) 单位销售额						
(2) 销售额						
(3) 产品成本						
(4) 直接成本						
(5) 间接成本						

续表

	第0年	第1年	第2年	第3年	第4年	第5年
(6) 商品销售的总成本						
(7) 总利润						
(8) 直接销售成本						
(9) 利润分配						
(10) 包含研究开发费用的间接费用						
(11) 部门级费用						
(12) 公司级费用						
(13) 总间接费用						
(14) 其他支出或收入						
(15) 折旧金额						
(16) 间接收益						
(17) 间接成本						
(18) 设备拆用的损失金额						
(19) 研究、开发费用						
(20) 特殊费用						
(21) 放弃方案费用						
(22) 残值						
(23) 沉入成本(非强制性的)						
(24) 合计						
(25) 间接成本和费用总额						
(26) 税前收入						
(27) 税务影响						
(28) 所得税						
(29) 折减税额						
(30) 总税务影响						
(31) 税后收入						
(32) 现金流转						
(33) 税后收入						
(34) 折旧						
(35) 生产设备						
(36) 流动资本:库存						
(37) 流动资本:应收项目						
(38) 净现金流量						

续表

	第0年	第1年	第2年	第3年	第4年	第5年
(39) 现金流量折现						
(40) 净现值：(美元)						
(41) 内部投资收益率：＿＿＿						
(42) 记账投资收益率：＿＿＿						
(43) 投资回收期(年)						

如表8-4的财务总表是工业界采用的简单评价方式之一。它比较完整地包括了所有的可行过程和流行的财务分析模式。企业在实践中还可以简化。可以对5~10年的活动进行分析，为资本预算提供贴现现金流量的计算方法。但在不需贴现时，可以删除"第0年"那一列。

上述财务总表的分析方法偶尔也会遇到问题，具体如下。

(1) 单位销售额应包括在财务总表中，用来计算价格变动的影响。

(2) "直接"市场营销成本一般有很多种说法，只有公司才能决定这个参数。在实际工作中，应固定市场成本的上限。如有困难，可以通过选择计算做灵敏度测试。

(3) 关于间接费用的问题存在明显的争议，但一个相关的任务需要将公司级的情况与部门级分开处理，包括间接费用的逻辑也同样适应于部门层。因此，如果公司间接费的分摊使新产品的收益低于最小投资收益率，则应当放弃此项目。

(4) 当计算其他支出和收入时，弄清楚它们的含义是很重要的。在特定情况下，成本带来了收入，甚至相反。

(5) 处理现金流量时，可能出现异常，除非工作人员熟悉标准理财分析程序。折旧应算入现金流量中去，因为这是保护收入的一种方法。企业仍拥有那些早些时候被当作支出而扣除的现金。"产品设备"是先进用途中的一个，它是有关新产品生产能力的资本成本。这项成本并不计入支出项。流动资金也随着产品寿命的终止而逐渐返回到管理中，对现金的需求减少，产品绝大多数售出，应收款项也兑换成现金(希望如此)。

(6) 超过五年期的现金流量，在这段时间里，并非全部可用，即非所有的现金流量都充分发挥了其功效。这些现金流量必须用要求的投资收益率来扣除。当扣除后的现金流量减到零，那么企业将一无所获。这些计算过程是标准财务分析的一部分，包括确定内部投资收益率，各种记账投资收益率及回收期等。

如果净现值为正值，且其他投资收益率高于公司的最小投资收益率，投资回收期符合要求，产品就应做好进一步开发的准备。

使用这些手段是为了减少新产品开发的大多数失误。应该从每一个失败的新产品中吸取教训，开发费用过高的新产品不应继续进行，这是不言而喻的，所以，这个评价系统的主要用途是鉴定风险性及其潜在的影响。这个系统具有诊断能力及指引能力，是新产品开发进程中的能动部分。

4. 定量分析的缺点

定量分析存在以下不足。

(1) 它仅关注可测量。定量方法强调并依赖于可测量,而很多影响产品开发项目的关键变量很难准确测量。

(2) 它依赖于假设和数据的正确性。产品开发组很可能被看起来很精确的计算结果所迷惑,因而产生一种安全感。然而这样的"准确"也并不意味着绝对准确。

8.2.3 定性分析

1. 定性分析的意义

新产品决策一般会对公司、竞争者及消费者,有些甚至对市场运行所依赖的宏观经济环境有重要影响。而且,开发决策外的事件和行为经常对它的价值有重大影响。定性分析主要关注这些相互作用。进行新产品的定性分析,不仅是单一财务分析的重要补充,而且能够使企业了解和把握产品项目与公司、市场及宏观经济环境之间的相互关系。

2. 定性分析的内容

通常,定性分析包括以下三个方面。

(1) 分析新产品开发项目与整个公司的相互作用。新产品开发项目与公司间的两个主要的相互作用是外溢和战略适应。

① 外溢:外溢是公司一个部门的行为对另一部门所产生的不可定价的成本或收益影响,成本是负的外溢,收益是正的外溢。例如,现在很多制造企业投资房地产,初期投资房地产的支出可能需要原来的制造部门承担。财务上看,制造部门蒙受了负的外溢(损失),但是长远看,投资房地产对于该企业可能会是成功的第一步。

② 战略适应:新产品开发决策不仅必须对项目有利,而且还必须要与公司的技术和竞争战略保持一致。例如,建议中的新产品、技术或性能与公司的资源和目标适应情况如何?它与公司强调的技术优势相一致吗?它与公司强调的独一无二性相一致吗?

由于外溢和战略适应的复杂性和不确定性,很难将其量化。但这并不意味着对这些问题不予考虑,反而必须对其进行定性考虑。

(2) 分析新产品开发项目与产品未来市场间的相互作用。

① 竞争者集团:竞争者可能提供直接竞争产品或提供替代品进行竞争。

② 顾客集团:顾客的预期、收入或期望可能会变化,这些变化可能是独立的,或为互补品或替代品市场的新情况所驱使。

③ 供应商集团:为新产品提供输入的供应商受他们自身市场竞争的压力,这些压力可能间接通过价值链影响新产品。

这些集团间的作用与反作用经常影响预期价格和销售量,但是它们同样可能有第二层的效应。例如,A 企业有这样的一个竞争者,它的产品开发周期短且似乎以长期占领市场份额而不是以短期赢利为目的,很明显这样的一个新竞争者的加入会改变 A 企业的预期价格和销量。进一步,作为回应,A 企业可能会加大其开发力度。这样,竞争者的行为就会影响到 A 企业的销量预测甚至开发日程表。

(3) 分析新产品开发项目与宏观环境的相互作用。

① 主要经济变化:主要是汇率的变化或输入品价格的变化。

② 政府规章:新的规章可能会毁掉一个产品开发机会。另一方面,一个行业规章

结构的改变可能也会酝酿出全新的行业。

③ 社会趋势：同政府规章并行的新的社会关注，如强化的环保意识，会毁掉已存在的行业或创造新行业。

这里要注意，因为宏观因素效果的复杂性和不确定性，很难用量化模型来表达。所以，最适合的定性分析法是简单地考虑和讨论新产品项目与公司、市场及宏观环境间的相互作用。

本章小结

新产品的市场机会是指潜在消费者心中未实现的需求。

进行市场机会预测时，评价新产品的价值可参考四个维度：相对优势、风险、协调性和与现有产品的相似性。新产品市场机会的预测可用市场潜力和市场渗透力这两个指标来描述。

对企业的新产品进行销售预测是企业以其选定的营销计划和假设的营销环境为基础所预测的企业销售水平。良好的新产品销售预测要考虑四大主要变量：潜在消费者的行为、竞争者的行动、环境的影响、企业的新产品战略。新产品销售预测的两个主要指标是：新产品首次购买量和重复购买量。

新产品的经济分析包括定量分析和定性分析。定量分析是指财务分析，主要是研究分析新产品开发的投入与产出的关系。新产品的开发成本、获利能力、投资回报率、回收期、资金的时间价值等是企业在新产品开发中关注的重点。

现金流量表、损益平衡分析、决策树都是有益的分析工具。财务总表对新产品的财务可做更全面的分析。之后，进行新产品的定性分析能够弥补定量分析的缺陷。

思考题

(1) 解释下列概念：市场机会、市场潜力、销售潜力及市场渗透力。
(2) 新产品市场潜力预测的方法有哪些？
(3) 如何进行新产品市场渗透力预测？
(4) 如何对新产品的销售潜力进行预测？
(5) 进行新产品财务分析的方法有哪些？
(6) 新产品的经济分析中，定量分析和定性分析的关系是什么？

案例研讨

蓝月亮新产品新渠道失利 逃离商超渠道系伪命题？

蓝月亮的销售渠道博弈最终还是输了。在与家乐福、大润发等超市决裂两年多后，蓝月亮重启大卖场回归之路，已为北京家乐福超市多店招兵买马。

当初，双方合作破裂是由于商超渠道各类费用过高吞噬掉大部分利润，如今回归，作为行业龙头的蓝月亮或许有很多无可奈何。从商超转向自建"月亮小屋"，发展不利又再度回归，蓝月亮看似兜了圈子，但反映出洗涤企业在渠道探索上的诸多难处。

1.重启商超渠道

两年多前还与家乐福爆发了严重的渠道危机，两年多后蓝月亮为重返家乐福积极筹备着。为了重点推销蓝月亮的主力洗衣液产品"机洗至尊"，蓝月亮正在各大商超渠道广泛招募销售专员、搬货员等。

蓝月亮重启了洗涤行业在商超渠道惯用的地推模式。被业内广泛认为已经积重难返的商超渠道中，大型卖场向品牌商索要进场费、陈列费、扣点费、DM（快讯商品广告）费、促销费等费用，加总起来，能占到洗衣液售价的30%~35%。过高的运营成本被认为是洗涤品牌发展的阻碍。

作为洗涤液龙头品牌，在与家乐福、大润发等谈判中，蓝月亮手中并无高筹码。与超市爆发矛盾后，蓝月亮产品很快遭到促销、下架，取而代之的是立白、绿伞等一众竞品的上位。

在降低连锁超市的销售比例后，蓝月亮试图通过自建"月亮小屋"进社区的模式，打一场翻身仗。不过，经过一段时间的探索，蓝月亮自建渠道并不顺利。目前，北京仅有4家"月亮小屋"的社区专营店，除已经迁址的望京店，其他3家分别在顺义区、密云区和昌平区等非核心区域。对于"月亮小屋"下一步将走向何方，蓝月亮在近年也一直没有发布详细的战略规划。

3个月前，蓝月亮就已经为回归超市行动起来，家乐福慈云寺店、双井店率先招聘了搬货员。此次招聘以促销人员为主，不仅有家乐福，还包含物美、美廉美、京客隆等超市，人员上岗后主要推销蓝月亮"机洗至尊"产品。

与同类产品相比，仅以套装形式出售的"机洗至尊"产品价格相对略高，天猫旗舰店上"机洗至尊"产品套装现价99元，而立白洗衣液全效馨香6袋+1瓶家庭装的套装价格是49.9元。

2.新产品新渠道失利

在与家乐福等一众超市叫板渠道问题时，2015年9月，蓝月亮推出"机洗至尊"洗衣液。这款产品是蓝月亮产品升级的重大突破。蓝月亮董事会主席潘东当时表示，从普通型15%~20%活性物含量的洗衣液到45%以上高活性物含量的符合"浓缩+"标准的洗衣液，需要突破技术难关，使用与普通型产品不同的原料和不同的配方技术。在从普通洗衣液产品向浓缩洗衣液产品迈进的过程中，还需要为消费者提供能准确计量的包装。

但就是这款主打浓缩、产品自重轻、具有易于操作等性能，"一盒机洗至尊套装耐用232天，相当于国家标准洗衣液22斤的耐用量"的产品并未能打开市场。蓝月亮退出超市后，试图通过产品端创新来补足渠道上的失利，但自建渠道郁郁不得志，这款发布近两年的新品还未博得市场的广泛关注。蓝月亮作为最早通过洗衣液产品占据洗涤市场的本土企业，"浓缩型洗衣液产品"本应是其在未来一段时期吸引消费者的重点。

按照蓝月亮此前表态，"月亮小屋"已经在北京、上海、广州等城市落地。从目前来看，蓝月亮自建门店寥寥，多数位于城市偏远地段。蓝月亮的渠道变革已基本宣告失败。对于"月亮小屋"选址问题，日化行业专家、赛恩资本合伙人夏天表示，"月亮小屋"社区专营店与线上微信平台"月亮小屋"捆绑。线上"月亮小屋"本质上和微商差别不大。"微商销售模式受众群体不在一二线城市，而是集中在二三线甚至三四线城市，这些区域的消费者比较喜欢通过微商平台购买产品。月亮小屋提供的洗衣服务等内容比较贴近一线城市消费者需求，这也要求'月亮小屋'选址既不能太偏远，又不能脱离核心城区。"

为补齐渠道上的空缺，蓝月亮先后尝试了 O2O、直销、微商等多种新模式，也成了对于传统渠道依赖严重的洗涤行业里第一个吃螃蟹的人。对于渠道的未来规划，蓝月亮相关负责人在接受《北京商报》记者采访时表示，蓝月亮将继续重视全渠道的发展，不断尝试优化配置，以更多元的渠道服务消费者。

3.逃离超市伪命题

蓝月亮在渠道上的变革获得了业内的好评，但探索过程中的失利也引发了众多思考，其中最核心的一点是：既然商超卖场已经不能长久为品牌提供外在动力，那么面对这一逃不出的"怪圈"，品牌除了在产品上持续创新抓牢消费者，渠道变革是否已经成为"伪命题"？

对于渠道转型，专家认为，传统渠道作为洗涤行业进行产品展示的"门面"，考虑到现在的行业经济发展现状，大多数企业对于传统的 KA（重要客户）卖场的依赖性依然较高，这一渠道短期内无法逃离。

电商依然是品牌未来渠道发展重点。"电商已经从过去的展示品牌的平台，转变为关键的销售渠道。电商物流从一线城市向二三线城市以及四线、乡镇不断迈进，产品也更容易下沉。"除了电商之外，微商在近年已摆脱早期发展的乱象，进入较为规整的发展轨道，对于企业也是可以抢占的风口。

外部政策变化将对企业未来发展提供指导方向，部分超市违规收费已经处于失控状态，乱收费推高了物价，甚至埋下了安全隐患。"乱收费使正规商家交不起进店费和超市罚款而打算逃离超市，这给了非正规厂家、假货大举进入超市的机会。"

未来，政府相关部门与行业协会应联手全面调查超市的乱收费、乱扣款、乱罚款等乱象，并采取高压监管方式，北京超市供应企业协会也将全力配合。这将为蓝月亮等洗涤品牌与商超渠道合作带来一些思考。

（资料来源：《蓝月亮新产品新渠道失利，逃离商超渠道系伪命题?》，销售与市场 第一营销网，2017 年）

案例思考题

1. 如何评价蓝月亮的超渠道策略？
2. 请结合本章介绍的定量分析和定性分析方法来模拟蓝月亮的案例。

第 9 章 新产品试销

📝 **本章阐述的主要内容**

(1) 新产品试销的方法；
(2) 新产品试销的技术；
(3) 新产品试销的数据分析模型。

> **引　例**
>
> **市场测试的选择**
>
> 并非所有的公司都会进行市场测试。露华浓(Revlon)公司的高级职员称："因为在我们的领域内，主要是不采用大规模分销的高价化妆品，所以我们不需要进行市场测试。当我们在开发一款新产品时，比如说一款改良的液体化妆品时，因为我们熟悉这个领域，我们知道它会畅销。况且我们还有 1500 名示范者在商场里可以对它进行推广。"
>
> 但高投资-高风险的产品通常失败的可能性较高，这类产品必须进行市场测试，测试花费的成本将在整个项目中占微不足道的比例。因此，许多公司相信市场测试的价值，因为如果市场测试正确，公司可以获得购买者、经销商、营销计划有效性和市场潜在需求量有关的重要信息。主要问题在于，应该进行多少次市场测试和进行哪种市场测试。
>
> （资料来源：菲利普·科特勒，凯文·莱恩·凯勒，《营销管理》（第 15 版））

9.1 新产品试销的意义

9.1.1 试销的作用

新产品市场试销是新产品正式上市前所做的最后一次测试，其主要目的是降低新产品大范围(如全国)投放失败的风险。正如"百闻不如一见"，尽管从新产品构思到新产品实体开发的每一个阶段，企业开发部门都对新产品进行了相应的评估、判断和预测，但这种评价和预测在很大程度上带有新产品开发人员的主观色彩。最终投放到市场上的新产品能否得到目标市场消费者的青睐，企业对此没有把握，通过市场试销将新产品投放到有代表性的目标市场进行测试，企业才能真正了解该新产品的市场前景。

市场试销是对新产品的全面检验，不仅能降低新产品的风险，还能指出提高利润的途径，为新产品的改进和市场营销战略的完善提供启示。例如，某企业对一种能掩饰疤痕的化妆品进行试销，结果发现许多妇女用来掩饰脸上的雀斑，由此扩大了该新产品的市场范围。成功的市场试销能够让营销人员看到改进广告脚本、促销、人员推销和价格的方式，同时还让企业的生产设备和渠道关系经历第一次考验，让企业的销售人员积累新产品的销售经验。有许多新产品是通过试销改进后才取得成功的。

9.1.2　试销的缺陷

(1) 增加企业成本。例如，脑白金试销时选用了胶囊包装，但是后来发现消费者更喜欢口服液的样式，于是改变包装继续试销。这样的改变自然会带来来自设备、物资、管理等方面的费用，增加了企业成本。但是从长远看，成功的试销却会降低企业营销的成本。

(2) 新产品试销要花费大量时间，通常在一年以上。土豪金茅台试销的一个月，一直处于缺货状态。但这并不代表普遍情况。试销占用的时间有时相当长，可达半年至一年之久。另外，值得我们注意的是，现在的市场情况瞬息万变，一年时间对于一个企业来说，将带来巨大的机会成本。所以试销的时候要关注竞争者的动向。

(3) 试销结果也不可尽信。一方面，试销成功并不一定意味着市场销售就一定成功，原因在于消费者偏好的易变性、竞争者的加入及其他环境因素的变化都会影响新产品的销售。另一方面，市场试销若受到竞争品牌的干扰，则测试结果可能失真。

9.2　新产品试销方法

9.2.1　是否需要试销

并非所有的新产品都要经过试销，因为新产品经理还须考虑到时间安排、公司的财务状况、高层管理者的态度、渠道的相对优势和很多其他因素。新产品风险的大小及人们对新产品市场的了解和熟悉程度是决定新产品是否试销的关键。

1. 需要试销的新产品

(1) 全新的新产品。由于企业缺乏有关全新产品的消费者、市场方面的信息，也没有价格、销售渠道、促销等方面的经验，因此，对全新的新产品进行试销是必要的。

(2) 高投入的新产品。高投入新产品的市场风险很大，直接上市若失败了，其损失是巨大的。试销是减少该类新产品失败风险的有效手段。用相对较小的投入(试销)来确保高昂研发费用的物有所值(上市成功)，这无疑是一个明智之举。

总之，新产品的创新程度越高，越需要试销。当然，某些新产品采用跟以往完全不同的包装、分销渠道、销售方法等手段，以及某些改良新产品进行试销也是很有必要的，这些具体要参照公司的市场战略战术。

2. 无须试销的新产品

(1) 时效性极强的新产品。时效性极强的新产品在时间上不允许试销，一旦试销就会拖延商机。最好的例子就是新款时装，要紧跟潮流。

(2) 模仿型新产品。因为是模仿别人的产品，所以一定程度上类似于时效性新产品，关键就是要快速上市。

(3) 投入不大的新产品。因为开发费用甚至低于试销的费用，且失败对企业影响很小。此时企业应该将有限的内部资源用于其他更为重要的领域。

9.2.2 试销市场的选择

选择有代表性的试销市场是保证试销有效性的前提。下面以标准的市场测试为例来说明试销市场的选择。标准的市场测试是在两到三个有代表性的城市模拟全国市场投放的情况，这些城市要具有典型的人口统计学概况和中等规模。PAUL E.GREEN 等人(1967)最先给出了城市评估的量表，通过量表评分可以描述出各个城市的市场特性。量表包括的 14 项指标为人口数量、居住户数、零售额(针对零售产品)、有效购买收入、平均年龄、男性人口比例、非白种人比例、25 岁以上人口接受教育的年限、闲散劳动力比例、零售商数目、批发商数目、报纸发行量、电视覆盖率。马德哈伏 N. 西格尔和 J.S. 约哈在《关于提高试销决策的效力》一文中采用这个量表并结合集合分析统计了美国 94 个城市的数据，将其划分为 4 个集合。他们提到，市场营销人员根据市场特性将各城市进行分类，然后根据他们的市场推广/市场渗透目标选择某个类别城市作为市场测试的对象。这不仅决定了匹配市场的选择，还准许市场营销人员针对每个市场组合制订特殊的市场测试战略。

试销要尽量真实，这就要求所选择的试销市场应在消费者特征、市场特征、广告、分销、竞争等方面接近新产品最终要进入的目标市场。一般认为，选择在各方面都居于中间水平的城市或区域进行试销较为恰当。各企业选择试销城市的标准不尽相同，可供选择的标准是：具有多种行业，媒体覆盖面广，合作连锁店多，竞争程度中等，没有过度测试的迹象。城市规模较大时，市场测试的成本也较高。另外，试销市场的选择还包括确定试销市场的规模。试销规模的大小是通过确定零售商或批发商的数量多少来决定的。试销所选择的商店数需对整体市场具有代表性。

9.2.3 试销评估的数据指标

(1) 试用率。试用率是指在试销过程中，消费者样本中试用(至少曾试用过一次)该新产品的人数占总样本数的百分比。试用率越高，则说明新产品促销及渠道等策略是有效的，越可能预示着新产品在包装、促销、渠道选择上的成功。

(2) 重复购买率。重复购买率是指在试销过程中，重复购买该新产品(至少曾购买过两次)的人数占试用该新产品人数的百分比。通常，重复购买率高，则说明消费者对新产品是认可的。

(3) 购买频率。购买频率是指消费者购买一次新产品的平均周期。据此，企业可以预测全国销量、估计新产品的投入和产出。

9.2.4 消费品试销技术

1. 态度调查

态度调查是指向潜在用户给出产品的类型及其用途这类信息，从而获得对整个市场的看法，接着进行产品定位，并从目标市场中挑选出要测试的因素。在调查中，要向用户展现实际产品、包装、产品价格及维修服务等具体事务，并回答用户提出的所有问题。如果用户提出的不是概念性的而是完全超前定位的购买问题，那么就得利用各种手段尽可能地回答这些问题。调查员要尽可能多地记录用户反映的信息，因为往往当时忽略的信息可能将来就会为企业带来极大的效益。

补充阅读　星巴克如何测试新饮品

尽管市场测试能够带来很多好处，但是现在的许多公司仍然选择跳过这一步，转而采用更经济和快捷的测试法。

继创造出爆款独角兽星冰乐后，星巴克又在测试秘密菜单，挑选下一款能够引爆社交网络的饮品。星巴克在 Instagram 上传了几张新品的照片，引起热烈讨论。这款粉红饮料由柠檬水、椰奶和冰红茶组成，夏天的气息扑面而来。新品迅速在 Instagram 上流行起来，圈了不少粉丝，曾被誉为星巴克"秘密菜单"，今年4月正式成为美国星巴克的常驻菜单。星巴克发言人表示，公司不会分享任何有关新品的细节，一切处于保密状态。

星巴克通过这种方式了解消费者对新产品的态度，对新产品各种特点和价格的反应如何，有多少人表达了购买意愿等。

（资料来源：Evelyn 杜，《星巴克又在测试引爆社交网络的饮品了》，36氪，2017（05））

2. 销售波测试

采用销售波技术试销的基本过程是：首先免费将新产品提供给消费者使用，然后再以低价提供新产品或竞争者的产品给消费者，如此重复3~5次，在该过程中还可加入一些有关新产品的广告概念，企业对此过程进行严密监控，观察消费者在有竞争者产品和广告影响的前提下重复使用本企业新产品的情况，并分析不重复使用新产品的消费者是基于什么原因。销售波试销技术主要用于对新产品使用的测试，不能有效地说明不同的促销活动对新产品使用率的影响。

这种测试工作中产品发送有时是由人员来完成，但通常是通过邮寄或电话通知来完成。这种销售波动不具有实验室试验那样的完备性和控制性，但它还是超越了只对基本购买动机进行研究的范畴。如果企业认为购买者不会再有其他的实际购买行动，那么就得对测试费用、测试时间、抽样及受试者的代表性等问题做详尽的研究并加以解决。

3. 实验室试销

实验室试销也称模拟测试，是指在类似实验室的环境中模拟全面的试销活动。在实验室试销中，首先选择某一商场或购物中心，随机选取在商场中 30~40 名顾客，引导他们来到测试设施前,在这里他们会看到新产品的广告或者一种产品观念的描述,且通过某种途径将广告展示在电视屏幕上,让顾客以为他们是在那里观看一种演示。接下来,将顾客引入一个简易的商店,并向每位被试者提供一定的现金,让他们去自由购买。当然,新产品和其他许多典型商品一起摆放在这个模拟商店中。这时,就可以观察到消费者购买新产品和竞争者产品的情况。之后把消费者召集起来,询问他们对新产品的反应(填表或访谈)。受试者离开前,送给那些没有购买测试新产品的受试者一个样品。几个星期后,再登门拜访或电话询问受试者对新产品的使用情况、满意程度和重复购买的可能性,同时企业为他们购买任何本企业产品提供方便。

实验室试销有其显著的优点。

第一,模拟的购物行为给促销广告和产品包装的有效性提供了一个测量途径。

第二,获得新产品试用率、重复购买率、顾客偏好等数据,利用测试的数据可进行新产品的销售预测,并根据诊断信息提高新产品的利润。

第三,通过在不同模拟商店采用不同的价格和促销方式,可以测试不同的营销组合的效果。

第四,实验室试销的准确度是很高的。最先采用实验室试销的是美国杨·斯·怀(YS&W)公司,他们利用实验室试销对其 200 多种新产品进行了预测,每一新产品的测试都选择 300 个以上的受试者,预测成功概率为 92%。

但实验室试销的不足也是明显的。其费用虽远远小于市场测试,但其成本仍然非常可观,因此也遭到一些人的批评。并且它需要配合销售波动的使用,否则重复购买只能建立在"购买动机"的基础上,而顾客使用率也只是一个假想的数。综合模拟系统(COMP simulation system)的发明者罗伯特·拉维奇指出了使用实验室试销可能出现的 7 种错误:

① 错误地确定目标对象;
② 利用受试者对新产品的态度来决定新产品的命运;
③ 过高估计销售可达到的水平;
④ 测量超出其准确范围的销售量;
⑤ 在产品开发周期的早期就使用这些模型;
⑥ 在测试开始时没有确定测试目标;
⑦ 依赖在测试中心受试者的购买情况来进行评价。

4. 控制测试

控制测试是比销售波动测试和实验室试销更加真实的一种试销方法,目前得到广泛应用的控制测试包括强制分销测试、模拟市场测试及微型市场测试,这些方法都涉及了真正的购买行为。控制测试要求顾客在"控制市场"中按正常价格购买他们所要的真实产品。但是无论哪一种控制销售,都是在排除了某些"现实市场"因素的情况下进行的,比如"控制市场"的强制分销、销售环境的零竞争情况等。

控制测试的方法大致有三种,具体如下。

(1) 使用商品目录。这个目录可以是已有的商品目录,也可以是针对测试目的而设立的特殊目录。促销活动虽然受产品目录的限制,但它仍是一种销售测试活动。为获得诸如产品何时使用、怎样使用和用户对产品的喜爱程度之类的诊断信息,测试人员可能需要和客户进行面对面的交谈。

(2) 采用售货车。售货车实质上是一家装有各种主要商标产品的流动商店，它类似使用邮寄产品目录的广告宣传方法，每周都进行送货上门的服务。此方法的另一种变形就是推销人员定期去拜访用户，通过一些样品和产品目录进行推销活动。这也是一种新产品在完全受控的情况下进行宣传和销售的方法。通过这种方法可以了解市场份额、重复购买及用户对这种产品的态度等情况。

(3) 将控制测试应用到真实的商店中。企业会把实验产品交给一些零售商，有时还辅以产品展销来了解产品的销售情况。或者，采用一组商店来开展这种工作，这些商店由与它们有直接联系并为之服务的市场研究机构来进行统一的管理。这些商店通常是分散在几个城市，有时也可以在同一城市。

控制测试的一大优势是，运用了真正的消费者购买行为，而非虚拟的测试。这样，测试中收集购买和重复购买及消费者对产品态度方面的数据的可靠性就会提高，并且能较客观地估计新产品的销售量，测试各种促销活动及广告对消费者购买行为的影响。同时，它还不受企业原有销售模式的影响。但剑有双刃，优势的另一面就是缺陷，即把新产品暴露在了竞争者的面前。

5. 市场测试

新产品的市场测试(也称为模拟全国市场)是在一个假定具有代表性的市场中进行销售演练，其目的是想做出更加精确的预测并找出提高利润的方法。企业的市场测试计划包括以下方面：选择有代表性的市场，确定测试的时限，收集信息，对试销结果决策。关于市场的选择我们在前面已经有详细的介绍，在此主要介绍后三个方面。

(1) 试销时限。市场测试的期限主要依据产品的重购期，从几个月到几年不等。但是如果竞争者都在涌入市场，就必须缩短测试期限。

(2) 试销过程。测试时把计划的全国广告和促销量按比例缩减后投放到测试城市，同时也把新产品摆放到商店的货架上。销售队伍的规模则根据每一层次经销商需要拜访的次数来决定。该地的广告费是按照公司在全国的人均广告费乘以测试城市的人口数得出的。

(3) 试销结果与企业决策。正统的方法强调预测新产品的全国销量。衡量消费品最常用的指标是商店的销量和市场份额，这些数据可以从统计零售店销量的公司得到。例如，信息资源公司和 A.C.Nielsen 公司都根据收款台的扫描数据统计零售店的销量。如果产品的分销渠道不长或者渠道存货量可以预测，那么也可以把工厂的发货数据作为另一个信息来源。

在测试开始9到12个月后，观察新产品在测试市场的市场份额，并把它换算成全国份额。这种方法的优点是比较简单，分析的成本也不高。缺点是测试市场会发生一些意想不到的事情，影响预测的准确性，另外由于缺乏诊断性的信息会错过许多机会。在后面我们还会介绍一些更复杂的分析方法。

另外，企业可根据信息的价值和成本来确定收集哪些信息。除上面提到的产品销售量之外，还可包括：新产品的市场占有率、试用率、重购率，不同类型消费者的购买频率，消费者对新产品的不同价格的反应，广告和各种促销活动对消费者行为的影响，消费者对产品及服务的反应等。

根据试销的信息，可对新产品是否上市做出以下决策(参见图9-1)。

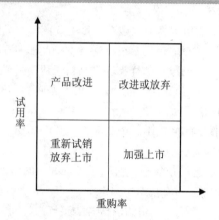

图 9-1　试用率与重购率同上市决策的关系

(1) 如果试用率和重购率都高，这表明消费者对新产品满意，可将新产品投放市场。

(2) 如果试用率高而重购率低，说明新产品概念受欢迎，产品实体还需改进，或放弃该产品设计。

(3) 如果试用率低而重购率高，说明新产品是令人满意的，应加强对新产品的宣传和促销活动。

(4) 如果试用率和重购率都低，则可考虑重新试销，重新试销的结果依然不理想则可考虑放弃上市。

在实际的新产品开发中，决定其上市还是舍弃是一个十分艰难的抉择，须谨慎行事。有时不可过分依赖试销结果，须对试销结果进行全面、深入的分析，以免误舍。

从市场测试中得到的信息对未来的销售量预测的准确度相对要高，可测试不同的营销计划对新产品商业化的可行性，从消费者的角度感受新产品缺陷等。市场测试的缺点也是显著的：时间长、测试费用大，将新产品暴露在竞争对手面前，给竞争者可乘之机。有时富于进攻性的竞争者会采取措施扰乱测试市场，使测试结果不可靠。

9.2.5　工业品试销技术

与消费品相比，工业品的新产品测试有其特殊性(如制造成本太高，缺少工业品测试系统等)，消费品的市场试销方法一般不适用于工业品，新工业品的市场测试必须采用适合其产品和客户特点的方法来进行。

1. 产品使用测试

工业品用户对产品的选择更注重产品的性能、可靠性。要让客户相信新产品的实际功效，最好的办法是让客户使用产品。具体方法是销售人员去拜访一些用户，向他们接受本厂的新产品，并且拿出少量产品让他们试用，接着向这些用户征求订货。有些工业企业甚至要求其技术合作开发者拿出部分资金来开展这种工作，从而作为他们合伙诚意的检验。如我国一家机床公司将出口到加拿大的某种新机床，首先请用户试用，然后公司根据用户的建议和要求对新机床进行改进，使用户很快接受了该新产品。当然，这是一种有具体目标客户的试用。

2. 贸易展销会

在工业品的贸易展销会上介绍新产品，可观察到大量的客户对新产品的兴趣，还可进一步了解客户对新产品特点、价格等的反应。

参加展销会是企业最重要的营销方式之一，众多商家云集，这正是企业开辟新市场的首选方式。通过参加展览会，人们可以迅速全面地了解市场行情。许多工商企业正是借助展览会这个渠道，向国内外客户试销新产品、推出新品牌，同时通过与世界各地买家的接触，了解谁是真正的客户，行业的发展趋势如何，最终达到推销产品、占领市场的目的。

美国贸易展览局近期的一份调查显示：制造业、通信业和批发业中，2/3 以上的企业经常参加展览会；金融、保险等服务性行业虽然只能展示资料和图片，但依然有 1/3 以上的公司将展览会视作主要的营销手段。以 2018 年中国（沈阳）国际汽车博览会为例，博览会组委会的统计显示，车展首日观展人数达到 5.6 万人，成交车辆突破 2307 台，交易金额达 3 亿元，再度续写"东北最能卖车的车展"的不朽神话。

由于展销会上各商家同台竞技，使竞争者也获得了新产品的信息，这也是展销会方式的缺点。但是，当企业有充分的把握快速推出新产品时，竞争者的威胁会随之减弱。

9.2.6 试销过程控制

试销过程中，必须控制好成本、时间、促销效果及信息等因素。

(1) 试销成本控制。试销成本必须控制在公司能够承受的限度内，特别是应该控制在决策层的心理底线内，如此才可能在试销遇到障碍和挫折的时候继续获得公司决策层的支持。

(2) 试销时间控制。时间的控制不仅关系到试销的成本，还关系到新产品上市的成败。时间过长往往要耗费大量的人力、财力、物力，增加了试销的成本，对整个试销不利，还容易引起竞争者的注意，使得竞争者有足够的时间采取措施破坏新产品试销或上市；若时间过短，虽然节约了试销成本，但全面的销售战略可能就会建立在不准确、不完整、没有说服力的数据基础上，无法为下一步决策提供可靠的依据。

(3) 试销的促销效果控制。产品试销过程中，广告宣传是主要的促销手段，其他的促销方式如人员推销、展销、邮件等也可配合应用。并且可以在不同的测试市场中采用不同的促销组合，以比较促销组合的有效性。营销人员必须经常总结促销宣传手段的效果，以便发现问题，及时修改市场营销策略。

(4) 试销的信息控制。企业通过试销向顾客传递产品和企业信息，同时又要收集各种市场、产品、顾客和竞争者等信息，并针对这些信息做出分析、判断和决策。所以试销中信息的控制关系到整个试销成果的有效性，企业既要注重信息的通畅性，又要注重信息的安全性。

9.3 新产品试销的数据分析技术

试销是为新产品上市所做的最后一次信息收集工作。在花费人力、物力对新产品进行试销之后，需要对试销过程中收集的数据进行分析，以得到最终想要的营销诊断信息，为随之而来的营销决策提供直接的支持。这里介绍四种常用的试销分析的模型。

9.3.1 固定样本数据预测模型

该模型的第一步是把总的销售数据分解成如图 9-2 所示的试用和重复购买的数据。划分的标准是根据消费者样本的购买情况得出的。试用和重复购买的情况可以用于对试销结果的早期预测。例如，第 3 或第 4 个月的销量会比第 8 或第 9 个月的销量高，这是因为刚开始的时候试用性购买占了很大的比例。没能认识到这一点致使有些公司开始测试几个月后就中止测试转而根据"虚幻的"销量开始进行全国性投放。另外，测量试用和重复购买的情况,会指出销售的成功/失败是因为好的促销(试用)还是因为好的产品(重复购买)。

把图 9-2 所示的销售曲线改画成图 9-3 所示的累积试用和重复购买率曲线后，就能做出预测。根据图 9-3 可以计算出最终的市场份额，如果产品、营销战略和市场本身不发生重大的变化，那么累积试用率(曾经尝试新产品的人占市场总人数的百分比)将会达到某种渗透水平——P。重复购买率(再次购买的人占所有试用过产品的人数的比例)会下降到某个均衡值——R。把这两个值乘在一起就可以得出长期市场份额的值。如果市场是细分成几部分的，那么先计算每个细分群体的值，然后用购买水平指数赋予权重后加总就可以得到总市场份额的值。把最初几个月得到的样本小组的数据绘成曲线，就可以进行早期的预测了。这样做的精确性还不错，但只能得到有限的诊断信息。

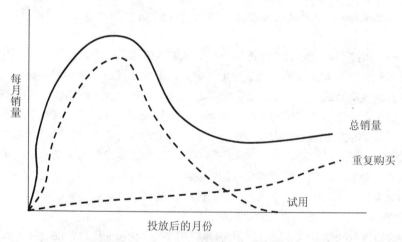

图 9-2 试用、重复购买和总销量的典型模式
(资料来源：(美)格伦·厄本，约翰·豪泽，《新产品的设计与营销》)

进行测试的市场常常不能完全代表全国市场。这就需要把许多修正因素乘到预测值上，以便说明测试市场和全国市场在分销、消费率、季节性、态度和消费者人口统计上的差异。偶尔还需要根据判断确定修正因素，以反映测试市场和全国市场在营销战略上的差异。

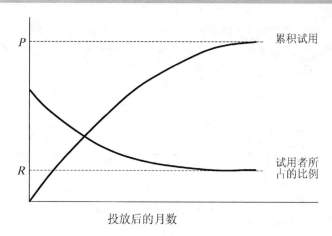

图9-3　试用——重复购买模型

（资料来源：（美）格伦·厄本，约翰·豪泽，《新产品的设计与营销》）

9.3.2　回归模型

试用和重复购买只是"知晓→意愿→搜寻→试用→重复购买"动态模型的两个组成部分。如果经理们想要进一步了解新产品采用过程以便更好地做出诊断，那么他们就必须测量动态模型更多的组成部分，尤其是知晓、意愿和搜寻方面的情况。有可能还需要更进一步的测量来了解广告的展露、注意、理解和接受的情况。

有一种方法是根据回归公式。这种方法中，动态模型的每个层次都来自一个回归等式，该等式根据的是和可控变量结合在一起的下一个更低的层次。例如，知晓的水平取决于广告的水平和以前的知晓水平，试用水平取决于知晓和以前的试用水平，如此等等。要估计等式中的参数，需要对测试市场观察足够长的一段时间，然后运用回归等式来估计长期的市场份额。

这类回归模型的优点是他们的成本相对较低，并且能够根据三个月的市场测试精确预测市场测试的结果。在了解试用和重复够买及由知晓产生的试用和重复购买的过程上，这类模型都有用。对于那些具备以往新产品上市数据的产品种类，由于其参数能够精确地估计，所以这类模型最为有用。这种情况下，就能运用这一模型缩短市场测试的时间，尽快全面投放新产品。

回归模型的缺点是它只测量了动态层次的一部分，无法得到有关行为过程的详细诊断信息，样本小组的数据也没能很好地运用到模型中去。回归模型最适合那些需要从精确的市场测试数据中低成本快速进行预测的经理们。

9.3.3　宏观-流动模型

多数情况下，需要比回归模型提供更多的行为诊断信息。这时，能够满足这种需要的一种建模技术就是宏观-流动建模。采用这种方法，分析人员需要识别出对于战略管理决策很重要的行为现象，了解消费者所处的"状态"及从一个"状态"向另一个"状态"的"流动"。知道了流动情况后，就能用宏观-流动模型来预测市场测试的结果了。

宏观-流动分析用例子来解释最容易明白。看图 9-4 三个状态的简单模型，这是一个宏观-流动模型，代表了一个简单的重复购买模型。这一模型适用于包装消费品。

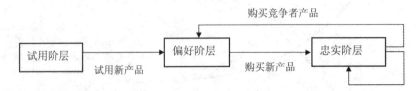

图 9-4 简单宏观-流动模型
(资料来源：(美)格伦·厄本，约翰·豪泽，《新产品的设计与营销》)

假设已经观察了测试模型几个月，并且知道如下情况。

(1) 目标群体是 1 000 万个家庭，他们全都是潜在试用者。第一个月试用新产品家庭的百分比是 10%，第二个月是 5%，第三个月是 1%，以后是零。

(2) 需要重复购买时，60%的偏好阶层会购买我们的新产品。

(3) 需要重复购买时，80%的忠诚阶层会购买我们的新产品。

(4) 每个家庭每月需要重复购买一次。

下面应用这些信息来计算几个期间内的销售情况，如表 9-1 所示。

表 9-1 简单宏观-流动图的计算

期间	试用阶层数量/千个	试用销量/千个	偏好阶层数量/千个	偏好销量/千个	忠实阶层数量/千个	忠实销量/千个	总销量/千个
1	10 000	1 000	0	0	0	0	1 000
2	9 000	450	1 000	600	0	0	1 050
3	8 550	86	850	510	600	480	1 076
4	8 464	0	546	328	990	792	1 120
5	8 464	0	416	250	1 120	896	1 146
6	8 464	0	390	234	1 146	917	1 151
7	8 464	0	385	231	1 151	920	1 151
8	8 464	0	385	231	1 151	920	1 151
长期	8 464	0	385	231	1 151	920	1 151

(资料来源：(美)格伦·厄本，约翰·豪泽，《新产品的设计与营销》)

上述例子介绍了宏观-流动模型的基本思想。如果存在平衡的话，那么当流出一个行为状态的数量等于流入该状态的数量时，平衡就出现了。表 9-1 中的平衡出现在第 7 个期间。这种均衡由流动率和最初的状态决定。一旦流动率稳定了下来，就可以进行预测了。注意各个状态被定义为彼此互斥(不会有消费者同时处在两个状态下)和穷举的(每个消费者至少会处于一种状态)。这样,各个状态的人数加起来总是等于消费者的总数。通过审视流动率和处于各个行为状态的人数,我们就可以得出诊断信息。从表 9-1 可以看到均衡状态下大部分的销售来自忠诚顾客。这证明产品具有良好的表现,能够鼓励人们重复购买,但不知道什么原因,可能是广告不行,只有 15.4%的人试用了该产品。你也可以从流动率中得出类似的解释。

人们根据宏观-流动模型的原理已经设计出了一些试销的模型。Midgley(1997)根据创新理论得出一种相对的模型,而 Assmus(1975)使用一种称为 Newprod 的简单的十一个状态的模型来预测新产品的销售。Urban(1970)设计了一种称为 Sprinter 的非常灵活的模型,在 Sprinter 模型中,经理们可以从三个基础的模型中(Mod Ⅰ ,Mod Ⅱ 和 Mod Ⅲ)进行选择,并在每种模型中定制自己需要的分析过程。模型中包含有回归等式,以便把营销组合的变化和状态之间的流动联系起来。每种宏观-流动模型看起来都有合理的精确度,对于经理人员也有用处。

9.3.4　持续流动模型

持续流动模型把宏观-流动模型细致的动态建模过程和回归模型中简单的回归结构综合在了一起。在宏观-流动模型中,已经建立了一个流动图描述消费者由图中一种行为状态移动到另一种行为状态的过程。持续流动模型中,不再详细描述每一次"状态"的"流动",而是集中在产品的使用上。消费者的"流动"是从使用一个产品转换成使用另一个产品。

以杀毒软件市场为例。某市有三家杀毒软件开发厂商:诺顿、瑞星和金山。现在,新的竞争者卡巴斯基进入该市场。原本消费者的流动(转换)是在诺顿、瑞星和金山之间进行的,由于卡巴斯基的介入,那些知道卡巴斯基的消费者的流动是在诺顿、瑞星、金山和卡巴斯基之间进行的。于是,一种状态的流动便开始了。这种流动如图 9-5 所示,图上"A"代表知晓的流动。

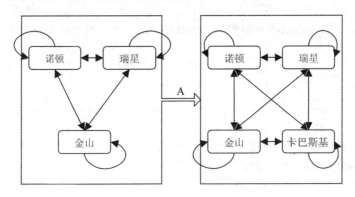

图 9-5　持续流动模型

迄今为止的分析还类似于宏观-流动模型的分析,因而需要引入两方面新的内容。第一个和宏观-流动模型不一样的地方是允许同时发生流动。事实上有些消费者可能会从诺顿转换到瑞星又转换回诺顿,最终转换到卡巴斯基,这都发生在一个观测期间内。

由于在分析中把所有的流动都考虑在内，所以为了便于统计，只需要知道消费者最初处于哪个状态，最后处于哪个状态。

第二个差别在于流动是由可控制的变量引起的，这些变量诸如消费者对新产品(和现有产品)的认知情况、广告、直接邮寄、口头传播和其他营销变量。为了确定每种营销行动(比如说广告)对流动率有多大影响，可以采用一个经过调整的线性回归方程。

从概念上衡量一下消费者样本人数 C_{ijn}，这些人在期间 n 开始的时候处于状态 I，如使用诺顿，在期间 n 结束的时候处于状态 J，如使用卡巴斯基。将该指标换算成百分比 P_{ijn} 并把它转换成流动率 A_{ijn}。然后把流动率就可控制的变量进行回归来确定一组权重。最后，一旦知道了可控制变量的权重，就可以运用数学公式来预测下一个期间的试用、重复购买和销售情况。更进一步看，通过转换那些可控变量，如在第三个期间把广告量增加一倍，就能够找到最能赢利的营销战略。

本章小结

市场试销是对新产品的全面检验，不仅能降低新产品的风险，还能指出提高利润的途径，对新产品的改进和市场营销战略的完善提供启示。

通常对全新产品、高风险的产品及某些采用跟以往完全不同的包装、分销渠道、销售方法的新产品进行试销，而对时效性极强的新产品、投入不大的新产品及模仿型新产品不主张试销。

所选择的试销市场应接近目标市场。在试销中，应主要收集三个变量值：试用率、重复购买率、购买频率。消费品试销的主要方法包括：态度调查、销售波动测试、实验室试销、控制销售、市场测试。工业品试销则主要采用产品使用测试、贸易展销会的方法。

对新产品试销过程控制主要包括：产品试销的成本控制、产品试销的时间控制、试销的促销效果控制、试销的信息控制。

固定样本数据预测模型、回归模型、宏观-流动模型、持续流动模型是定量分析试销数据的成熟模型，营销管理人员可以根据试销状况选用适当的模型得到需要的管理诊断信息。

思考题

1. 为什么要进行试销？
2. 试销市场等于最终目标市场吗？为什么？
3. 各种试销技术的优、缺点都是什么？
4. 决策者应该如何对待试销结果？
5. 了解试销数据分析技术。

案例研讨

新品"一瓶清"横空出世 试销期客户月利万元

小小一瓶,却集所有家居保洁产品如厨房油污净、洁瓷精、洗涤灵、衣领净、地板净、地毯清洗剂、玻璃清洗剂、洁厕灵等功能于一身。轩龙公司家居通用清洁剂"一瓶清"的推出,在中国日化行业具有里程碑式的意义。

市场是产品的试金石。2015 年 10 月,轩龙公司选定了宁夏吴中、山西长治、四川达州、浙江温州、内蒙古赤峰等 17 个地市作为新品"一瓶清"的试点销售区域进行试销。截至 11 月中旬,累计销售 1750 件(24 瓶/件),地级市月均销售 100 件以上,商家实现利润均在万元以上。12 月份,轩龙公司对以上地区调查结果显示,客户对该产品的满意度之高,以及消费者对该产品的充分认可,都让人惊喜。由此可见,一瓶清满足了市场的大需求。

10 年前,"2004 国际日化新产品展销会",在上海国际会展中心举行。现场云集了国际前沿的日化新品,参展企业强手如云、产品琳琅满目、各种科技成果纷呈迭现。当时,一款由德国一家日化科技公司研发的产品,在民用洗涤展区呈现出一枝独秀的火爆围观场面。该产品卓越的功效,让与会者惊叹。该产品兼具家庭保洁必备产品如厨房油污净、洁瓷精、洗涤灵、衣领净、地板净、地毯清洗剂、玻璃清洗剂、洁厕灵等日化产品的几乎全部功效。然而,由于产品价位过高,10 年时间始终没有打开中国市场。十年磨一剑,山东轩龙科技开发公司历经十多年不懈努力,在华南农业大学、陕西化工研究院的通力协作下,攻克技术难关,研发生产的家居通用清洁剂"一瓶清"才得以问世。

(资料来源:《家居通用清洁剂"一瓶清",功效强过洗洁精多倍》,现代营销(创富信息版),2016 年第 2 期)

案例思考题

案例中提及了哪些试销技术?其试销的必要性在哪里?如果你是这家公司的营销人员,你将如何进行市场试销?

第 10 章 新产品采用和扩散

 本章阐述的主要内容

(1) 新产品采用过程各个环节的特点；
(2) 影响新产品采用过程的各个因素；
(3) 各类新产品采用者的特点；
(4) 组织采用新产品的影响因素和营销策略。

引 例

锤子手机为何出师不利？

锤子科技成立于 2012 年，在 2014 年 5 月 20 日终于发布了首款手机产品 Smartisan T1，其最终定价为：16GB 版本售价 3000 元，32GB 版本售价 3150 元。主要瞄准高端机市场，意图在非流行的市场中以其个性化的 Smartisan OS 深度定制系统、高水平的工业设计和人性化的用户体验征服市场。通过一套独有的营销策略，锤子手机在市场上引起了较大的反响。其中最具特色和成效的是罗永浩的情怀营销。在成立锤子科技之前，罗永浩在网络上已然成为一位出色的意见领袖。其在微博上的粉丝超过 600 万人。为了给首款手机宣传造势，罗永浩也将他的个人微博作为营销的主战场，从开始说要做手机到发布 UI 系统，再到手机上市的整个过程中，得到了媒体的大量关注与报道，使第一代手机产品 Smartisan T1 最初上市时受到了明星般的关注。再加上其他有效的营销措施，使得锤子手机迅速获得第一批用户并广为人知。

但是当 "史上最快"、"全球最好"、"绝不降价" 等种种豪言壮语言犹在耳时，罗永浩宣布了锤子 Smartisan T1 大幅降价的消息：3G 版 16GB、32GB 分别售 1980 元、2080 元，4G 版 32GB 售 2480 元，降价幅度达近千元，而此时，离锤子 Smartisan T1 发布仅仅 5 个月。经过一年的时间，罗永浩的锤子手机的销量仅为 25 万部，与主流手机厂商的几千万部销量相差甚远，甚至连零头都没达到！为何曾经备受关注，引发众多媒体报道，并造成很大热度的锤子手机没卖火？有人认为是锤子手机定价太高、产品创新不足，有人认为是锤子手机销售渠道太少，众说纷纭，没有一个统一的答案。但是有一点可以明确，一款新产品想成功上市推广必须考量诸多因素，特别是影响新产品采用过程的各种因素，并制定行之有效的营销策略。

（资料来源：中国知识产权资讯网，2014-11-05）

10.1 新产品的采用过程

新产品成功与否的标志是新产品投入市场后是否被消费者迅速采用。与成熟产品购买决策过程(确认需求—信息收集—方案评价—购买—购买后评价)不同，新产品的采用过程有其特殊性。营销人员应仔细研究各个阶段的不同特点，采取相应的营销策略，引导消费者尽快完成采用过程的中间阶段。

10.1.1 采用过程

新产品的采用过程是指消费者从第一次接触有关新产品的信息到最后采用新产品的心理过程。作为一个理性的个体消费者，在面对新产品的时候往往会表现出比较谨慎的态度，他们对新产品的采用过程客观上存在规律性，一般来说，该采用过程可分为五个阶段。

(1) 知晓阶段(awareness)。消费者初次虽然知晓一个产品或一项新发明，但对新产品的功能、提供的利益、新产品实体、新产品价格等缺乏了解。在这一阶段，大众媒体广告等非个人信息来源最为重要。不过了解新产品的途径也有其他渠道如口头传播等。

(2) 兴趣阶段(interest)。消费者产生出更多地搜集该产品信息的倾向或动机。潜在消费者开始收集新产品的更多信息，消费者对新产品的兴趣既可以是主动的，也可以是被动的。按常理，消费者对新产品的兴趣越大，新产品的市场前景越看好。消费者对新产品兴趣的大小，在一定程度上取决于产品创新程度的大小。兴趣大，不一定意味着采用的可能性大。如对于某种构思奇特、结构复杂而又不易沟通的新产品，消费者对它的兴趣一旦产生就一定十分巨大，但并非就意味着这些消费者都有可能采用。相反，对一些改进性新产品，如一种新型的药物牙膏等，消费者只需较小的兴趣就可能产生采用。一种新产品有较多的消费者对其表现出兴趣，说明该新产品的概念是有市场潜力的，如果投放市场后，销售不理想，则应主要从营销方面找原因。

收集信息的程度与时间的长短，取决于产品的复杂程度与消费者的特点。消费者的信息主要有四个来源：一是个人的经验，即消费者从以往对某项产品的使用和消费中获得的有关知识；二是相关群体，即从家庭、亲友、邻居、同事等处获得的有关信息；三是商业来源，即消费者从广告、推销员、经销商、售货员、商品包装、商品展览等商业活动获得的有关信息；四是大众传媒，即消费者从广播、电视、报纸、杂志、消费评估机构等非商业性宣传活动中获得各方面的信息。

(3) 评价阶段(evaluation)。消费者根据新产品的信息对新产品进行评价，考虑这种产品是否适合自己需要。该阶段是消费者决定采用与否的关键。一般来说，消费者对产品的综合评价主要在5个方面：第一，产品品质评价；第二，使用价值或消费价值评价；

第三,包装和外观评价;第四,与同类产品的对比性评价;第五,消费概念评价。

(4) 试用阶段(trial)。消费者小规模地试用新产品,为最后的正式采用而进一步了解新产品,新产品采用过程的这一阶段是许多新产品要经历试销的理论依据。在这个阶段,消费者就考虑以下问题了:"我怎样使用该产品?"和"我如何解决操作难题?"这时,企业市场营销人员就要积极主动地向消费者进行介绍和示范,并提出自己的建议。

(5) 采用阶段(adoption)。通过使用,新产品达到了消费者的预期,消费者决定全面和经常使用新产品。

有人将消费品的新产品采用过程简化为"了解—试用—采用"三个阶段。

10.1.2　影响采用过程的因素

每年市场上都有许多新产品出现,但每种新产品能否获得成功及成功的程度是各不相同的。有的新产品一投入市场,就以惊人的速度迅速占领市场;有的新产品上市初期销路尚好,但随着时间的推移,销售下滑;有的新产品上市初期,并没有很多消费者乐于接受,但慢慢地其销路不断扩大;有的新产品根本打不开销路,很快在市场上销声匿迹。那么,影响新产品市场扩散的因素究竟有哪些呢?

1. 新产品特性

新产品能否为市场迅速接受,首先取决于新产品的特性。

(1) 新产品的差异性,也称作相对优越性。创新产品的相对优越性越多,如功能性、可靠性、便利性、新颖性等方面比原有产品的优势越大,满足消费者需要的程度就愈高,市场接受和扩散速度就愈快。应该着重指出的是,相对优越性是指消费者对新产品的认知,而不是产品的实际状况。在某些情况下,一个确实属于创新的产品若不被消费者所接受,便失去了其相对优越性。可口可乐曾经为了和百事可乐竞争,研发了一种可乐的新配方。但是消费者认为原配方的可口可乐不仅仅是一种商品更是代表了一种传统和美国精神,他们并不接受可口可乐配方的改变,因此新配方的可口可乐失去了相对优越性,不久便退出了市场。

(2) 新产品的适用性,即创新产品必须与消费者行为及价值观念相吻合。当创新产品与消费者的需求结构、价值观、信仰和经验相适应或较为接近时,就较容易被迅速采用。如果一种新产品的使用,需要改变消费者原有的消费方式、消费习惯和价值观念,那么新产品的扩散速度就会受到影响。如化妆品能满足女性爱美的天性,故新型的美容产品总能引起女性的消费者欲望;相反,男性美容产品的采用过程就要长得多。

(3) 新产品的复杂性。新产品在使用过程中,其操作维修等方面越复杂,就越难以被消费者接受。复杂程度越低的产品,采用过程越短。如手动照相机的使用需要相当多的知识背景,很多人觉得难以掌握其要领,因此,手动照相机的扩散速度受到了限制。在简化操作程序,调整手动相机结构基础上生产出来的"傻瓜"相机,适应了消费者操作简单、使用方便的心理要求,一投放市场便迅速地得到了扩散。所以在设计新产品时应尽量简化操作程序,大众化、方便化将有利于新产品的扩散。

(4) 新产品的可试性,指新产品在有限制的基础上可能被试用的程度。新产品允许购买者试用可以加快产品的扩散速度,尤其是一些在试用后,短时间内可以表明使用效果的产品更是如此。一些零售商、制造商采取让顾客试用、试听、试尝，或拆零销售其意义就在于此。齐齐哈尔某商店实行香烟论支卖，生意非常兴隆。因为现在香烟新牌子比较多，一些顾客想买又怕不好抽。把整盒的烟打开论支卖，顾客品尝后，香烟的好坏马上可知，这样既可以为新牌子香烟打开销路，又能招徕大批顾客。不少厂家和商店的产品，尤其是新牌子的产品之所以问津者稀少，其中一个主要原因就是产品未被消费者所认识，产生不了购买欲望。

(5) 新产品的可传播性，即新产品的性质和优点是否容易被人们观察并向其他人描述，是否容易说明和示范。那些信息传播较为便捷、易于认知的产品，采用过程也就比较快。例如，身着新款服装便可向别人展示服装的效果，而一种新的保健品则很难在短期内显示其效用。

2. 消费者个人影响因素

在新产品的市场扩散过程中，由于个人性格、文化背景、受教育程度和社会地位等因素的影响，不同的消费者对新产品接受的快慢程度不同。这些都属于影响采用过程的个人因素。其实个人因素还包括很多方面，如性别、年龄、经济收入等。

(1) 社会文化背景。在美国和很多其他的工业化国家，移民日益增加，许多移民群体形成大量极具吸引力的细分市场。这样的群体有着自己与众不同的产品需求和消费模式。然而，大多数营销研究，特别是那些从创新扩散视角来分析消费的研究，总是将整个国家视为一个社会系统，而没有关注在这个国家下的每种亚文化。中国虽然没有美国那样的大熔炉文化现象，但是在全球化环境下，对外贸易迅速发展，人们的需求也瞬息万变，研究文化差异对传播的影响具有重大的意义。"可口可乐"在2013年之前，曾连续13年被美国《商业周刊》评为全球100个最具价值品牌的之首，其成功之处在于可口可乐公司善于把当地文化理念融会到公司的经营管理中，使产品创新、品牌创立、市场营销诸方面更加符合本土化要求，实现想法认同和市场开拓。例如，可口可乐在进入我国市场时，起初将名称翻译成"可渴可蜡"，后来改译为"可口可乐"，帮助"可口可乐"赢得了我国消费者的好感，使它在我国市场的销售如日中天。不仅如此，为了迎合中国年轻消费者的文化风潮，可口可乐还不断打造接地气的瓶身文化：2013年的"昵称瓶"，2014年的"歌词瓶"，2015年的"台词瓶"，2016年的"金牌点赞瓶"，2017年的"密语瓶"，2018年的"摩登都市瓶"。

(2) 消费者的产品或品牌忠诚度。当且仅当以下四种情况发生，忠诚顾客和对某产品存在习惯性购买行为的顾客才有可能尝试购买其他品牌的产品：第一，竞争品牌强大的广告或促销攻势；第二，亲朋好友的推荐(或看到他们在使用另一品牌的商品)；第三，在购买场所寻觅不到经常购买的品牌(缺货或没有看到)；最后，消费者对于长期购买某一品牌产生厌倦。当试用发生后，消费者会将试用品牌与常购品牌进行比较，从而将较优产品作为其在另一段时间内经常购买的对象。当然，关于优劣的判断存在很强的主观因素。

在习惯性购买强度或忠诚强度极高的产品类别中，以产品线扩展的策略推出新产品比用多品牌策略推出新产品更有利于扩散，现行产品的生产企业一般都会以这种策略推出新产品。当然如果一个企业现行产品市场份额低、顾客习惯性购买强度低，为了改变产品形象会以多品牌策略推出新产品。

(3) 消费者现有的知识结构和技术使用能力。消费者凭借基本认知和心理架构、已有的信仰和信息来认识他们的环境和具体的情景。一个具备电子产品知识的消费者肯定比一个对此一无所知的消费者更加快速地采用一种新的电子产品。

(4) 教育程度和经济收入。一般认为，受教育程度高且经济收入比较丰厚的阶层，他们学习能力强，知识丰富，最有可能成为创新者或者早期采用者，对新产品采用和扩散过程起着关键的引导作用。

3. 企业营销活动

一种成功的新产品不仅仅是因为产品本身的特性及它满足了消费者的需求，更为重要的是企业成功的营销活动。新产品的营销是一个系统工程，不仅仅包括传统的 4P，还至少包括了以下的内容：前期市场调研、营销组织设计、价格策略、广告策略、渠道策略、品牌推广、终端竞争力、综合服务的执行力、市场销售动态的及时反馈等。因此，企业的营销活动的成功与否也可以在很大程度上影响采用过程的长短。企业营销人员应为消费者完成新产品采用过程提供完整的服务，激发其对新产品的兴趣；让消费者不费周折就能得到有关新产品的详细信息，能很容易试用新产品；使消费者能在其习惯的购物场所购买到新产品。在此过程中，任何一个环节的不良衔接都会影响新产品的采用。企业推出新产品必须有详细、周密的营销计划和具体、可行的行动方案。

此外，新产品入市不仅需要科学的调查和研究，有时也是一种艺术的体现，常常会有一些奇招和妙招成功地使新产品被广大消费者所采用，如差异化定位。2017 年 8 月，RIO 微醺系列鸡尾酒全新上市，与经典彩瓶系列完全区分，主打独饮场景。RIO 鸡尾酒以往的产品推新大多围绕聚饮方向在概念和口味上延伸，而为什么此次定位于独饮场景呢？从时下年轻人的生活形态来看，工作忙碌、生活压力大，除了偶尔朋友间在一起的释放之外，更多的时候需要独自面对生活。RIO 微醺敏锐地抓住了年轻人独处时的情绪释放和自我取悦需求，推出"一个人的小酒"RIO 微醺，营造出独饮时情绪和场景的向往感，以及对美好生活的一种期望，快速引起当代年轻人的情感需求和共鸣，掀起了一番独饮热潮。过去的 RIO 鸡尾酒开创和带动了一个新品类的开展，而如今 RIO 微醺又将开疆拓土，依靠差异化定位抢占"独饮场景"这个细分市场的空白。

4. 其他因素

(1) 意见领袖的口碑传播对扩散的影响。意见领袖是一种非正式领导者，指那些在团体中，构成消息和影响的重要来源，并能左右多数人态度倾向的少数人。尽管他们不是社团正式领袖，但他们往往消息灵通、精通时事，或足智多谋、在某个方面有出色的才干，或有一定的人际关系能力而获得大家认可并成为群众或公众的意见领袖。意见领袖具有以下作用：告知他人(追随者)有关新产品的信息，提供建议以减轻别人的购买风险，向购买者提供积极的反馈或证实其决策。意见领袖是一个告知者、说服者和证实者。口传是指一个人向另一个人谈论他或她所了解的产品、服务、活动或论点，而且是此人和其他人都经历过的。实际中，一些企业常常制订一些奖励来刺激口传，因为消费者如果没有经历一些特别的事情是没有动力进行主动口传的。营养保健品、美容化妆行业一直在用这种方法进行产品营销，典型的做法是在社区投放意见领袖(公司营业代表或培训的忠实用户)，以培训和活动交流的形式进行口碑传播。

补充阅读　　　**意见领袖影响消费者**

　　意见领袖一词最初出现在 1940 年美国哥伦比亚大学应用社会研究所的一项关于选民选举的研究中。20 世纪三四十年代，在传播学关于媒介传播效果的研究中，媒介传播效果的"子弹论"和"皮下注射论"非常流行。这种理论认为，大众传播媒介就像皮下注射器或子弹一样，对受众具有立竿见影的效果。1940 年，为了调查大众传播媒介对政治活动的影响，哥伦比亚大学应用社会研究所开始了一项大众传播媒介如何影响选民投票的研究。最初，研究者的理论假设是，大众传播媒介在影响选民投票方面将具有非常强大的力量，但问题是：媒介是如何影响选民的？不过，实际的研究结果却让研究人员非常意外，真正最能够影响选民投票的并不是大众传播媒介，而是人际影响(personal influence)，而且人际影响比媒介影响更频繁，更有效。研究人员还发现，大众传播媒介主要是通过首先影响意见领袖(opinion leader)，然后由意见领袖来影响更多的普通人。这就是所谓的"两级流动传播理论(two step flow communication)"。原本是要专心研究大众传播媒介的影响效果，结果却发现人际影响超过传播媒介，因而这个研究发现纯粹是"无心插柳柳成荫"的意外收获。

　　(资料来源：david xiang，《意见领袖：口碑传播过程中影响力的源头》，http://www.qianjia.com/html/2006-09/26005.html)

　　(2) 不同产品之间的关联性。在不同关联产品的扩散中，某一相关产品的市场潜力依赖于其主要产品的扩散状况，即在 Bass 模型中将潜在采用者分为两部分：一部分是主要产品的累积采用者，另一部分为相关产品的累积采用者。在产品更新换代的过渡时期，新老产品之间的冲突问题应当受到足够关注。

10.1.3　营销对策

　　新产品的采用过程分为知晓、兴趣、评价、试用、采用 5 个阶段，那么新产品的营销者应针对特定目标市场可能在这 5 个阶段的反应，推出相应的营销方案，以使消费者尽快通过这 5 个阶段，缩短他们的采用过程。

1. 新产品信息的传递

　　何时向消费者传递新产品的信息？传递信息的内容是什么？如何传递新产品的信息以引起潜在消费者的兴趣？这些是企业营销人员引导消费者顺利进入新产品采用过程首先要考虑的问题。

　　(1) 传递时机。通常，企业对尚在开发中的新产品是绝对保密的，以防竞争者获取消息，采取对企业不利的行动。尤其是在竞争十分激烈的当今时代，一不小心，竞争者就会率先推出新产品。除非是新产品的技术、资金等壁垒都很高，竞争者难以很快采取行动。有些企业为使新产品上市后迅速为消费者接受，在新产品的开发过程中，就将新产品的有关信息传递出去，以造成在消费者心中先入为主的印象，或激发消费者的兴趣，引起消费者对本企业的更多关注。例如苹果电脑 CEO 斯蒂夫·乔布斯每年

1月都会在旧金山莫斯克尼会议中心举行的麦克世界产品博览会上亮相做主题演讲。行业的专家学者和苹果的"粉丝"等通常在展会开始前的数周就纷纷开始揣测苹果公司今年会呈现给大家什么样的礼物。苹果公司的惯例是对自己的产品严格保密,然后再在某些行业盛会或精心筹划的公司产品发布会上大肆渲染公布。很多时候产品都是在乔布斯对外公布消息之后立即装船发货。苹果在2010年6月8日发布了iPhone4手机之后,有关iPhone功能外形价格的猜测就没有停止过,它上市时整夜排队的购买者证明了这种策略的成功。绝大多数企业则是在新产品开发完成,已做好上市准备后开始向消费者传递新产品的信息。

但是选择新产品信息的传递时机,必须综合考虑营销的各方面,比如渠道的配合。一个著名的手机生产企业,对其新款手机进行了大规模宣传,当消费者兴致盎然地到各个专卖店和商场寻找此款手机时,却因为铺市不力,商店缺货,败兴而归。等到产品终于全面上市后,市场反应早已归于冷淡。

(2) 传递内容。在提倡营销创新的今天,新产品传播内容和手段的差异化对于推广成功往往起到重要的作用。但是向消费者传递的有关新产品的信息一定要实事求是,切忌不切实际的夸张,以免造成期望越高、失望越大的结果。

补充阅读　　　　　**悬念式营销**

早在2013年11月8日即亚冠决赛的前一晚,恒大相关工作人员向一些媒体发出了采访邀请,但是拒绝透露其他消息。在2013年11月9日晚亚冠决赛之中,恒大队员悄然换上了全新的队服,胸前"恒大冰泉"的广告格外醒目。与此同时,亚冠决赛当晚,无论网络还是电视,只要与亚冠决赛相关的版面均会出现"恒大冰泉"的广告。但是直到夺冠庆典全部结束,恒大官方都未对"恒大冰泉"进行解释,人们也仅仅知道"恒大冰泉"是一款矿泉水,而对此款矿泉水何时上市及价格等信息却全然不知。恒大层层铺垫制造出的悬念吸引了媒体和消费者的持续关注。直到第二天即11月10日,恒大方面正式宣布推出旗下最新高端矿泉水品牌——恒大冰泉,才将悬念一层层揭开。全媒体多方位的宣传攻势加上巧妙的悬念,形成爆炸式的传播效应,令恒大冰泉一面世就家喻户晓。

(资料来源:京华时报网,2013-11-11)

此外,跨国公司的广告更要考虑到广告内容中的文化因素,否则容易造成严重的负面影响。例如,2018年11月21日,D&G官方宣布:原定于当天举行的杜嘉班纳品牌大秀因故改期。据悉,事件起因是因为杜嘉班纳日前在社交媒体上发布几条广告,这些将中国传统文化与意大利经典饮食相结合的广告宣传片,标题为"起筷吃饭"。其中的模特展示了如何使用筷子吃比萨饼、意大利式甜卷等物。但广告中筷子被称为"小棍子形状的餐具"。同时,片中旁白所用的"中式发音"、傲慢的语气以及模特用筷子的奇怪姿势,均被质疑存在歧视中国传统文化的嫌疑。还被曝出其设计师在社交网站上发布涉嫌辱华的言论,不仅引发中国网友的不满,该品牌大秀也遭到全体出席明星的抵制。没有文化尊重,必犯众怒。消费者看一个品牌的品质,既看产品的质量,更看文化的涵养。收起偏见,真诚以待,尊重文化差异,才是品牌应有的价值。

(3) 传递方式(pattern)及媒体选择。采取广告的形式发布新产品消息是最常见的方式，鉴于广告的负面效果，有些企业选择新闻报道的形式发布新产品，以提高产品信息的可信度。但无论采取什么方式，都要注意其独特性和新颖性，当众多的企业都选择采用新闻报道发布新产品信息时，消费者也就司空见惯确定了。至于媒体的选择，需要根据新产品的特点、企业的经济能力及消费者的习惯而。例如，商务通的目标顾客是那些整日忙碌、很晚回家的商务人士，那么它的广告就采用了休闲的电视广告并且时间段正是晚上10点以后，这时商务人士已经回到家中休息，多半还会看看电视。因此商务通避开了黄金时间段节约了广告成本，同时也将产品信息准确地传递给了目标顾客。

面对如此复杂的新产品上市传播需求，企业应合理配置自身资源，采用不同的新产品信息传递方式和媒体以照顾到多方利益相关者的需求。

① 消费者。这是新产品上市过程中数量最多、也最难感动的一群利益相关者，因此，新产品上市传播时，公司各种内部外部资源的组合都要从为消费者利益考虑的角度出发，尽量使传播与广告更加贴近广大消费者。媒体选择也需要建立在消费者媒体习惯的基础之上。

② 经销商。经销商是一个数量比较有限的利益群体，也是企业在进行新产品上市传播过程中需要重点照顾的群体，因为只有经销商高度认可新产品，其才会踊跃地打款提货、助力新产品被市场接受。为了让经销商了解并认可新产品，很多企业都会选择通过召开营销研讨会或经销商订货会来接触经销商。例如，2018年1月15日，CAMEL（骆驼）在广州开启了2018秋冬新品订货会，以吸引经销商打款提货。在经销商订货会上不仅介绍了骆驼新一季WIN系列产品的特点和理念，还通过新品走秀的方式，将WIN系列产品个性时尚、积极向上的精神呈现出来。这场成功的经销商订货会使得新一季产品受到一众经销商的高度认可，订货现场火爆，订单总量比去年大幅提升，再创历史新高。

新产品入市之初，市场前景难测，代理商不愿意承担市场风险。所以要尽可能减少代理商的疑虑，为代理商创造好的条件，顺水推舟。改革开放初期，广东的小家电产品发展代理商的一条重要措施就是风险完全由生产商承担，从而得以迅速在全国打开市场。

③ 零售商。终端对于新产品差异化十分重视，因为新产品要在他们手里变成现金流。因此，他们往往注意传播过程中的差异化塑造。曾经某新产品做了一个非常有争议的电视广告片，结果打电话反馈最多的就是终端零售商：他们反映终端消费者摇摆不定，反映新产品跟某个产品太雷同。新产品上市传播过程中，采集足够的终端商信息，同时提供差异化的终端宣传十分重要。

④ 政府。政府比较关心的是媒体策略的高端，如果新产品能够在央视投放，往往具有很好的政治效应。因此，很多地方政府为了使当地的企业在央视有声音，往往会采取近乎贴息的方法鼓励企业到高端媒体上进行投放。但政府关联者对于投放的量上并没有太多关注，企业在新品上市的媒体选择过程中可以采取这种点式手段赢得政府支持。

2. 尽量缩短采用过程

缩短采用过程时间的营销策略主要考虑以下关键几点。

(1) 渠道。现实市场中新产品的渠道选择关键需要解决以下三个问题：

什么样的"渠道"最适合新产品并且适合企业现有的资源状况？

什么样的"渠道"在保持稳定性的同时，又便于企业日后改进？

什么样的"渠道"能尽快地出"成绩"，同时又提升产品的知名度？

① 渠道选择的横向维度分析与定位。

第一，以消费者选择为中心。了解消费者的购买期望和偏好是选择渠道的首要因素。

第二，产品概念差异与渠道选择。一种猕猴桃汁的新产品，企业若将它锁定为饮料，就属于快速流转品，渠道终端就要设计为密集型销售。若将其锁定为功能性产品，渠道销售方式就大为不同了。

第三，市场特性差异与渠道选择。经济发展水平高的区域，消费者接受新观念较快，企业应当以直销、直供为主；经济发展水平尚不发达的区域，采取经销商为主、直供为辅的渠道策略。

第四，产品的流转速度与渠道选择。产品的流转速度不同决定渠道选择不同。快速流转型产品的流转速度快，其渠道设计应短；耐用消费品的渠道建设的重点应该是扩大渠道的辐射范围及其控制区域。

② 渠道选择的纵向分析与定位。现代通路(量贩店、大卖场、超级市场、个人商店、便利商店及集成现代科技以网络通路为代表的各种通路)飞速发展，传统通路势力依旧强大。现代通路相比于传统渠道更能集聚人气，在购物环境、管理和品牌号召力方面更具优势。传统渠道进入壁垒低，可以作为实力不强的企业进入大卖场的铺垫，在团购、社区经营方面具有优势，同时可以作为现代通路的有益补充，降低经营风险，摆脱卖场的限制。

2015年9月，蓝月亮推出"机洗至尊"洗衣液。这款产品是蓝月亮产品升级的重大突破，从普通型15%～20%活性物含量的洗衣液升级到45%以上高活性物含量的符合"浓缩+"标准的洗衣液。但这款发布近两年的新品仍未博得市场广泛关注。很大一部分原因在于，作为洗涤液龙头品牌的蓝月亮，与家乐福、大润发等超市发生了严重的渠道冲突，在这两年里处于决裂状态。2017年，意识到传统渠道的重要性后，蓝月亮重启大卖场回归之路，继续重视全渠道的发展。

此外，新产品上市时，企业还面临在已有成熟渠道和开拓新渠道之间进行选择。不同的产品策略、市场策略，决定着不同的渠道策略。是利用现有的渠道，还是建设新的渠道，主要基于两方面的分析：产品品类的一致性和目标消费群体的一致性。

第一，如果新产品与原有产品品类一致，目标消费群体一致，则不宜建设新的渠道。除非是现有经销商开拓市场不力，公司已决定壮士断腕让其下课了，因此而故意放水，否则必然会导致产生矛盾，局面不可收拾。

第二，如果新产品与原有产品品类一致，但目标消费群体不一致，则应该考虑建立新的销售渠道对现有渠道进行补充和加强。

华硕电脑的产品线非常齐全，有满足商业/行业用户的产品，有满足高端用户的产品，还有针对完全消费市场的时尚产品。针对这样的产品类群，华硕实施了不同的渠道策略。渠道骨干力量主要放在省市市场渠道上，但同时还与笔记本的专卖店直接合作，加强渠道终端的力量。一方面对大区分销商的分销网络进行补充，另一方面也在服务、技术支持方面弥补了一般架构上的不足。不仅如此，华硕还把一些特定型号的产品，尤其是针对行业用户的产品，交给神州数码分销，借助神州数码在行业用户上的优势实现强强联手。

第三，如果新产品与原有产品品类不一致，但目标消费群体一致，则应考察现有经销商以下几方面：市场开拓能力、终端覆盖能力、资源配置能力(有没有充足的人力、物力、财力资源)、对新产品的认可度及推广新产品的热情和激情。如果以上四个问题都是否定回答，就必须建立新的销售渠道。如果以上四个问题是肯定回答，则应该利用原有经销商的网络。

第四，如果新产品与原有产品品类不一致，而且目标消费群体也不一致，则肯定必须建设新的渠道体系。好马配好鞍，要使产品尽快在市场立住脚跟，专业的、有实力的经销商绝对是必不可少的，如此才能实现优势互补。

对企业来说选择成熟渠道，可以降低渠道建设的成本，并降低经营风险。但是新产品进入老渠道系统仍然存在巨大的风险，因为新产品的进入一定会对老产品产生一定的市场冲击。我们如何判断新产品渠道匹配与适应，如何建立新产品渠道管理维持体系也是考验营销系统市场的重要指标。开发新渠道，可以走出以前恶性竞争的泥潭，开创独特的经营模式。企业必须重视自身资源情况、产品差异，在进行渠道设计时，选择与新品发展战略契合度高的渠道。

(2) 定位。新产品定位模糊带来的结果就是传播资源的极大浪费。新产品传播尽管投入了大量的资源，但消费者依然很难建立起差异化认知。

新产品定位很大程度上和企业的广告策略相关。

第一，正确的广告定位可以赋予商品或服务一个独特的个性。

第二，广告定位并不是定位在广告的商品本身，而是以消费者的眼光来看待其心目中的看法。

第三，科学的广告定位策略在于寻找市场的缝隙。

在汽车市场上，"奔驰汽车拥有最尊贵"的定位，宝马汽车拥有"最佳驾驶表现"的定位，现代汽车拥有"价格最低廉"的定位，而沃尔沃汽车则拥有"最安全"的定位。沃尔沃汽车的案例之所以有趣，是因为它认识到，在世界上的每个国家中，都有顾客购买汽车时把安全性视为首要考虑因素。在发现这一全球性利基后，沃尔沃汽车便以安全优势将汽车销往世界各地。此外，它还加入"第二种利益定位"：宣称自己也是全球最耐用的汽车。它在墨西哥等国家运用第二种定位，因为这些国家的购车者，相比关心安全性来说更关心汽车是否持久耐用。

(3) 媒体选择。媒体的选择需根据新产品的特点、企业的承受能力及消费者的习惯等。只有在明确目标、产品定位后，才有可能实施有效的广告策略达成最终的目标。很多企业在新产品上市广告策略上存在以下障碍：收费贵的媒体一定是最好的，传统媒体的效果比较好，明星广告效应一定好。但事实证明，广告策略没有最好的只有最合适的。新产品推广阶段是一个营销成本和运营风险都较高的过程。科学的宣传操作可以有效地节省大量开支，达到事半功倍的效果。哈根达斯几乎不做电视广告，其认为：电视的覆盖面太广，是一种浪费。所以其广告多数只是平面广告，如在特定的一些媒体上发布大幅面的广告，这样又节省了广告费，又最大化了广告的视觉效果。

10.2 新产品扩散过程

新产品扩散过程是指新产品上市后随着时间的推移不断地被越来越多的消费者所采用的过程,即是指新产品上市后逐渐扩张到其潜在市场的各个部分。扩散与采用的区别在于看问题的角度不同。采用过程是从微观角度考察消费者个人由接受创新产品到成为重复购买者的各个心理阶段,扩散过程是从宏观角度分析创新产品如何在市场上传播并被市场所采用的更为广泛的问题。

10.2.1 采用者的类型

在新产品的市场扩散过程中,由于个人性格、文化背景、受教育程度和社会地位等因素的影响,不同的消费者对新产品接受的快慢程度不同。社会学家埃弗雷特·罗杰斯(Everett M. Rogers)在对扩散过程的研究中发现,某些人性格上的差异是影响消费者接受新技术和新产品的重要因素。就消费品而言,罗杰斯按照顾客接受新产品的快慢程度,把新产品的采用者分为五种类型,如图10-1所示。

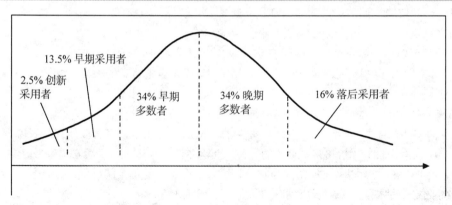

图10-1 采用创新的时间图示

大多数营销创新并不是每个人都会采用,因为产品实际上不一定比现有的形式或者品牌更好,或者由于客观衡量标准的缺乏,消费者的心目中并不这样认为。因此,一个不完全的采用曲线才是营销环境中创新的真实扩散情况。

(1) 创新采用者。该类采用者约占全部潜在采用者的2.5%。任何新产品都是由少数创新采用者率先使用,因此,他们具备如下特征:极富冒险精神;收入水平、社会地位和受教育程度较高;一般是年轻人,交际广泛且信息灵通。但创新者和早期采用者却很难成为产品忠诚者,因为他们的价值观是追求新、奇、特,只要有新产品出现,他们就很容易放弃老产品。

(2) 早期采用者。早期采用者是第二类采用创新的群体,占全部潜在采用者的13.5%。早期采用者虽不及创新者那样冒风险,但却是自己主动接受新产品,而不是被动地在别人影响下才产生购买。早期采用者采用新产品较早,但态度谨慎。罗杰斯对早期采用者的特征作了如下描述:在一个社会系统中,早期采用者相对年龄较轻,有较高的社会地位，财务状况比较良好，有较专业的工作，心智超过晚期采用者。早期采用者比晚期采用者更善于利用客观和广泛的信息来源。他们与新构思的来源有着密切的接触。早期采用者的社会关系比晚期采用者更具有世界性，通常会成为某一方面的舆论领袖。

（3）早期多数者。这类采用者的采用时间较平均采用时间要早，占全部潜在采用者的 34%。其特征是：深思熟虑，态度谨慎；决策时间较长；受过一定教育；有较好的工作环境和固定收入；对舆论领袖的消费行为有较强的模仿心理。他们虽然也希望在一般人之前接受新产品，但却是在经过早期采用者认可后才购买，从而成为赶时髦者。由于该类采用者和晚期大众占全部潜在采用者的 68%，因而，研究其消费心理和消费习惯对于加速创新产品扩散有着重要意义。

（4）晚期多数者。这类采用者的采用时间较平均采用时间稍晚，占全部潜在采用者的 34%。其基本特征是多疑。他们的信息多来自周围的同事或朋友，很少借助宣传媒体收集所需要的信息，其受教育程度和收入状况相对较差，所以，他们从不主动采用或接受新产品，直到多数人都采用且反映良好时才行动。显然，对这类采用者进行市场扩散是极为困难的。

（5）落后采用者。这类采用者是采用创新的落伍者，占全部潜在采用者的 16%。他们思想保守，拘泥于传统的消费行为模式，习惯于已有的生活方式，对旧产品的好处念念不忘，当计算器被普遍使用后，他们还会钟情于算盘的好处。他们与其他的落后采用者关系密切，极少借助宣传媒体，其社会地位和收入水平最低。因此，他们在产品进入成熟期后期乃至进入衰退期时才会采用。与一般人相比较，在社会经济地位、个人因素和沟通行为等三个方面存在着差异。这种比较为新产品扩散提供了重要依据，对企业市场营销沟通具有指导意义。

10.2.2　不同类型采用者与新产品扩散

1. 创新采用者和早期采用者

（1）创新采用者和早期采用者对新产品扩散的作用。创新采用者和早期采用者对新产品的快速扩散起到重要的推动作用。他们对新产品的率先采用及使用后对其他消费者的口传影响，会胜过任何广告效应。

早期采用者大多是某个群体中具有很高威信的人，受到周围朋友的拥护和爱戴。正因如此，他们常常去收集有关新产品的各种信息资料，成为某些领域的舆论领袖。这类采用者多在产品的介绍期和成长期采用新产品，并对后面的采用者影响较大。所以，他们对创新扩散有着决定性影响。

（2）营销策略。企业对创新采用者和早期采用者的心理、购买行为特征进行研究，寻找与他们沟通的方法。针对他们的特征，制订营销策略，以使新产品快速扩散。

企业市场营销人员在向市场推出新产品时，应把促销手段和传播工具集中于创新采用者身上。如果他们的采用效果较好，就会大力宣传，影响到后面的使用者。虽然我们对不同类型的新产品采用者的特征作了一般性的描述，但到目前为止，还没有获得较好的创新者识别方法。人们可能在某一产品领域是创新者，而在另一产品领域却是落后者，如教师是新书的创新者，却可能是流行发型的落后者。

营销人员面临的挑战是在他的产品领域识别创新采用者和早期采用者,以便采用相应的营销策略。比如我们若能够识别出汽车市场中的创新者,汽车制造商就可以集中力量对这一创新群体引入新产品,而不必花大成本进行大众媒体宣传,直到实现对创新者群体的渗入,并使整个大众市场都为采用这一产品做好准备为止。

2. 早期多数采用者和晚期多数采用者

(1) 早期多数采用者和晚期多数采用者对新产品扩散的作用。早期多数采用者和晚期多数采用者是新产品采用者的主力,占总采用人数的70%左右,新产品的销售力量、市场占有率、投资回报率得靠他们来实现。早期多数的采用者对新产品的市场成长和市场渗透起着重要作用,他们是新产品从成长到成熟期的中坚力量,他们是新产品利润的主要来源,晚期多数采用者的加入,使新产品的市场占有率得以扩大,此时新产品的市场扩散基本完成。

这两类采用者一旦采用新产品,且认可新产品,他们比创新采用者和早期采用者更容易形成重复购买,因为他们对新产品有一个较长时间的了解和评价时期。由于新产品更新的周期日趋缩短,有些产品可能还没等他们采用就会被其他新产品所替代。

(2) 营销策略。如何使早期多数和晚期多数采用者尽快地采用新产品,一方面借助于创新采用者和早期采用者的影响,另一方面根据两类采用者的特点,采取相应的营销策略引导其快速完成采用过程。习惯被别人影响的早期多数和晚期多数采用者,如果没有其他消费者有关新产品的使用效果的亲身体验,是很难相信新产品功能的。口传在吸引这些消费者采用新产品上有着关键作用。

10.3 组织采用过程

按照营销学的界定,市场上的购买者/顾客常被分为两大类:一类被称为"消费者",他们以个人或家庭为单位购买产品或服务,以满足生活所需;而单位、非个人的另一类被称为"团体客户"或"组织采购者"。对供应商/生产商而言,这两大类顾客分别构成所谓"消费者市场"和"组织市场"。组织市场是由生产企业、中间商、政府机构及各种企业、事业单位或组织构成的市场。这个市场通常被进一步细分为生产者、使用者、中间商和政府四个子市场。在这里我们主要考虑经销商如何采用新产品。

"选产品"尤其是选个千里挑一的产品对于中小经销商来说,不仅关系到今后自身的销售业绩,而且也决定了经销商自身长期发展道路,是决定经销商到底能走多远的关键内部因素。随着市场竞争日益激烈,新产品的成活率越来越低,一旦选择不当,即会造成商家精力和资源的大量浪费。因此,在新产品引进之前,一定要冷静分析好相关问题,有明确的市场导向,找准自己的定位。这样,才能使新品选择的成功率提高,降低经营风险。

10.3.1 影响因素

1. 个体影响因素

(1) 消费者。理论界研究结果显示消费者采用依赖于零售商采用(推测原因是产品的可得性),而零售商采用也依赖于消费者采用。从管理的角度,发现了零售商在创新扩散过程中的重要角色——看门人、变革代理、意见领袖和创新者,同时也发现了消费者接受过程中深度信息获取的重要性。经销商选择产品时往往也要考虑产品是否满足消费者的需求,以及消费者采用新产品的过程,等等,因此消费者也是影响经销商采用的重要因素。

补充阅读　　"再来一瓶"将何去何从?

"再来一瓶"这种促销方式已经存在了 20 多年。但是以往的赠饮,只是一种"小打小闹"。2009 年,康师傅茶系列饮料推出 7 亿瓶赠饮活动,仅仅 2 个月,康师傅便成功培育出一种市场心理——买茶饮料没有"再来一瓶"都是不合理的!将其正式演绎为营销中的"杀伤性武器"。但日前,可口可乐公司拒绝了一名"职业玩家"一次兑奖 10 万个瓶盖的要求,将该促销方式再次推到了风浪尖口。兑奖难、程序烦琐等问题又一次摆在消费者面前,到底"再来一瓶"难在哪儿?

食品饮料行业营销专家分析,"再来一瓶"这种促销活动在新品推广时经常使用。但其实这是一把双刃剑,企业以此推广了新品、赢得了市场,但对于大多数临街商铺及底层的销售终端来讲,"再来一瓶"的促销好处已经微乎其微,再加上链条内的许多问题,厂家以下的各种渠道对此已经失去兴趣。同时,随着各企业"再来一瓶"的竞争白热化,这种促销方式在市场上已经随处可见,消费者对此已经不再"感冒"。未来"再来一瓶"还会存在,但活动的发起者将从大品牌转向中小品牌,而活动的城市将从一二线城市向三四线城市转变。

(资料来源:人民网,2012-09-25)

(2) 流行趋势和成员倾向性。当集体中的一个成员采用创新以后,其他成员也能从中获得采用信息。流行过程拥有一个正面的回流反馈:更多的采用可以带来更强的流行压力,而更强的流行压力带动更多的采用。同时组织中个体倾向性不同,面对压力表现出来的行为不同。具有高采用门槛的成员只有面对强大的流行压力时,才会发生采用行为。

(3) 组织采用创新的可能性随着它的规模、专门化程度或者成员对非正式网络的参与程度的增加而增加,随着组织的正规化程度、复杂程度、集权程度的上升而递减。

(4) 使用创新的可能性随着信息可获取程度、获得信息质量和可得信息价值的增加而增加。组织的信息吸收能力越强,对创新的接受能力也越强。

2. 供应商影响

经销商采用新产品的速度和概率与下列因素成正相关关系:①供应商对新产品的支持程度、重视新产品整体定位的程度、在组织内创造创新氛围的重视程度;②供应商能够创造出潜在采用者认为更优越的产品或独特的产品的能力;③供应商比其竞争者更能利用过往经验或者协同效应的能力;④供应商在自己的组织范围内对新产品发展过程的组织和执行水平;⑤供应商在创新发展过程中与其他群体(特别是新产品的潜在采用者)

的交往密切程度；⑥供应商所追求的营销策略。

当供应商采取以下营销策略时，市场上的组织更倾向于采用创新：与其他供应商分享技术或者对其他一些目标受众进行教育(包括其他生产商)的共同运营策略；通过接近创新型采用者、产品的大量使用者、现行技术的频繁使用者或者制订一个渗透性价格对创新产品进行定位的策略；为潜在采用者提供试用期或替潜在采用者承担全部风险的降低风险策略；赢得意见领袖的认可、建立起赢家形象、在市场上将产品合法化等赢取市场支持策略。

10.3.2　营销策略

1. 供应商策略

供应商作为新产品的提供者，在新产品推广的全过程中发挥着战略主导作用。供应商应该根据自身的资源状况和产品及市场特征，及时采取各种策略，保证产品推广的全面实施。

(1) 样板市场。供应商做样板市场的好处有：收获一套市场操作模式，进行大规模复制；给其他地区的经营做标杆，提供学习的阵地；鼓励经销商、合作者。那么什么样的市场适合做样板市场呢？

① 具有普遍性特征的市场。样板市场一定要有普遍性，因为样板市场有两个重要的功能：一是在操作样板市场时形成经验，用于其他市场；二是给其他市场的经销商一个有力证明，给其他经销商以信心，从而达成合作。如果样板市场是个特殊市场那么即便成功了也不能给其他市场以借鉴，样板市场的作用也就不复存在。如茶叶产品在厦门、福州或广东等地设立样板市场，那里有的人一天消费的茶叶比合肥、西安等地的人一年消费的还多。这是由于当地特殊的消费习惯造成的地区差异，这里总结出的经验和数据根本无法运用于其他城市，其他地方的经销商也不会相信能成功。因此不要选择对本产品具有特殊消费习惯、消费水平特别高或特别低的地区做样板市场，因为在那里无法显示正常市场的需求。

② 与产品定位吻合的市场。

第一，消费水平。如果你卖的是高档厨具，但是你到乡镇市场去销售，肯定会是失败的，因为当地的消费水平与你的产品价格定位有太大的距离。同样，很多低端产品也不进入北京、上海、杭州这样的市场，更不会选择这些地方做样板市场。

第二，消费需求。好记星的成功有赖于武汉这个样板市场的成功，武汉是华中首府，高等院校数量之多位于全国前列，良好的学院氛围也造就了武汉人特别愿意在教育上为子女投资，好记星抓住当地这种消费特点，全面进入市场，以报纸为主，配合电视和电台及终端活动，使得武汉人争相抢购好记星，应该说这正是抓住了武汉消费者对英语教育产品的需求。

第三，消费习惯。消费习惯不是靠几个月的广告宣传就能让老百姓改变的，因此在选择样板市场时一定要"顺水推舟"，而不要"逆水而行"，千万不要看到某个市场空白就以为那是机会。

③ 获得经销商配合的市场。样板市场要考虑如何将自己的资源、成本优势最大化体现出来，这样节省的物流费用、仓储费用及中间环节的减少都会增加自身的竞争力。

除了获得成本优势，管理的便利和人力资源的充沛都是样板市场需要考虑的问题。有的样板市场没有考虑到总部的支持能力，出现问题时由于距离太远，或没有派驻必要的驻地人员，造成市场反应的迟缓，没有足够的人力调用，这都会导致样板市场的失败。因此样板市场必须要获得经销商的支持。样板市场的经销商不一定是最有实力的经销商，但一定是最合作的经销商，无法想象做没有经销商支持的样板市场会有多难。经销商最熟悉当地市场，如果他全力帮你，可以让厂家节省许多资金。因为在市场费用里的许多费用，如进场、宣传、广告等都是弹性的，只有熟悉当地及与其他机构有关系的人才能获得低价。其次，合作良好的经销商愿意同厂家一起共担风险共享利润，经销商也会更加尽心去推广产品。（资料来源：向舜麟，《什么样的市场适合做样板》，http://www.80075.com/ RenCaiXue/20080310/91959-1.shtml，2008-03-10）

(2) 为经销商提供有力支持。供应商为经销商提供支持其根本目的不是在于"替"经销商做市场而是在于"教会"和"支持"经销商做市场。中国有句古话，授人以鱼，不如授人以渔。因为授人以鱼救其一日，授人以渔，救其一生。供应商提供给经销商的支持，最重要的、最长远的是这种支持能帮助经销商提升经营能力，提升经销商向市场要利润的能力。只要经销商获得了"渔"的本事厂家自己也就轻松了。因此供应商能够为经销商提供周到的营销服务、业务培训和指导市场开发与管理等才是最好的支持。此外，供应商也可对经销商进行分类，如按照经销商发展阶段、与供应商的关系及实力等分为不同级别的经销商，给予不同的支持。

(3) 及时同经销商进行沟通，得到市场销售和使用情况的反馈。积极科学地调整推广策略，在必要时对产品进行一定改进，适应市场的需求。

(4) 在新品上市期间勇于承担风险。为经销商解除后顾之忧，促使新产品迅速推广。

补充阅读　　　　江小白的"新酒商计划"

自2012年创立以来，渠道扩张让江小白很困扰。关于用什么样的渠道模式、找什么人做经销商，江小白也走了一些弯路。为了创新渠道，2017年，江小白启动了"新酒商计划"。

江小白的"新酒商"是指有事业心、有创业动力，年轻有创新力，专注于市场精耕细作的新一代酒商。江小白酒业创始人陶石泉曾表示："我们发现，有很多年轻一点的、特别有想干事业的冲劲的新一代经销商，他们自己有想法，又懂得一些社群营销、懂得互联网的传播，也愿意专注于做一门生意，我们发现这类人成了我们今天的主流客户。"

按照江小白的"新酒商计划"，江小白希望找到200名"新酒商"，这200人可能是刚刚起步的年轻经销商，或者是原本就特别了解市场，做饮料、啤酒的区域经理的业务代表。江小白表示愿意拿出1亿元来支持"新酒商"，把打款的额度降低，通过货款和费用投入去支持这样的客户。

（资料来源：https://www.sohu.com/a/129999265_185719）

2. 经销商策略

(1) 充分考虑自身资源。每个产品对操作平台都有一定的要求,如市场服务的反应速度、仓储物流的特定条件、对特殊终端的开发能力、对资金的占用及周转要求等。经销商必须考虑自己的渠道网络和社会资源。经销商选择产品、经营产品就要以自己所拥有的资源为标准,这样才能与产品本身符合。

① 找些同行了解一下类似产品在实际操作中所需资源的要求。

② 看厂家在招商时的态度。

补充阅读　厂家年末压货冲量,是馅饼还是陷阱?

年关将近,又到厂家压货时节。厂家一般在年底会加大力度冲销量,以顺利达成年度目标,或者在既有的基础上达到新的"数字"高度,同时加快资金回笼、转移库存风险,并有效遏制竞争对手。在这个特定时期内,经销商就面临着被大量压货的问题。年末压货冲量,是馅饼还是陷阱?

于老板代理经营某品牌的饼干产品多年,他对该厂家的市场运作手法有较深的了解,他知道年底该厂家肯定会推出较大力度的活动,于是,从 2017 年 10 月中旬开始,他几乎就没进多少货,几乎销售清空仓库里所有该品牌的货品。果然,进入 2017 年 12 月,厂家将其手上的 10 多个品种推出了买五送一的活动,用一个大大的馅饼来鼓励经销商多进货。很多经销商看了蠢蠢欲动,但看着自己满满的仓库,却又觉得有点有心无力。而于老板则毫不犹豫一口气吃进了 80 万元的货,从中小赚了一把。

面对厂家年末压货冲量,经销商应该以市场容量、产品季节性、销售力等为主要参考依据引进货品,及时把握好厂家的促销规律和动态,早做准备。

(资料来源:http://www.sohu.com/a/206705235_173454)

(2) 关注样板市场。作为厂家,在新产品正式进行全面推广之前,往往需要一个先行的样板市场。先行的样板市场设立的主要目的是为厂家内部员工和广大经销商建立信心。厂家对这些起到重大带头示范作用的先行客户在利益分配上都会特别照顾。

① 厂家在样板市场取得一定收益后,大多会采取现场会的方式来向更多的经销商宣传推广新产品,为了确保现场会的效果,厂家往往不惜成本对样板市场的终端渠道等再进行强化改进。从整体上提高了经销商的综合能力。

② 即便是新产品推广失败,厂家考虑到影响,会有个比较好的善后处理,样板区域的经销商风险较小。

③ 样板市场中供应商和经销商合作关系上升到一种战略合作伙伴的高度了。因此,市场政策也会给予一定的倾斜。

(3) 培育市场要谨慎。如果厂家没有对新产品设置样板市场,而是将其直接全线推广,这样的新产品未经市场验证,经销商将承担较大的风险;拥有长远规划的正规厂家在新产品推出后,一般会先找一个试验市场进行验证,在取得一定的实际操作经验和数据后,才会扩大市场推广区域。

(4) 注意新品的关联性。

① 分析新品是否适合本地消费环境和消费需求。

② 分析新品是否和自身的老产品有关联性。因为有关联性的新品可以利用已有的渠道资源，节省大量人力物力，使产品快速渗透到终端。同时也应该充分考虑已有产品和新接产品之间可能产生的冲突。

(5) 认识自身核心作用。经销商们在选择新品时，要充分认识到自身的核心作用，不断强化自己的核心价值，在未来专业化分工合作的竞争中依靠自己的核心能力获取更多回报。

(6) 前期准备。在承接新品之前，应该对未来的新品销售风险有一个充分的预期，保证在新产品遇到种种市场问题时，能够将损失最小化。

① 明确厂家的支持性政策。在发生问题时，是否承接退货。

② 是否有其他渠道可以在非常时期得到利用。如经销商是否具备乡镇市场的分销能力，乡镇市场是一个价格敏感度较高的市场，在城市中销售出现问题时，低价转移到乡镇可能是一个权宜之计。

本章小结

新产品的采用过程是指消费者从第一次听到一种该创新产品到最后采用的心理过程。该采用过程要经历五个阶段：知晓—兴趣—评价—试用—采用。影响新产品采用的因素包括：①产品特征，即新产品的差异性、新产品的适用性、新产品的复杂性、新产品的可试性及新产品的可传播性；②个人影响因素，即社会文化背景、消费者的产品或品牌忠诚度、消费者现有的知识结构和技术使用能力、教育程度和经济收入；③企业营销活动；④其他因素，如舆论领袖和口头传播、不同产品之间的关联性。

不同的消费者在采用新产品的态度上截然不同，罗杰斯将采用者分为五种类型：创新采用者、早期采用者、早期多数者、晚期多数者、落后采用者，他认为每种类型采用者的价值导向不同。创新采用者和早期采用者对新产品的快速扩散起到重要的推动作用。早期多数者和晚期多数者采用者是新产品采用者的主力。加快新产品扩散的营销对策体现为以下几条。①新产品信息的传递营销，即从传递时机的选择、传递内容的确定到传递方式的运用。②缩短新产品采用的时间：首先要研究企业，可从渠道、媒体选择等策略上加快新产品的扩散；其次，因为新产品采用者的类型有创新采用者、早期采用者、早期多数者、晚期多数者及落后采用者，应针对不同类型采用者采取不同的营销策略。

组织对新产品的采用过程研究也具有重要的现实和理论意义。影响组织对新产品采用的因素有以下方面。①个体影响因素即消费者、流行趋势和成员倾向性等。②供应商影响。加快组织采用的营销策略包括供应商策略和经销商策略两个方面。

新产品扩散理论与模型，是现代市场营销领域的一个崭新而又重要的课题，为国外学术界所高度重视。开展对该课题的研究，不仅仅是学习国外学术界最新理论、赶超世界先进水平的需要，而且还是应用最新营销理论，使其服务于我国企业经营管理，促进企业的产品更新换代，推动企业营销水平的提高，加强企业竞争实力的客观要求。

思考题

(1) 简述新产品采用的过程及每个阶段的特征。
(2) 如何进行有效的新产品信息传播促使消费者尽早采用新产品?
(3) 影响新产品采用的产品因素有哪些?
(4) 个人因素如何影响新产品扩散?
(5) 阐述采用者的类型及每种采用者的特征。
(6) 比较组织采用新产品的影响因素与个人采用新产品的影响因素的异同。
(7) 新产品的供应商应如何促使零售商采用新产品?

案例研讨

美国摩托车市场的产品之争

20 世纪 60 年代初期,一个看上去并不太起眼的公司的侵入,使一个本来稳定而平静的市场发生了翻天覆地的变化。这个侵入者是一家从"二战"后的废墟中成长起来的规模不大的日本公司,它企图侵占美国一家大公司的市场领地,而那家美国公司曾击败了其在美国的所有竞争者从而占据领先地位达 60 年之久,在摩托车市场上占 70%的份额。

然而,不可想象的是,在 5 年内这家美国公司的市场份额降到 5%,而整个美国摩托车市场却比 5 年前扩大了好几倍。在这个神话般不可思议的现实故事中,两位主角分别是哈利·戴维森公司和本田公司。

哈利·戴维森公司成立于 1903 年,是一家摩托车公司,主要产品是大型摩托车。20 世纪 50 年代美国每年的摩托车销量为大约 5 万辆,其中哈利·戴维森、英国的诺顿·特姆夫和德国的宝马(BMW)几乎占领了整个市场。进入 60 年代后,日本本田公司的产品开始进入美国市场。1960 年美国注册登记了近 40 万辆摩托车,这比 15 年前的"二战"末增加了近 20 万辆,这个增长率远远低于其他各种机动车辆的增长率。但到了 4 年后的 1964 年,这个数字上升到了 96 万辆,到了 1966 年则上升到 140 万辆,到 1971 年则为 4 013 万辆。

美国摩托车市场的新繁荣,实际上是日本本田公司一手造成的。本田公司实行了一套独特的战略来提高人们对摩托车的需求,这套战略的一个核心组成部分就是推广轻便摩托车及针对新顾客群大做广告。几乎没有一个公司经历过 20 世纪 60 年代哈利·戴维森公司的市场份额骤减的局面(尽管该公司的市场份额剧烈下降,但其总销售量却基本保持不变,这说明它没有争取到摩托车市场的任何新顾客)。

面对着日本人的冲击,哈利·戴维森是如何采取对策的呢?他们根本就没有采取任何行动!至少是行动得太晚了。哈利·戴维森认为自己是各种型号摩托车的领导者,基本上不认为轻便车有多大的市场。觉得摩托车是一种运动型的车辆,而不是交通型的车辆。轻便车仅仅是一种补充。20 世纪 60 年代末本田及其他一些日本制造商继续垄断着日益增大的、原先哈利·戴维森公司做梦都不敢想的美国摩托车市场。

本田公司的轻便摩托车是 1959 年进入美国市场的，最初并不顺利，第一年只卖出了 167 辆。摩托车专家们嘲笑这些小型的日本产品是玩具，但这些嘲笑和怀疑很快就被改变了。1960 年本田摩托销售量为 2.2 万辆。在随后的 5 年，本田摩托销量猛增了 10 倍，1965 年达到 27 万辆。到 1965 年本田公司已占领了美国摩托车市场 80%的份额，此时哈利·戴维森每年仍然只卖出了 3.5 万辆摩托车。

本田公司用一种小型轻便(50CC)摩托车来打入美国市场，这种车能在使用少量汽油的情况下行驶数英里（1 英里约等于 1.6 km,下同。），而且只需花不到 300 美元就可买到，其他大多数摩托车都卖到 1500 美元左右，甚至更高。而且，本田车有 6 种活泼的颜色和 3 种不同的型号同时让顾客选择。而其他公司的摩托车一般只有不到两三种型号和颜色可供选择，小型本田车时速能达 55 英里，用 40 美分的常规油就可行驶 180 英里，其产品质量是无可挑剔的。一名英国的摩托车厂的首席执行官在 1961 年检查了一辆本田的样车后，说了一番被广为传诵的话："老实说，当我们拆开机器时，我们发现它的质量是如此的好，这令我们大吃一惊。它制作得像一块手表一样精细，它是任何其他物品所不能相比的。"当本田刚开始占领美国市场时，它就着手扩充了产品种类，力争为每一位潜在顾客制作出适合他的一款。1965 年公司已拥有了 14 种型号的摩托车，从小型的 50CC 型到高速的 305CC 型一应俱全。1966 年为了对付哈利·戴维森公司，本田公司推出了一种 450CC 的龙形摩托。

本田公司在 1965 年之后的业务稳步增长，但增长幅度不如 1963 年到 1965 年期间那么迅猛。1974 年销售量达到 65 万辆，而市场占有率却从 1965 年的 80%降到 1977 年的 45.6%。这主要是由于其他日本摩托车企业也杀入了美国市场。1997 年各主要摩托车制造商在美国的市场份额如下：本田 45.6%，雅马哈 18.9%，铃木 10.7%，川崎 14.4%，哈利·戴维森 5.7%。

(资料来源：漆浩,《成败》,北京：中国商业出版社，2004)

案例思考题

1. 本田公司在摩托车上市中采取了哪些营销策略？
2. 本田摩托取得巨大成功的关键是什么？而哈利·戴维森又犯了什么错误？我们从中得到了什么启示？
3. 面对其他日本摩托车的挑战，本田摩托应该如何应对？

第 11 章 新产品进入市场策略

本章阐述的主要内容

(1) 新产品进入市场时着重考虑的因素;
(2) 新产品进入市场的时机选择;
(3) 新产品进入市场的各种策略。

引 例

"一点点"奶茶进入大陆市场

一点点奶茶属于创立于1994年的我国台湾地区奶茶品牌50岚。从2010年开始,50岚选择以上海为起点(由于50岚品牌名在大陆被注册,因此改名为一点点),在一些城市采用了单店加盟和区域授权等灵活方式,于2015年开始快速拓展,后期呈现每个月20家左右的新店数量来攻城拔寨。而彼时,国内奶茶品牌众多,2007年进入大陆市场的都可茶饮凭借高超的运营管理,成为消费者心中认知度较高的奶茶品牌。如今,一点点奶茶成为令人喜爱的奶茶品牌,遍布各地的奶茶店大多生意红火,排长队或者提前售罄的情况经常发生,大有超过COCO之势。

一点点奶茶如此火爆的原因在于从消费者的消费场景和需求出发,对产品品类进行分类,主要分为找新鲜、找奶茶、找好玩、找口感、店长推荐、红茶拿铁这六类,通过这种需求分类直接将用户分类导流。提供个性化定制奶茶,每个人都可以通过自己定制甜度、温度和免费加料,来定制出符合自己口味的饮料。此外,一点点奶茶在保证原料质量和口感的前提下,价格更低,具有很大的价格优势。

(资料来源:https://www.iyiou.com/p/44909.html)

11.1 进入市场时机策略

11.1.1 早期进入市场策略

早期进入是指领先于其他厂商而率先在市场上推出自己的产品。人们经常用产品生命周期理论来描述一个产品从上市推向市场到退出市场的整个过程，并将这一过程描述为导入期、成长期、成熟期和衰退期。早期进入往往对应着产品生命周期中的导入期，导入期的主要特点是产品刚刚进入市场，需要巨额费用来打开市场等，因此早期进入市场就会面临着需要巨额费用开拓市场，同时又面临着市场中很多不确定的因素，存在着较高的风险。然而早期进入市场也有着其自身独特的优势。当市场中存在某种尚未满足的需要，如人们对家庭影视的需要，而此时开发的新产品若是能够满足这些需要，那么消费者就会非常乐意接受有关这种新产品的信息，很快就会试用，并且培养出忠诚感，甚至出现重复购买行为。这些忠诚的顾客又会将试用新产品的感受告知其他可能购买的潜在客户，影响他们的购买行为，从而最终建立起一个强大的客户基础。这对于其他想要进入市场的厂商来说，无疑是一种很大的阻碍作用，也就是我们常说的进入壁垒中的一种。

补充阅读　微信红包，将中国人的传统习俗引入互联网

微信红包是腾讯旗下产品微信于 2014 年 1 月 27 日推出的一款应用，它背后是腾讯财付通运营的名为"新年红包"的公众号，功能上可以实现发红包、查收发记录和提现。关注新年红包账号后，微信用户可以发两种红包：一种是拼手气群红包，用户设定好总金额以及红包个数之后，可以生成不同金额的红包；还有一种是普通的等额红包。最为流行的是前者。

微信红包第一次将中国人节假日发红包的习俗运用于网络社交平台，并通过与 2015 年春节联欢晚会的互动引发了全民狂欢。2015 年 2 月 9 日，微信联合各类商家推出春节"摇红包"活动，送出金额超过 5 亿元的现金红包，单个最大红包为 4999 元，另外还有超过 30 亿元的卡券红包。首轮春节"摇红包"活动于 2 月 12 日晚上正式开启，当晚派送了 2500 万个现金红包。2016 年 2 月 13 日，微信公布了猴年春节期间（除夕到初五）的红包整体数据，微信红包春节总收发次数达 321 亿次。2017 年 1 月 27 日除夕，从零点到 24 点，微信用户共收发红包 142 亿个。

（资料来源：https://baike.baidu.com/item/微信红包/13007189）

1. 早期进入市场策略优势

早期进入者要是能对后来进入的企业形成阻碍作用，那么早期进入的优势就会体现出来。这种阻碍作用被学者们称为进入壁垒，这种进入壁垒可以建立在很多方面，如规模经济、经济效应、投放后市场营销计划的修正(降价、增加交流、强化营销等)，产品、生产和技术的继续改进，以及在其他领域里日益改进的有效资源配置上。早期进入市场的优势具体表现在以下几个方面。

(1) 消费者偏好。早期进入市场的产品对于消费者来说是很陌生的，因此消费者要通过一定的途径去了解、认识这个新产品，这就是所谓的产品/品牌的学习过程。然而当消费者学习这个产品的过程中，如果这个产品能够很好地满足消费者的需要就会形成消费者偏好。当这种偏好一旦形成，消费者在下一次选购商品时就会用已经熟悉的商品作为标准，来评价和认识后进入的新产品，即形成所谓的心理基础。当新产品与自己的标准有差距时，消费者更倾向于购买自己偏好的产品。如"白加黑"能够较好地满足人们对于不瞌睡感冒药的需要，那么当我们再去选购其他的感冒药时，就经常会考虑到它能否满足这方面的需要，这就是一种心理上的评价标准，即心理基础。消费者最初接触的品牌(先驱品牌)容易给消费者造成"先入为主"的心理刺激，加深在消费者印象中的所留下的记忆，从而大大有利于先进入企业形成竞争优势。其次，消费者认识一个新产品是要付出一定代价的，这种代价可以是时间上的、体力上的、精力上的，甚至是金钱上的。然而，收集信息的过程中所付出的代价是没有办法收回的，这种付出了却无法收回的成本在经济学上称之为"沉没成本"，在这里可以是消费者最初了解和使用微信红包这一新功能所付出的时间上、精神上乃至金钱上的成本。也正是因为这个沉没成本的存在使得人们更钟爱于已经熟悉的品牌，从而减弱消费者试用或尝试后进入品牌的兴趣，况且重新认识一个新品牌还要花费很多的代价或成本，这也是经济学上所说的"转换成本"。此外，有研究表明，一旦顾客使用了先进入企业的产品，只要产品管用，他们将愿意为此支付更高的价格，因为他们不确定后来品牌是否管用。

(2) 规模经济。如果假设现有的技术水平不变，生产者多生产一个产品，相应地平均到每一个产品的成本(平均成本)有下降的趋势，就形成了经济学中的"规模经济"。这种效应可能来自生产者对于生产越来越熟练或者工人越来越专业化，效率就会相应地提高，这样可以发挥大规模生产的优势，带来平均成本的下降。规模经济不仅限于生产领域，也可以扩展到商业活动领域。例如，当先进入市场的企业通过率先摸索，找到一条适合自己的模式，从而使自己的商业活动如商品销售、资金筹措、人员培训等更有效率，降低平均成本，形成规模经济。规模经济的形成对于后进入的企业来说，会起到很大的阻碍作用。

(3) 学习曲线效应。由于工人和管理人员在生产过程中，不断学习和吸收知识信息，从而使工作变得更有效率，降低了成本。研究已经证明，学习是非常具有企业个性的，那么学习曲线向下的微小移动就可以导致企业取得巨大的优势。

(4) 技术专有性。先进入的企业往往拥有产品和工艺方面的新技术，这能给先进入企业带来相对于后进入企业的竞争优势。然而，这种专有的技术必须保持相当长的一段时间才可以将这种优势保持下去。先进入企业可以通过专利、著作权和保密三种方式保持技术专有。大部分情况下，申请专利或著作权是限制后进入企业取得这些新技术的好方法。然而在某些特定情况下，如后进入者能够利用专利知识轻而易举地进行模仿和围绕专利进行创新时，技术保密可能是更好的策略。

(5) 资源先取性。所谓的资源先取性是指先进入的企业可以率先获得一些独特的资源，如可以优先挑选一些人力资源，率先占有一些地理上的、技术上的空间。有些时候先进入的企业可能垄断了对某些行业至关重要的稀缺资源，如自然资源，人力资源等，或者占据了优越的地理位置，率先和原材料供应商、分销商等签订长期合同，从而获得竞争优势。

2. 早期进入市场策略劣势

早期进入市场同样也存在劣势，具体表现为以下几点。

(1) 免费搭乘。免费搭乘是一个经济学概念，在这里主要指一个企业获得了某种利益但却没有支付为享受这种利益所应付出的成本。这种利益可以是产品或者技术研发、开拓顾客群体、培训员工、基础投资等多个方面，那么后进入的企业就可以免费享受了这些利益却没有付出相应的成本，这就大大削弱了先进入企业的竞争力和利润，也削弱了先进入企业进行早期投资的动力。微信红包首次将中国人在春节等节假日发红包的习俗延伸到网络社交平台，随后阿里巴巴也推出了各种各样的支付宝红包，2016 年更是通过"集五福"瓜分红包的活动引发了全民追捧。微信红包的创意使手机红包这一概念深入人心，培养了用户习惯，后来进入的企业则不必再花费时间、精力去普及手机红包的概念。

(2) 沉没成本。沉没成本是已经发生而无法收回的费用，其"沉没"的主要原因在于资产的专用性。在市场初期，技术和顾客需求的不确定性往往导致先进入企业锁定错误的战略，而后进入企业可以从先进入企业的错误中吸取教训。尤其当出现比较大的技术变革时，会使先进入企业的早期投资很快过时，而后进入的企业则可以直接采用这种新的技术，更有效率地进行生产，并且可以避免早期的技术研发投资，从而获得竞争优势。

(3) 消费者态度的转变。消费者对于先进入者的态度并不是一成不变的，当后进入者通过一定的手段来影响或者改变消费者对于先进入者的态度，就会对先进入市场的产品产生不利的影响。而改变态度通常可以用以下两种策略：一种是改变消费者的基本动机，即改变消费者购买先进入者的产品的原因；另一种是改变消费者对于竞争品牌的看法，比如可以让消费者认为"白加黑"不能很好地解决人们对于白天吃感冒药不困的需要等。后进入者可以通过改变消费者偏好而不仅仅是单纯地一味满足消费者偏好的策略来削弱先进入市场的优势，因此，通过娴熟地影响和改变消费者偏好的后进入者能够获得差异化优势。

(4) 资源不足。先进入市场优势的持续性依赖于先驱企业拥有的初始资源和以后发展的资源及能力的支撑。如果先进市场的企业资源有限，却花费了大量的成本用于开拓市场、普及概念等，当市场较为成熟之后，却没有相应的资金来保持自己的领先地位，就会被一些选择后进入市场的、资金雄厚的企业所替代。

(5) 组织惯性。组织惯性是一个管理学概念，主要是指当组织发展到一定的程度后所产生的一些惰性，这些惯性通常表现在固守原来的模式，不愿意创新，从而导致组织不能很好地适应外部环境的变化。先进入的企业往往由于进入市场过早从而导致组织惯性的发生，不能很好地适应外部环境的变化，还可能是企业的运作模式更加程序化，缺乏弹性，缺乏对环境变化做出反应的能力，继而出现了所谓的"官僚化"。这些都会使企业不愿意改进产品，不愿意淘汰旧的生产工艺和技术。最为严重的是组织盲症，有时先进入企业虽然已经认识到了威胁，也采取了改革行动，但由于组织因素，往往导致改革失败。

3. 早期进入的选择

(1) 影响早期进入者优势的因素。

开拓者的优势地位是否持久取决于以下四个因素。

① 技术创新的来源：技术领先的持久性在很大程度上取决于这种新技术是企业内部开发的，还是源于企业外部。如果是前者，开拓者的优势地位可以维持较长时间；如果是后者，维持技术领先会较为困难。

② 技术开发费用相对于企业销售额的比例：市场份额大的企业与市场份额小的企业相比，前者的研究和开发成本相对较低。

③ 相关工艺技能：开拓者如果拥有独特的工艺技能、科学的管理、富于创新精神的科研人员，则有可能长期维持技术上的领先地位。

④ 技术传播的速度：如果追随者可以轻易地得到开拓者开发的技术，开拓者的技术创新努力就会"竹篮子打水一场空"。在现有技术条件下，微信红包的创意很容易实现，也很容易被其他公司复制，但是得益于微信平台原有的广大用户基础以及率先推出的优势，截至 2018 年，微信红包仍然有着优异的表现。防止技术创新迅速传播的手段包括：严格的保密制度、申请专利、阻止外人随意进入企业参观、自行开发生产设备、留住骨干技术人员。

(2) 适合早期进入市场的情况。

通常在下列情况存在时，早期进入是合适的。

① 厂商的形象及声誉对买主来说是重要的，该厂商能够通过作为一名先驱者而把一种已提高了的声誉加以发展。

② 早期进入能够在一个营业单位内发动学习过程，在该营业单位内学习是重要的，经验是难以模仿的，连续几代的技术也决不会使这种学习过程无效。

③ 客户忠诚度很大，因此首先对客户出售的厂商可以自然地得到好处。

④ 通过对原材料供应、销售分配渠道等早期承诺能够获得绝对的成本优势。

(3) 早期进入有风险的情况。

在下述情况下，早期进入特别有风险。

① 早期竞争及市场细分化是在不同的、但对行业发展后期是重要的基础上进行的。因此，厂商会建立起多余的技能，还可能面临高的更新成本。

② 开辟市场的费用很大，包括诸如客户培训、规章制度的批准，以及技术开拓之类的费用，但是开辟市场的好处却不能为厂商所独占。

③ 与那些小型的、新开办的厂商进行早期竞争是耗资巨大的，但在后期代替这些厂商的将是更加难以对付的竞争。

④ 技术变革将使早期投资过时并且使那些后期进入的、具备最新产品及工艺的厂商拥有某种优势。

由于新产品的市场潜力是很大的，所以对于早期进入者来说，没有太大的必要把主要精力放在阻止对手的进入，而把资源放在自身的产品开发和不断扩大产品市场占有率上显得更为明智。或许通过发放许可证或其他手段来鼓励某些竞争者的进入可能是合适的，给定新兴阶段的一些特征，厂商往往可通过其他厂商拼命地出售行业产品并援助技术发展而受益。

11.1.2 同期进入市场策略

同期是指与其他厂商同时或在十分接近的时间里将新产品推向市场,在这段时间,是否能够成为第一对于市场和其他利益相关者没有太大的差别,关键是要有自己的特色,也就是形成差异化。如案例中的星巴克推出了自己的即饮咖啡产品,虽然目前市场上已经有了一些即饮咖啡产品,如雀巢的罐装咖啡等,然而在消费者心目中,星巴克可以说是优质咖啡的代名词。因此,当星巴克推出即饮咖啡之后,会受到那些追求优质咖啡但同时又有对即时饮用需求的顾客的追捧。星巴克正是看中了这一点,与其他公司一起,推出了自己的即饮咖啡。

补充阅读　　**智能音箱市场的快速发展**

　　2018 年智能音箱市场体量急速上升,2018 第二季度销量达 1680 万台,预计年底总销量可达 5630 万台,使用人数突破 1 亿人。在中国,阿里巴巴的天猫精灵音箱、小米的小爱音箱、百度的小度音箱等几乎同期进入智能音箱市场,竞相争艳。

　　智能音箱的发展始于 2014 年,亚马逊在 2014 年底发布 Echo,至今占据美国市场 60%以上。谷歌在 2016 年 11 月正式发售 Google Home。中国也加入智能音箱大潮。2016 年智能音箱市场处于启动期,销量为 300 万台。2017 年,苹果入局,谷歌、亚马逊全面交锋,销量爆发性增长 10 倍,达到 3000 万台。2018 年 Google Home 超过 Echo 成为最热销的智能音箱,第二季度智能音箱总出货量为 1680 万台,高于第一季度的 900 万台。2018 年底智能音箱全球出货量总计将达到 5630 万台,使用人数突破 1 亿人。目前在中国,阿里巴巴的 Tmall Genie 音箱占有 50%的市场份额,而小米也在奋力追赶,其小爱音箱 mini 的销量在本季度增长了 228%。

　　当前智能音箱综合排行榜上排在前五名的品牌分别为:阿里巴巴-天猫精灵 X1、小米-小爱音箱 mini、百度-小度、苹果-HomePod、亚马逊-Echo。各品牌对旗下产品进行差异化定位以抢夺快速发展的智能音箱市场,如 mini 版智能音箱,布局中、高、低不同系列音箱,打造系列生态,通过低价撬动市场,代表产品有 Echo dot、小爱音箱 mini、百度 mini、天猫方糖等。与谷歌发力高端音箱不同,亚马逊拉低售价,转而开拓屏幕音箱市场。

　　(资料来源:俞苗,《智能音箱市场分析及未来发展》,人人都是产品经理网,2018-09-13)

1. 同期进入策略分析

当潜在的消费者认识一个新进入市场的品牌之后,在一定的时间之内消费者并不会对这个品牌建立起品牌偏好,如果在这段时间内有第二个品牌进入市场并引起消费者注意,则会有效地减少率先进入市场品牌的竞争优势,使得竞争又恢复到了一个相对平衡的状态,这也是支持这种同期进入市场的市场行为基础。例如,在一次性尿布市场,如果宝洁公司晚2至3个月进入，或许还不至于对它的生产产生重大影响，但是6个月的差距则可能使它处于竞争优势。所以，同期进入的时间区域长度应该视产品和市场情势的不同而有所不同。但毋庸置疑的一点就是，在高度竞争及混乱的市场态势下，找出这一长度是重要的。

在品牌繁殖明显的市场中，当主要竞争对手的产品信息比较容易得到时，同期进入市场策略是较好的，因为可以迅速针对对手的举动采取防御或进攻的措施，以此削弱对手的开发可能造成的潜在优势，从而赢得更大的市场。

2. 同期进入的成败关键

企业在实施同期进入策略时需要注意以下一些问题。

(1) 市场细分准确、定位恰当。这一时期特别重视市场的细分和定位，因为一旦细分市场把握不准，就可能失掉时机。案例中的星巴克就是将自己定位于优质的即饮咖啡。

(2) 形成产品/服务的差异化优势。厂商选择进入市场的时间差别不大，导致了这些厂商在规模经济、学习曲线效应等方面的差异也比较小，于是这个时期的成本优势根本无法显示出来。这就要求企业在产品/服务的差异性上下功夫。

(3) 密切关注目标顾客的反应。消费者在对这类新产品/服务有个基本了解之后，逐渐会形成某种偏好。通过消费者的反应，企业可以进一步完善产品/服务，以至于能比竞争者更能满足消费者的需求。

企业选择同期进入后，必须时刻关注市场动态，尤其是对竞争者和潜在竞争者的关注，在此基础上才有可能真正形成自身的差异化优势。

11.1.3　晚期进入市场策略

晚期进入是指在竞争对手进入市场后，再将自己的新产品推向市场。这意味着推迟新产品的市场投放日期，以达到取得长期竞争优势的目的。当然，也有可能由于产品开发的时间比对手晚而被迫晚于对手推出自己的新产品。在这里，善于学习对手的经验是很重要的。晚期进入者仅仅模仿先进入者是不够的，更需要在此基础上形成自己的优势。正如案例中所提到的AMD，不仅成功地吸取了英特尔在双核CPU市场上的成功经营经验，同时又给自己的产品加入了一个独特的元素——适合于网吧电脑，这也是它近几年在中国市场上表现不俗的原因之一。

补充阅读　　　　比亚迪的后发先至

新能源汽车是指采用非常规的车用燃料作为动力来源（或使用常规的车用燃料、采用新型车载动力装置），综合车辆的动力控制和驱动方面的先进技术，形成的技术原理先进，具有新技术、新结构的汽车。鉴于日益严重的环境污染问题和资源紧缺问题，新能源汽车应运而生，多家汽车企业向市场推出新能源汽车，目前市场上的新能源汽车主要分为纯电动汽车和混合电动汽车两大类。

较早进入中国市场的新能源汽车企业有日产、三菱和特斯拉，这三家企业在2014年是中国新能源汽车市场占有率的前三名。随着中国市场对新能源汽车的需求剧增，比亚迪一改传统汽车路线，抓住了新能源汽车的趋势，结合自身的电池制造技术，向市场推出自己的新能源汽车。虽然比亚迪推出新能源汽车的时间较晚，但比亚迪拥有的电池技术有利于降低生产成本，并基于市场需求在原有的基础上继续进行技术创新，迅速扩大市场占有率，由 2014 年市场占有率的第 7 名迅速上升至 2015 年市场占有率的第一名，并超过特斯拉成为全球销量最大的新能源汽车厂商。目前，比亚迪汽车占据中国新能源汽车 30%的市场份额，持续盘踞行业榜首。2015 年，比亚迪还推出了插电式混合动力汽车——"唐"，比亚迪在中国插电式混合动力汽车的市场份额已经达到 80%。

（资料来源：作者根据网络资料整理而成）

1. 晚期进入优势

与早期进入相比，晚期进入市场的优势主要表现在以下几个方面。

(1) 较小的成本和风险。早期进入市场者面临着高昂的成本和开拓风险，需要有充足的流动资金作保障，否则市场开拓的失败很可能直接影响企业未来的命运。相比之下，晚期进入者可以通过等待市场机会发展到足够的规模等方法来很好地避免这些风险。如前面的案例中，当中国市场上的消费者已经熟悉了新能源汽车这一概念，并且对新能源汽车的需求激增，比亚迪结合自身的电池制造技术，向市场推出自己的新能源汽车，减少了一定的市场开拓风险。

(2) 学习竞争者的经验。晚期进入者可以从先进入者身上学到很多的经验，而这些宝贵的经验可以为后进入者在新产品研发、市场调研等方面节省很多的成本，从而转化为一种很有力的竞争优势。

(3) 最为重要的是，购买者的偏好也将因此显露无遗。先进入者在开拓市场的过程中，消费者的偏好就会暴露出来，这样后进入者可以根据这些宝贵的经验来改进自己的产品，使之更有竞争力。同时，要是能及时地发现那些还没有被满足的消费者需要，找到那些还没有被开发的细分市场对于后进入者来说具有十分重要的意义。

2. 晚期进入目标

对于晚期进入者，有以下几种方案可供参考。

(1) 以扩大市场占有率为目标，轻视资本收益率。这是为了扩大市场占有率，采用扩大产品品种投资、增加产量投资和降低价格的办法。

(2) 以扩大市场占有率和收益率为目标。这种策略适用于未开发的细分市场的行业。

(3) 占领一定的市场，重视资本收益率。这是一种不以市场规模为目标，而是以开发和经营高价值和高档产品为方向，谋求提高企业收益的方案。

(4) 确保市场占有率，牺牲收益率。晚期进入者为了成为市场领导者，或在早期进入者实行低价策略以甩掉竞争者时，适于采用的策略。但如果资金能力不足，不能进行这种竞争时，重视资本收益率的方案会更为合适。

11.2 进入市场规模策略

当企业划分好目标市场之后,可以选择其中的几个目标市场小规模地展开营销,也可以针对目标市场来全面展开。一般来说,新产品市场营销计划的基础都是选择一个或几个目标细分市场。而这些细分市场通常又可以划分为若干个小的单元或亚市场,如将武汉市场划分为汉口亚市场、武昌亚市场和汉阳亚市场,这样可以方便有效地配置资源,或者进行试销等。比较有效地细分市场可以按照新产品的采用范畴、地理区域、分销渠道、销售队伍、广告媒介及某些其他有用的变量来界定。进入市场的方法可以是顺序式的滚动,或者是全面铺开式的市场投放,以体现基本经营战略的某个方面。

11.2.1 滚动投放策略

补充阅读　　　　摩拜单车的上市手册

摩拜单车(Mobike),是北京摩拜科技有限公司研发的互联网短途出行解决方案,是无桩借还车模式的智能硬件。人们通过智能手机就能快速租用和归还一辆摩拜单车,用可负担的价格来完成一次几公里的市内骑行。单车共享系统的建立,可以有效缓解城市交通压力,极大地提高用户的出行效率。

2016年4月至8月初,在探索期,摩拜单车立足上海,致力于站稳细分市场,沉淀种子用户,验证运营模式。主要行动有:简化计费规则,打消用户对新产品用车费用的疑虑;完善信用机制,培养用户良好的用车行为及习惯;获取更多用户,英文版上线,获取一线城市的外籍用户,简化学生的验证机制,切入学生用户群体;优化产品体验,修复产品的一些bug,增强产品的价值强度。

2016年8月初至8月末,摩拜单车处于增长期。这一时期的任务是实现用户规模和订单规模的稳步增长,加大单车的投放,占领更多的市场份额。完善了问题反馈机制,让用户对车辆问题的反馈更加高效;引导用户规范用车,对不文明使用现象加强约束。

2016年9月1日,北京正式成为摩拜单车的第二个运营城市,随后摩拜单车逐渐扩展至全国。这个阶段摩拜单车的用户体量激增,短短一个半月,Android端的下载量提升了4倍。9月19日,摩拜在北京已投放超过一万辆单车,而摩拜在上海花了近4个月,才达到一万辆的投放规模。

(资料来源:http://www.woshipm.com/evaluating/429556.html)

如果生产者不知道消费者对于自己产品的反应会是怎样或者面临着比较大的风险时,可以通过先进入其中的一个或者几个目标市场,然后根据结果作出调整,再按照一定的顺序逐步投放到其他的目标市场。正如案例中提到的摩拜单车,摩拜在将单车投放市场的时候并不是突然间进行全面铺货,而是先选择了上海进行试运营,4个月之后才进军北京,之后再逐渐拓展到全国其他区域。因为共享经济在中国市场刚刚萌芽,摩拜需要先了解用户的需求,观察市场对产品的反应,综合考虑自身的资金及能力,如果贸然全部推向市场,则很可能导致失败。相反地,在严格控制的条件下,向一个细分市场投放一种新产品,可以在早期为企业提供宝贵的市场信息,如消费者对于产品的反应如何,以帮助企业做出必要的调整。从第一个市场中学到的经验可以应用到第二个市场中,这样一直滚动下去,直到有足够的市场经验来实施全面的市场投放。不过在这里,必须尽可能早地将产品投入市场,进行调整并继续滚动,直至达到理想的产品开发和市场投放营销计划所期望的效果。

这种滚动方式也可以通过跨越不同的分销渠道来进行。与前面所不同的是,这种方式滚动的是分销渠道而不是细分市场,然而这种分销渠道的滚动通常也可以看作是在不同场所购买产品的消费者之间的滚动。例如,一种新香水的目标市场被界定为妇女晚间使用,它可以首先在高价的百货店和精品专卖店销售,然后它可以滚动到其他百货店和杂货店销售,最后再滚动到杂货铺和折扣商店销售。同样,市场营销计划也能通过特定的媒介载体(广播与印刷品)或销售队伍(对于按细分市场划分销售队伍的公司)向各个细分市场滚动展开。

11.2.2 全面投放策略

补充阅读　汇仁肾宝经典营销案例

　　汇仁肾宝和白加黑、荣昌肛泰、洁尔阴等产品不同,在上市之初,其产品方面并无明显优势或特点。但其能在最高峰期取得十几个亿的销售额,并成功做成一个长线产品,也使得汇仁集团从一个名不见经传的小企业成为全国性知名企业和江西省最大的民营企业,应主要归功于其在营销操作方面下的功夫,总的来说就是地面人海战术高空广告。汇仁肾宝在全国除西藏外的所有省份建立了营销分支机构,覆盖了全国 2 000 余个县(市、区)市场,派出各级营销人员 3 000 余人,所到之处大量投递宣传小报、折页,大量张贴宣传画,大量悬挂横幅、条幅,将汇仁肾宝的各种广告贴满大街小巷、住宅区、电线杆及农村的大墙,细致的工作让人感觉汇仁肾宝无处不在。除各种地面的广告外,在高空广告的投放上,汇仁肾宝也是所到之处卫视台、城市台全面开花。广告不止量大,在质上也不错。那版让所有人都会心一笑的广告:一女子依偎男人旁,肩一耸,说了句"汇仁肾宝,他好我也好。"近十年的汇仁肾宝如今仍然在市场上有着较大影响,而不是像同时期的许多产品,爆发之后迅速消亡。

　　(资料来源:王继勇,《OTC 八大经典营销案例》,http://www.em-cn.com/article/2005/4158.shtml)

　　如果企业资源允许并且细分市场之间需求的差异不大,那么企业可以考虑采用全面铺货的策略,以达到快速占领市场、提高市场占有率等目的。

　　具体来说,全面铺开的市场进入策略在使用时必须具备以下几个条件。

　　(1) 新产品极大地满足潜在顾客的需求。首先,新产品能够满足潜在顾客的需求,这一点通过市场调研可以发现;其次,新产品的定价必须符合目标顾客的消费水平,消费者不仅渴望购买，而且有能力购买；此外，产品的质量必须得到保证。中国人对于中医理论中的"阴""阳"理论比较重视，而汇仁肾宝又强烈而巧妙地完成了汇仁肾宝"性"话题的诉求，要知道这才是补肾的消费者最迫切的需求，因为在大众的观念中，补肾理所当然地有壮阳意思。

(2) 企业资源的允许。如果企业采取全面铺货策略，那么就会由于大批量生产增加大量的生产成本。同时新产品的开发成本和引进市场的广告成本也非常高昂，所以说，在没有充足资源的支撑下实施全面铺货策略是非常危险的。

(3) 具备良好的渠道规划和终端建设。新产品需要通过渠道才能传递给消费者，分销渠道网络的建立对于这一策略尤为重要。如案例中所述汇仁肾宝在全国除西藏外的所有省份建立了营销分支机构，覆盖了全国 2 000 余个县(市、区)市场，派出各级营销人员 3 000 余人，拥有良好的销售网络。

(4) 有明确的品牌战略规划。随着竞争者和替代产品的不断增加，仅仅具备优越的产品性能已经不足以形成长期优势。

此外，企业在这一策略实施期间，应具备阶段性谋略。

11.3 进入市场的反应强度策略

所谓进入市场的反应强度，是指新产品的投放对所有利益相关者的感染强度。利益相关者可以是消费者，也可以是市场中的竞争者。使市场产生反应的是新产品与顾客产生交流的要素或符号，如产品特性、价格、促销、展示，等等。对于一个企业而言，找到一个合适的市场反应强度是尤为重要的。这种反应程度有两个极限，即最高和最低，通常要选择其间的一个合适的强度。通过确定反应强度，可以认识到可能推迟新产品接受的主要市场摩擦的来源，并且还可能需要有更具体的评价市场对于新产品反应的模型和方法。

11.3.1　高反应强度市场进入策略

高反应强度的市场进入，有时也被称之为市场共鸣，即产品的投放市场引起了利益相关者的强烈反应。通常，企业可能希望自己的新产品在投放之后产生最高的反应强度。因为高强度的反应会加速新产品在消费者群体中的传播，使得更多的消费者认识这个新产品，这就极大地减少了宣传新产品所需的费用。

补充阅读　**佳能推出 4 款 CMOS 强势进入工业市场**

　　CMOS（互补金属氧化物半导体）是指制造大规模集成电路芯片用的一种技术或用这种技术制造出来的芯片，是电脑主板上的一块可读写的 RAM 芯片。因为可读写的特性，所以在电脑主板上用来保存 BIOS 设置完电脑硬件参数后的数据，这个芯片仅仅是用来存放数据的。2018 年 6 月，佳能宣布成功生产了全世界最大的 CMOS 传感器。

新传感器是一枚边长 200mm 的正方形 CMOS，是佳能为了满足高灵敏度的使用需要而开发的。新传感器可以在 0.3 lux 的低照度下实现 60fps 的视频拍摄，而 200mm×200mm 的传感器，其面积已经达到了传统全画幅尺寸的 40 倍。一般情况下，电子元件都是越小越好，但图像传感器是个例外，大尺寸传感器的好处在于能聚集更多光线、噪音更低且内部聚焦更精确，佳能这一研发成果可以说是相当惊人。

2018 年 11 月，佳能发布多款工业级 CMOS 产品强势进入工业市场：3U5MGXS 具有全局电子快门和 120fps 全像素逐行读取性能，提供了 500 万像素低功耗的快速图像捕获能力，可以满足医学成像或是制造检查等需求；35MMFHDXSCA 具有 19μm 像素间距，可提供 276 万像素分辨率，能够在肉眼难以辨别物体的极低光照环境下捕捉彩色图像，能够满足天文、监控、安防等需要超高灵敏度图像捕获的领域；120MXS 在 APS-H 画幅下具有 1.2 亿像素高分辨率，同时可以提供 9.4fps 的连拍速度，用以满足航空测绘、生命科学、数字存档等行业的需求；2U250MRXS 同样是一款 APS-H 画幅产品，可以输出 2.5 亿像素超高分辨率，并且具有 12.5 亿像素/秒的读取性能，随着电路小型化和增强信号处理技术的进步，该传感器将有望同时具有高分辨率、高灵敏度、低热噪的特点。

（资料来源：https://article.pchome.net/content-2083319.html，2018-11-05）

企业要针对新产品的利益相关者做出相应的一套营销方案，通过实施这个方案能够有效地向消费者传达企业所传递的信息，并且要在消费者心中产生强烈的共鸣，来使得这些利益相关者加快关于该新产品信息的扩散。在新产品的背景中，实现这一目标的工具被称作"销售宣传"，即导致有利于接受新产品的营销环境产生的投放前活动。对于高反应强度的市场投放来说，其新产品的市场营销宣传计划应做到以下几点。

(1) 目标针对有关利益相关者的细分市场。如英特尔将和全球最大餐饮业连锁店麦当劳一起通过一些麦当劳餐厅推广无线上网。对于英特尔这项新技术比较感兴趣的潜在消费者，他们身上有着自己的特点，其中就包括他们中的很多人经常会光顾麦当劳等快餐店，那么英特尔选择在与麦当劳一起合作来推广无线上网，无疑是充分考虑到了与这项新技术有关的利益相关者自身的特点，这样会大大地增强推广效率。

(2) 具有很大的强度和冲击力。这一点尤为重要，冲击力可以是技术上的冲击力，如 2018 年佳能研发出了世界上最大的 CMOS 传感器，引起了业内的广泛关注；也可以是情感、文化上的诉求，纵观中国的白酒市场，新产品投放寻求的都是文化上的共鸣，而茅台、五粮液等品牌正是在这种大旗不倒的酒文化下，利用各自的历史遗承诉求着各自的个性主张，并有效引发消费者的认同，成为一种饮者心中的标准。

(3) 时机掌握正确(足以产生效果，又不至于会受挫)。

(4) 向利益相关者传递一种协调一致的，然而又使公司有别于竞争对手的信息。

高反应强度的市场投放计划虽说在直觉上是非常诱人的，但是它们也会使人产生对新产品的过高期望，或者在其他方向造成不曾预料的后果。例如，过早地引起竞争对手的警觉；未能在明确或暗示的投放日期将产品投放市场；在投放之前就造成了不良的负面宣传效果，特别是在用来产生高反应强度的、隐含在宣传信息中的双重含义被错误理解的时候。

11.3.2 低反应强度市场进入策略

 补充阅读 <u>娃哈哈再推咖啡饮料:"呦呦奶咖"尊贵上市</u>

2006年可谓是中国饮料的"咖啡饮料"元年。在世界杯踢得正酣的时刻,一瓶"咖啡+可乐"的具有异域风情的咖啡可乐在娃哈哈手中诞生,非常咖啡可乐以其独特的创意、优雅的包装形态一举吸引了时尚人群的目光,而一场针对娃哈哈"进城"的议论成为网上的热点之一。由此一些业内人士指出,咖啡饮料将成为饮料行业的新热点。果不其然,2007年新年钟声刚刚敲响,一瓶散发着都市浪漫主义色彩的娃哈哈"呦呦奶咖"在各大商超悄然上市。2006年非常咖啡可乐领先"两乐"的咖啡型碳酸饮料先期上市的决策,使得娃哈哈一举占据高端碳酸饮料的潮头,而市场的热捧也坚定了宗庆后做大咖啡饮料市场的信心。据娃哈哈科研开发中心的相关负责人透露,娃哈哈此番推出的这款"呦呦奶咖",是根据中国人对咖啡的口味偏好特意研制的"国内第一款充满都市浪漫情调的牛奶咖啡"。娃哈哈"呦呦奶咖"选用的是品质上乘的阿拉比卡豆(Arabica)与罗伯斯特豆(Robusta),经黄金比例科学配方,运用国际领先的滴滤技术,最大限度地萃取芳香馥郁的咖啡原汁,国际一流的无菌灌装技术又保留了澳洲牛奶的原始风味和营养! 缕缕幽香,令你精神焕发。冷饮爽口,热饮馨香,犹如一杯源自纽约曼哈顿咖啡店调制出来的香浓的卡布奇诺。

据悉,在不久前的娃哈哈年度销售工作会议上,来自全国各地的娃哈哈经销商们经过品尝,都一致看好该饮料,信心爆棚。

(资料来源:朱妤微,《娃哈哈再推咖啡饮料:"呦呦奶咖"尊贵上市》,杭州网,2007-03-26)

高强度反应的市场进入势必会导致巨大的风险,这种风险可能来自两个方面:一方面是消费者,当反应强度过高时,消费者可能会对新产品产生过高的期望或者负面的影响,当产品上市之后,若是产生了感觉上的落差则会极大地影响产品的销售。另一方面来自竞争者,如果过早地引起了竞争对手的警觉,尤其是在对手很强大时,竞争对手可能会采取相应的措施来参与竞争。因此低强度反应的进入策略正是基于这样的考虑而采取的。

与高反应强度的市场投放计划相反,低反应强度的市场进入则尽可能悄悄地进入市场,不要任何形式的、会造成任何反响的炫耀和宣传。根据战略性市场细分计划,同时向市场投放多个新产品的公司,就可能希望悄悄地进入各细分市场,而不暴露其总体战略。在高敏感市场(银行、保险业等)上投放新产品的公司可能会愿意选择低反应强度的市场进入。例如,向净值2 000万美元资产以上的私人客户推销一种新的资产管理业务的银行,就可能选择一种静悄悄的进入市场的方法。希望以一种文化上属于禁忌,然而又为某些潜在购买者需要的产品进入市场的公司,也许会作同样的处理。

本章小结

　　本章主要分析了新产品进入市场的时机选择、新产品进入市场的规模选择和新产品进入市场的反应强度选择。

　　新产品进入市场的时机可以分为前期进入、同期进入及晚期进入；新产品进入市场的规模有全面铺货和滚动投入两种策略可供选择；同样，新产品进入市场的反应强度有高和低两种策略。每一个策略都有其自身的优势和劣势，在做选择之前，需要结合具体的情景进行分析，不能一概而论。

　　除此之外，企业应该对新产品市场进入的影响因素进行分析。

　　通常以围绕一项新产品而展开的营销活动的开始作为预期的市场进入时间，它不仅取决于产品开发所需要的时间，同时还要取决于所预期的周围环境的稳定程度，如技术是否会发生变革、相关的法律法规是否会发生改变等。要决定新产品的投放市场的最佳时间(或者至少最佳的一段时间范围)，这就要求考虑产品投放市场后，还要做些什么相应的营销活动，并且还要考虑这个决定会不会对企业建立和保持竞争优势产生什么战略上的影响。由于早期进入而可能积累起来的潜在优势是会逐渐消散的，除非对至关重要的营销计划和市场因素都加以仔细控制。因此，在进行市场进入分析时，市场反应时间和产品性能必须为企业所关注。

思考题

(1) 什么是早期、同期和晚期进入市场？它们各有什么优势和劣势？
(2) 进入市场的规模有哪几种？能列举你身边发生的案例进行说明吗？
(3) 想要获得较高的反应强度企业通常可以怎么做？请列举几个例子加以说明。

案例研讨

iPhone X 的上市项目

一、项目介绍

　　2017 年 9 月 13 日，苹果公司举行新品发布会，介绍了新一代 Apple Watch Series 3，新一代 Apple TV 4K，iPhone 8 和 iPhone 8 Plus 以及主打产品 iPhone X。其中代表未来手机发展趋势的 iPhone X，因为 10 年来最大的外形设计变化、首次引入 Face ID 人脸识别技术等而备受关注。自苹果新品发布会开始，iPhone X 已连续 2 个月霸占头版头条。"苹果公司十周年纪念款"的头衔已经让 iPhone X 有足够底气在市场上掀起波澜，在库克为其量身定制的营销策略的加持下，iPhone X 果然不负苹果公司厚望，创下 iPhone 订单量记录，甚至首次超越过去的巅峰——iPhone 6 的订单量。

二、项目分析

1.饥饿营销

苹果公司对 iPhone 的营销并非简单的饥饿营销,而是极端的饥饿营销。苹果公司先是避而不谈有关新一代 iPhone 的任何相关信息,只告诉市场,有新一代 iPhone 将要面市。等到市场极端渴望从各种途径获得新一代 iPhone 的产品信息时,苹果总裁就会现身全球开发者大会做隆重的产品发布介绍,说新一代 iPhone 将再一次改变一切,然而只是对新一代 iPhone 进行简单介绍,等到新一代 iPhone 正式上市之后,其广告便铺天盖地,通过形形色色的途径让消费者随处可见,与之前形成强烈反差。消费者在这段时间被吊足了胃口,一旦看到新一代 iPhone 上市,如在沙漠中看到绿洲,热情高涨,于是纷纷争先购买。

在 iPhone X 没有预售的前夕,很多媒体网站就传出消息,iPhone X 的供应出现了问题,由于制作难度高,所以产量很小,这就引发了很多苹果用户争相预订的想法。也有相关媒体报道 iPhone X 产能仅为 4.5 万台左右,那么很多手机用户认为这次如果抢不到的话,可能年前很长一段时间都无法用上最新的苹果手机。此外黄牛的因素也被无限放大了,所以才导致 10 月 27 日预售情况火爆,在很多电商平台上几乎都是秒光,瞬间预订名额即被抢光。

而且自这款产品上市以来,不管市场对这款产品的呼声多高,苹果公司始终坚持通过与运营商签订排他性合作协议、分享运营商收入的方式,耐心地开拓市场,在下一款更新的产品上市之前,经常性让消费者处于缺货的等待状态之中。一方面是消费者狂热的追捧,另一方面是产品的全线缺货,在这样的供需矛盾下,市场总是处于某种相对的"饥饿"状态,这有利于苹果保持其产品价格的稳定性,对产品升级的主导权,以及对渠道甚至整个产业价值链的控制权。虽然苹果公司的生产可能会存在产能不足的情况,但我们仍能看到饥饿营销策略在其品牌营销中的成功运用,因此苹果公司的市场营销战略屡屡获得成功。

苹果公司的饥饿营销,并非单纯控制产品产量,而是把产品的信息做成一种难以实现的渴望,让每个人都非常渴望主动了解 iPhone,拥有 iPhone。当然,这种饥饿营销的基础,是苹果强大的品牌下拥有着一帮苹果粉丝,他们以自己的影响力,为苹果编织了一个强大的宣传网络。

2.口碑营销

企业在调查市场需求的情况下,为消费者提供需要的产品和服务,同时制订一定的口碑推广计划,让消费者自动传播公司产品和服务的良好评价,从而让人们通过口碑了解产品、树立品牌、加强市场认知度,最终达到企业销售产品和提供服务的目的。苹果公司在营销时,其口碑营销也是其主要的法宝之一,它通过对消费者进行文化认同的培养,逐步培育长期客户。口碑营销有利于企业努力使消费者通过亲朋之间的交流,将产品信息、品牌传播开来。

口碑营销让苹果的产品诱惑无限,吸引消费者"先夺为快"。苹果每年只能开发出 1~2 款新 iPhone,但几乎每款都力求将每种科技发挥到极致,既能让人们吃惊、兴奋,又可以知道如何使用它,这样的方式成为口碑营销成功的最强基石。同时,苹果产品的保密工作做得非常出色,其每年的年度大会也很会为媒体和消费者创造谈资,在每款新产品发布前引发各界强烈的讨论。苹果公司成功实现了文化、产品、品牌和口碑之间的良性循环,iPhone 的口碑营销也有着自己的独特性和创新性。

在大多数情况下,iPhone 的口碑传播并不是苹果公司有计划地实施,而是那些消费者自发地、主动地去传播信息、评论产品。这样的口碑宣传会更具客观性和真实性,更容易被其他人所接受。通过别出心裁的营销手段和紧凑的供应链,苹果公司对用户体验的打造有效地动员了其目标客户群,成功的营销方式则吸引消费者自发自愿参与。

(资料来源:作者根据网络资料整理而成)

案例思考题

1. 苹果公司对手机市场是如何细分的?对 iPhone X 是如何定位的?
2. iPhone X 上市选择了何种市场进入规模?为何做出这种选择?
3. 对 iPhone X 的上市项目进行总体评价。

第 12 章　新产品市场化策略

📖 **本章阐述的主要内容**
　(1) 新产品品牌和沟通策略；
　(2) 新产品包装和定价策略；
　(3) 新产品渠道策略。

引　　例

可口可乐新品来袭

　　2018 年初，可口可乐公司在中国推出"雪碧纤维+"无糖高纤饮料，借助雪碧的品牌影响力和消费群体来进行新产品营销。

　　可口可乐这次上市的新品，以果蔬营养补充、膳食纤维减脂作为卖点，符合了当下消费者对于健康生活的追求。产品定位于雪碧品牌的一个分支，给热爱雪碧口味的消费者以更多的口感体验，充分借助雪碧品牌现有的消费群体，同时通过健康新品的概念降低了人们对饮用碳酸饮料可能会给身体健康带来不良影响的担忧。

　　随着收入水平的不断提升，人们更有意愿和经济能力去追求更健康的生活方式，低糖、低添加剂、更天然、有益健康的产品已经成为新的消费热点，对产品口味及相关功能的诉求也越来越碎片化。

　　当前，软饮料行业竞争日趋激烈，更多的企业面临成本与业绩形成的双重压力，在整体增长乏力的市场环境下，深入洞察消费趋势、理性选择细分市场、合理定位产品属性显得愈发重要。

　　（资料来源：邢仁宝，《可口可乐新品刷屏的背后》，中国营销传播网，2018-03-27）

12.1　新产品品牌策略

　　新产品研发成功，就像刚出生的婴儿，没有名字，性格特征也不明显。同样的道理，新产品市场化之前，要先给新产品命名，并提炼其产品特征或诉求点，塑造品牌个性，使其与同类竞品相比，与众不同，对顾客产生一定的吸引力。给新产品品牌命名的同时还需要考虑采用哪种品牌策略，通常情况下，企业新产品市场化过程中所采用的品牌策略主要有"多品一牌"策略、"一品多牌"策略和"一品一牌"策略，不同的策略存在不同的利弊和适用条件，企业应结合自身的实际情况进行决策。

12.1.1　新产品品牌命名

给新产品品牌命名是一项颇具挑战性的工作，是真正意义上的智能凝结、创意优劣的分水岭。这是因为有太多太多的著名品牌由此诞生，更是因其名称神奇般地带动了一个新品牌的茁壮成长，比如，华为、农夫山泉、宝洁等品牌便是如此。

定位大师艾·里斯说过，名称是把品牌吊在潜在顾客心智中和产品阶梯上的挂钩。在新产品市场化过程中，企业要做的第一项重要营销决策，便是为新产品取个好名称。什么样的名称会被称为好名称呢？不是叫得大叫得响的。称王称霸固然好听，但不可能长久，巨人倒下，小霸王关门，太子奶无人喝彩就是明证。好的名称要求满足许多条件，如国际性、现代感、简洁、音韵和谐、大气、不重复、寓意深刻，有品位，文化内涵丰富，等等。如可口可乐，它天生就是饮料，英文如是，中文亦如是，字面上理解有三层意思：一是成分原料中含有可口，有提神作用，让人心情舒畅；二是产品类别所引发的精神愉悦，这就是"可乐"，给人以文化精神因素的吸引；三是一种饮料的暗示和联想，可口的当然是可乐饮料。

12.1.2　"多品一牌"策略

"多品一牌"策略也叫单一品牌策略，它是指企业将自己原有的品牌沿用到不同类别的产品上，形成几类产品一个牌子。以此为理论依据的实践成功者不乏其例：青岛海尔集团公司利用"海尔"之名先后向市场推出了洗衣机、电冰箱、冷柜、空调器、微波炉、热水器、抽油烟机等 20 个门类 5 000 个规格品种的产品系列，使"海尔"成了中国最出色的家电品牌；杭州娃哈哈集团公司继娃哈哈果奶之后陆续推出了娃哈哈纯净水、娃哈哈八宝粥、娃哈哈 AD 钙奶、娃哈哈红豆沙及绿豆沙等产品，经过十年艰苦创业，"娃哈哈"已成为中国饮食行业的名牌。

"多品一牌"策略确实具有多种优势。首先，企业在利用自己已经树立起来的市场形象介绍新产品时，容易赢得消费者好感，人们"爱屋及乌"的心理会使新产品受到市场格外的青睐；其次，企业使用数年、数十年的老牌子，顾客熟悉，消费群体稳定，给新产品冠以老牌号容易被消费者认可、接受；最后，借用原有品牌比重新培育一个陌生的新牌子经济划算，企业可以节省一大笔品牌宣传推广费用。

然而，利益和风险始终是并存的，且二者是对等的。企业在实施品牌延伸策略过程中，假如上市的新产品不能令人满意，那么，这不但会使消费者对新产品不买账，还会损害老产品的品牌形象。此外，品牌过度扩张容易模糊品牌的市场定位，使某一品牌名称不再被联想为特定种类的产品，这种情况叫品牌淡化。如果使用时机掌握适当，分寸把握适度，可以使新产品搭乘老品牌的声誉便车，一荣俱荣。反之，如果使用不当，特别是超限度使用，则容易落入品牌延伸陷阱，一损俱损。

补充阅读　　小米"任性"的品牌延伸

　　小米从手机行业起家,借助智能手机发展的大潮,以及成功的"饥饿营销",成就了小米品牌。但这几年来,小米品牌不断地延伸,先后进入机顶盒、云电视、智能家居、智能手环、智能耳机等诸多行业,使小米品牌十分杂乱,给消费者留下了小米"什么都可以做"的印象。小米 CEO 雷军说:"小米这几年不准备上市,因为不缺钱,公司账上仍有 100 亿现金。"

　　品牌的核心是消费者,只有得到消费者认同,品牌才会有生命力。小米的粉丝,主要是认同手机"廉价、好用",在消费者心里的定位是中低端品牌,再看看小米品牌延伸的产品,几乎也是这样。从小米眼花缭乱的跨界整合来看,小米以低价取胜,搅局各种智能化行业,其目的就是追求企业效益最大化。换句话来说,雷军追求的是营销"短、平、快"为导向的效益,而不是品牌长期增值为导向的效益。从长远来看,如果按照小米品牌无限跨界营销走下去,那么,迟早有一天小米粉丝将会"用脚"投票,品牌将会荡然无存,今天搬起的石头,将会砸掉未来的小米品牌。

　　(资料来源:江品醇,《做品牌不能任性》,中国营销传播网,2016-03-30)

12.1.3 "一品多牌"策略

　　"一品多牌"策略指的是企业在同一类型的产品上使用两个或两个以上的品牌,简称多品牌策略。上海家化是多品牌策略的成功应用者,仅护肤品就有"友谊"、"美加净"、"明星"、"露美"、"清妃"、"高夫"、"凤凰"等新老品牌十多个。

　　对于生产企业来说,采用多品牌策略最直接的好处就是多占货架子。假如一个企业有一个品牌的洗发水,在货架上只能摆半尺长,另一个企业有四个品牌的洗发水,在货架上就能排二尺长,相形之下,后者自然会有较高的"中选率"。此外,企业运用多品牌策略还能为消费者提供比较和挑选的余地。在消费需求日趋多样化、差异化、个性化的时代,尤其需要企业细分市场,根据目标市场的消费群体有针对性地推出新品牌,以满足消费者的不同需求及"喜新厌旧"的消费心理。与单一品牌策略相比,多品牌策略的每一个品牌市场份额可能都不太高,但由于众多品牌加大了市场覆盖面,从而提高了总体市场份额。再者,多品牌策略可以使企业降低市场风险,某一品牌的失败不至于殃及其他品牌的产品。就企业内部而言,实施多品牌策略能够促动企业树立品牌经营理念。宝洁公司推行"品牌经理"制度,每一品牌都有专人负责,使同类产品的不同品牌管理者之间展开竞争,有利于激扬士气、提高效率、塑造品牌个性。

　　当然,多品牌策略的使用是有条件的。首先,企业要有实力。因为每培育一个新品牌都需要企业为之付出长期的大量的投资,过多的广告宣传费用投入往往使企业感到承受着很大的风险压力,在财力上和心理上都不堪重负。其次,市场要有容量。实施多品牌策略的前提是细分市场,这就要求市场应有一定的规模,以便使细分后的子市场容量足够大,销售额足以支撑其品牌推广费用。最后,产品要有差异。企业推行多品牌策略的战略意图是以不同的品牌分别去占领不同的子市场，争取市场份额总和最大化。如果各个品牌下的产品之间没有明显的差别，且价位接近，就会造成各子市场的相互重叠。结果是，企业的总体目标市场并未扩大，这就背离了实行多品牌策略的初衷。

12.1.4 "一品一牌"策略

所谓"一品一牌"策略，就是企业的每一类产品都单独采用不同的品牌，也叫类别品牌策略。例如，美国菲利浦·莫里斯公司麾下的咖啡是"麦斯威尔"牌、果珍是"TANG"牌、酸奶是"卡夫"牌、啤酒是"米勒"牌……

类别品牌策略主要适用于以下四种情况：①产品类型差别较大的企业。如美国斯维夫特公司生产火腿和化肥。对于这样两种截然不同的产品，当然不能使用同一品牌，以免消费者产生心理障碍或造成市场定位混乱。②生产规模较小的企业。当企业处于初创时期，新产品尚未形成庞大的生产规模时，宜于采用"一品一牌"策略，而不应过多地开发新品牌。因为每一个新品牌的培育都需要资金实力的支撑。③目标市场规模较小的产品。企业选定的目标市场如果容量不大，也不要急于再创建新品牌。一个小规模市场的产品销售额怎能承受多品牌推广费用？④需求差异较小的产品。一种产品需求差异小，就意味着不必对这个市场进一步细分，那么也就用不着针对各细分市场采取多品牌，一品一牌足矣。

12.1.5 不同品牌策略的适用范围

企业采取类别品牌策略的同时并不妨碍其他品牌策略的使用，即多种策略并行。仍以拥有品牌大家族的宝洁公司为例，其"佳洁士"牙膏、"玉兰"油、"护舒宝"卫生巾、"帮宝适"婴儿纸尿裤均为"一品一牌"；"舒肤佳"香皂和浴液是"多品一牌"；洗发水、洗衣粉则是"一品多牌"。

"多品一牌"策略较适合于电器、工具及原材料等生产企业，这是因为，人们对这一类商品的购买和消费往往是偏理性的，他们在购买时关注的是技术、质量、性能、价格和服务。单一品牌策略的使用条件是将一个品牌名称尽量用在相同类型、相同档次、相同消费者群体的系列产品上，以保证品牌定位的准确性。相对而言，"一品多牌"策略更适合于日用品、化妆品、服饰、食品及饮料等生产企业。对于这一类商品，消费者除了考虑品质、功能、利益之外，往往还注重潮流、感觉、体面等抽象的内涵。随着社会多元化、个性独立化的发展趋势，随着物质生活水平的不断提高，消费者对产品带来的心理满足感越来越重视，感性消费的产品种类也就越来越多。"一品一牌"策略似乎是前两种策略的折中，如果企业经营的产品类别相差甚远，而每一种产品又没有进一步细分市场，最好的选择是一品一牌。

12.2 新产品沟通策略

新产品开发出来以后，企业需要采用恰当的沟通方式向目标顾客传播，让企业通过间接和直接的方式与消费者最大范围和最深程度地沟通，使消费者不仅认识新产品，而且产生购买行为，认同新产品。通常可采用的新产品沟通策略有广告、人员推销、销售促进和公共关系,依据新产品的类型不同,所采取的沟通策略也有所不同。

12.2.1 新产品广告策略

广告通常包括五个基本要素,简称五 M:目标(mission)、媒介(media)、信息(message)、费用(money)、测量(measurement)。

广告目标即在一个特定时期内,对于某个特定的目标受众所要完成的特定的传播任务和所要达到沟通的程度。新产品的广告目标是做信息性的广告,告诉目标顾客新产品是什么,相对旧产品有什么独特的产品功能利益或情感利益。对广告媒体的选择除需考虑新产品特征、消费者的媒体习惯、新产品销售范围、媒体的知名度及广告主的经济承受力等要素外,还需考虑媒体的创新性。新产品广告信息的编码是指说出产品新的利益,消费者对信息的接受特征表明,接受新信息的过程一方面时间较长,另一方面会产生更多不同的认知。如果能用消费者熟悉的信息编码来解释产品的新利益,将会起到事半功倍的效用。

新产品广告费用的投入需作长期打算,企业通常会认为,对新产品的广告投入应加大力度,等市场有反应后即可以减少广告投入。品牌与消费者的沟通是一个不间断的过程,一旦消费者听不到品牌的声音,消费者就会转移到其他品牌的选择上去。诚然新产品上市时需要强度大的投入,但一定要注重新产品广告的可持续性。对新产品广告的市场效果需进行及时的测量,跟踪及检测新产品广告的市场效用是新产品上市管理过程中的重要一环。

1. 全新产品广告策略

全新产品的广告主要在于诉求新产品带来的前所未有的利益,以此达到吸引消费者的注意力,激发消费者潜在需求的目的。根据消费者对信息的认知规律,在进行全新产品利益诉求时,最好采用对比的方法,即比照旧产品的产品利益。

全新产品最初通过高频率的广告告知消费者有此新产品,强调产品的"新",其新的诉求点能为消费者带来前所未有的利益,从而让消费者认识该产品。在消费者认识该产品之后,通过不断的广告宣传告知消费者关于产品的性质、成分、功能、如何使用等信息,让消费者了解相关的产品知识,减少恐惧心理,最终让消费者接受该新产品,以此来培养潜在的顾客。全新产品市场风险较大,因此在选择广告媒体时需要考虑到企业自身的实力及广告为全新产品带来的效益问题。一般全新产品选择较为权威的媒体可以提高其可信度,同时广告的投放量很大,力度较强,才能增加其成功的可能性。

2. 改进型新产品广告策略

市场中改进型新产品相对而言多一些。这种产品由于是在原有老产品的基础上进行改进,因而改进型新产品的广告主要是对新的概念进行诉求,告知消费者新产品改进的方面,如在结构、功能、品质、花色、款式或者包装等方面,改进后的产品为消费者带来更多的利益及更好地满足需求。改进型新产品的广告需要告知原有的目标顾客群,有关产品改进之处,保留原有顾客,同时吸引新的顾客。

> 补充阅读　　　　**戴森以"黑科技"领先**
>
> 　　2018年10月,戴森在纽约召开了新品发布会,正式推出美发新产品Airwrap卷发棒。这款卷发棒最大的亮点是,用户不再需要非常费劲地把每绺头发绕上滚烫的卷发棒,只需要拿起一缕头发靠近戴森的Airwrap,头发就会被其内置的V9电动马达所产生的强气流吸附缠绕在卷发棒上。
>
> 　　戴森对此款新品进行了强有力的推广。
>
> 　　首先,戴森广告宣传片非常有质感,展示了头发随着气流吸附到棒棒上的镜头,让人如沐春风,动图和视频的震撼效果很好地为此次传播推波助澜。
>
> 　　其次,戴森推出卷发棒新品预告后,通过制造微博话题吸引用户进行热议,配合测评、转发抽奖等方式,"黑科技卷发棒"不出意外地上了热门。10月11日当天,微博指数飙升,热度较前天的涨幅提升了10倍;微信公众号方面,戴森首先挑选了二次转发力强的大号,从多个圈层打入,内容优质,不少公众号文章的浏览人次超过10万。戴森新品在国内的发布时间也非常巧妙,配合各大品牌逐渐启动"双十一"预热,此时消费者正着手准备今年的购物清单。
>
> 　　(资料来源:《戴森卷发棒不一定值得买,但背后的营销逻辑值得学习》,搜狐科技,2018-10-14)

3. 模仿型新产品广告策略

　　模仿型新产品在市场增长迅速和足够的市场空间下会有较大的发展。模仿型新产品的广告就需要在这个市场中诉求差异性,让消费者通过广告形成差异化的认识,让消费者认为其产品品牌是同类产品中最好的,强调品牌差异,从而选择购买该品牌的产品。例如,在国内功能饮料快速增长的情况下,2015年汉森天然饮料公司的全新品牌Monster(魔爪)在可口可乐的品牌背书下,正式进入中国市场;达能的脉动不断推出新的口味,在青柠、水蜜桃、椰子、菠萝等常见口味的基础上,推出了"仙人掌青橘"、"海盐青芒"等具有开创性的口味;农夫山泉维他命水通过更换包装,引起了新一轮的关注。

4. 形成系列型新产品广告策略

　　在原有大类的基础上扩充新的品种、花色和规格等形成系列型产品,其广告需要强调品种的齐全。广告通过强调品牌,保持老顾客对原品牌的记忆,同时促发一些新的需求。市场上的化妆品往往以系列产品形式出现。相宜本草针对消费者美白亮肤的需求,推出了"红景天幼白系列"和"红石榴鲜活亮白系列"。此外,为满足消费者不同方面的需求,如对补水保湿而言,相宜本草旗下有"四倍多萃润泽系列"、"百合高保湿系列"、"玉竹水妍系列"等。广告除了宣传新的系列产品外,也表明相宜本草这个品牌旗下产品的全面性。在宣传新的针对消费者不同护肤需求的系列产品的同时,突出"本草养肤"的理念,使相宜本草这个品牌进一步吸引了消费者的注意,增强了消费者的记忆。

5. 降低成本型新产品广告策略

　　降低成本型新产品以较低的成本提供同样性能的新产品,这类产品与原有产品几乎没有什么本质的区别。广告主要进行价格诉求，提醒消费者其产品降价或者打折的信息，同时产品的功能、品质没变甚至还有所改进或提高。宝洁公司旗下的品牌佳洁士推出的强根固齿牙膏广告主要诉求低价信息——"只售两块九"。电视广告上通过夸张的表情和声音向消费者传达其低价的信息。

6. 重新定位型新产品广告策略

品牌重新定位就是对品牌进行再次定位，旨在摆脱困境，使品牌获得新的增长与活力。重新定位型新产品广告策略也就是说企业的老产品进入新市场的时候需要进行广告宣传。重新定位与原有定位有截然不同的内涵，它不是原有定位的简单重复，而是企业经过市场的磨炼之后，对自己、对市场的一次再认识。这类产品需要在产品商业化运作中进行创新，找准新产品对市场的诉求点，采取非常有创意的广告进行宣传。

补充阅读　　　　**东阿阿胶的重新崛起**

山东东阿阿胶股份有限公司从1952年开始，几乎是白手起家。经过几十年的艰苦奋斗，东阿阿胶于1996年在深交所上市，业务进入稳定期。然而，到了2005年附近，产品销售出现停滞不前的状况，到了2006年，更是处于下降趋势。

在这样的情况下，东阿阿胶对其产品进行了重新定位，让阿胶跳出固有品类。东阿阿胶将其产品重新定位为滋补上品，进入滋补市场，与人参、鹿茸、虫草、蛋白粉、进口膳食补充剂之类的产品展开竞争。实际上，阿胶在历史上本来就是滋补上品，在广告策略上，东阿阿胶找出李时珍、杨贵妃等诸多可信的历史名人作为文化支撑。把阿胶和人参、鹿茸、虫草这些昂贵的补品放在一起，通过"滋补三宝——人参、虫草、阿胶，滋补国宝——东阿阿胶"等广告词进行宣传。由此，东阿阿胶完成了"销售收入、利润和员工收入三个翻番，再造一个东阿阿胶"的目标。

（资料来源：秦玉峰，《东阿阿胶：老字号的二次创业》，商业评论网，2013-05-02）

12.2.2　新产品人员推销一般策略

(1) 试探性策略。这种策略主要是在不了解顾客的情况下使用，是一种运用刺激性手段引发顾客产生购买行为的策略。推销人员需要事先设计好才能够引起顾客兴趣和购买欲望的推销语言，通过渗透性交谈进行刺激，在刺激中观察顾客的反应，然后采用相应的措施，进一步刺激和了解顾客的真正需要，从而引导顾客的购买行为。

(2) 针对性策略。这种策略主要是在了解顾客的情况下使用，有针对性地对顾客进行宣传，以博得顾客的兴趣和好感，从而达到成交的目的。这种策略要求销售人员建立顾客资料档案，掌握顾客个性化的需求，在与顾客沟通的过程中，结合新产品的诉求点进行讲解以迎合顾客的需求。

(3) 诱导性策略。这种策略是推销人员运用能够激起顾客需求的某种需求说服方式，诱发、引导顾客产生购买行为。这种策略对推销人员要求较高，既能因势利导，诱发、唤起顾客需求策略,又能够不失时机地宣传和推销产品,满足顾客对产品的需求。

12.2.3　新产品销售促进策略

新产品上市不仅需要与终端的消费者沟通,也需要与帮助将新产品销售给消费者的渠道成员一起进行促销活动。新产品的促销活动需要将对二者的促销活动结合起来,运用渠道的推动力量和终端的拉力,来打开市场。

1. 针对渠道成员的新产品销售促进策略

(1) 返利。返利的方法有许多种,包括实物返利、费用返利、扣点返利、现金返利等。其中,实物返利指的是当经销商进货时按一定比例赠送新产品实物。按照实物返利的比例,不赠送产品,而是换算成相应的费用,用于经销商在铺货、陈列及促销或其他规定方面的推广,这种费用返利的方式目的在于引导经销商学会正确的推广方式,对市场基础的建设,特别是上市初期比较有利。

补充阅读　　"醉糊涂"一点都不糊涂

广东新世纪集团是一家集房地产开发、生物工程和商业贸易的多元化发展企业。2002年,由于旗下的广州阳光特色食品批发市场招商,引进了茅台镇的"国宝酒业"、"糊涂酒业"的一系列产品。后和贵州茅台镇糊涂酒业合作,研发生产了"醉糊涂"系列酒。

醉糊涂系列酒区域市场经销商无论级别,严格按照公司统一制订的返利体系执行返利。

(1) 季度折扣返利政策。所有醉糊涂经销商在每季度达到年度销售总量的 25%均享受该项政策;按照不同产品品种,珍品的季度返利为 2%,精品的季度返利为 1.5%,佳品的季度返利为 1%,其他季节性或细分产品不在季度返利之列;季度返利在第二季度的第一个月兑现,返利采用实物形式给予。

(2) 年度折扣返利政策(说明:销售年度从第一年的 3 月 1 日到第二年的 2 月 28 日)。年度返利是针对年度销售总量的完成情况来制订的;完成全年销售总量后,珍品按照 3%的返利在第二个销售年度的第一个月以现金的形式返还;完成全年销售总量后,精品按照 2%的返利在第二个销售年度的第一个月以现金的形式返还;完成全年销售总量后,佳品按照 1.5%的返利在第二个销售年度的第一个月以现金的形式返还;完成全年销售总量后,其他低端产品按照 1%的返利在第二个销售年度的第一个月以现金的形式返还。

(资料来源:何足奇,《五种返利绝招驱动经销商》,全球品牌网,2006-05-16)

(2) 现金卡。分每张设奖和按比例设奖两种方式,在每箱产品中随机投放,凭卡可兑换现金、实物或抵扣等。每张设奖的方式适用于销量小的新产品,而按比例设奖的方式适用于销量大的新产品。采用这种方式主要是为了使批发商和零售商保证新产品顺利到达终端,从而提高新产品周转速度和通路占有率。

2. 针对终端消费者的新产品销售促进策略

(1) 免费品尝。免费品尝的形式是在针对消费者的促销活动中运用得最多的，这主要也是针对快速消费品。我们在超市会看到乳品的免费品尝、啤酒的免费品尝、方便面的免费试吃等活动，洗发水等会发放相应的小套装免费试用。例如，蒙牛乳业在进军深圳市场最重要的手段就是采用免费品尝的方式。蒙牛针对其竞争对手伊利采取了最为直接的免费品尝方式，通过街头拦截，对一些小区派送的方式，蒙牛产品很快进入了千家万户。蒙牛这一种十分普通的促销方式成功化解了竞争对手的围追堵截，使得蒙牛在深圳市场销售大大提高。

(2) 赠送礼品。耐用消费品主要采用赠送礼品的方式。新产品上市之初往往赠送礼品让消费者更加愿意去尝试和购买产品。所赠送的物品一般与新产品本身相关，如现在有房地产公司提出"购买房子，赠送空调"的说法，空调和房子都是属于生活的一部分。

12.2.4　新产品公共关系策略

公共关系是指通过获得有利的公众宣传，建立良好的公司形象，应对或消除不利的谣言、传闻及事件，从而与公司不同的客户建立良好的关系。公共关系的主体是企业、机关、团体等社会组织，其次也包括外部的利益相关者如顾客、竞争者、金融部门、新闻界、政府等。公共关系的主要目的是为了正确处理与社会公众的关系，建立良好的社会公众形象和社会声誉。企业进行公关活动，建立相互理解和信任的关系，实现企业内部信息的沟通。新产品沟通可以利用公共关系本身所具有的高度可信性、消除防卫和低成本的特征进行沟通宣传。

补充阅读　非洲市场的传音手机

传音是一个国产手机品牌，该品牌旗下的 TECNO、itel、Infinix 系列产品，占据了撒哈拉沙漠以南的许多国家 40%的市场份额，去年更是超越三星成为非洲第一大手机品牌。在进入非洲市场的过程中，传音手机通过赞助非洲国家足球队、为非洲困难儿童建希望小学、援助非洲饥饿儿童，给非洲各国的人们留下了美好印象，建立起了良好的公司形象。2017 年该手机品牌在非洲的出货量达到 1.2 亿部，占据了非洲 40%的市场，被称为"非洲手机之王"！

（资料来源：《企业：传音 全球出货量 2 亿，这家称霸非洲的公司，99%的人竟然不认识》，搜狐财经，2017-12-17）

12.3　新产品包装策略

在现代商业社会中，包装不仅成为产品一个最重要的元素，同时还成为城市流行文化的重要载体。在终端产品中可以看到现代包装产品千变万化与五彩缤纷。而在新产品要素竞争中，包装所代表的品牌文化与价值体系也越来越为消费者所重视。我们见到消费者在产品终端流连忘返，不仅是享受现代物质带给消费者物质满足，也是在追求现代包装带给消费者精神愉悦。产品包装创新往往带给消费者前所未有的清新与提示,企业为满足消费者对于包装文化需要,不断在包装设计上推陈出新,创造了蔚为壮观的包装文化。

12.3.1 新产品包装要素

新产品在包装设计上有没有规律可以寻找?企业在新产品创新中对于包装的运用技巧如何?特别是快速消费品,在产品包装创新上有哪些基本约束?

1. 颜色

颜色是新产品重要的胎记之一,新产品的颜色、新产品行业属性及新产品传播调性其实是统一的一个载体,在运用中必须具备十分吻合的特征。甚至于有些企业只要将本来不被消费者注意的颜色进行创造性识别、传播,可能就会创造一个富有活力的新产品。但是,对颜色在中国消费者心目中的预设意义一定要有远见,防止出现完全背离消费者认知的颜色定位。

补充阅读　　　　　**水晶可乐的复活**

百事可乐官方账号在视频网站 YouTube 发布了一则长达 2 分 40 秒的广告,正式对外宣告曾于 1992 年上市的百事"水晶可乐"(Crystal Pepsi)将再次对粉丝开放订购。在百事看来,复活一款停售多年的产品更像是为吸引消费者而推出的秘密武器。

但这款水晶可乐吸引粉丝的特质并不是产品本身,实际上,当时喝过的人都表示其味道并不讨喜。因为主打有机和养生,这款无咖啡因的饮料味道自然不如市面上其他可乐,消费者很快就抛弃了它。即使百事后期将这款产品加入了橙味以及更改名称为"Crystal(水晶)",也没有阻止它在 1993 年底停产的命运。

对于百事公司来说,复活 23 年前的"水晶可乐"并不意味着要对这款产品寄予什么厚望,这更像是一次事件营销,以吸引眼球为首要目的。毕竟对不少人来说,"复古"仍旧是一件迷人的事情。

百事的竞争对手可口可乐也在这么做,去年 9 月,可口可乐在亚马逊上重新开卖 1996 年推出的橘子汽水 Surge,这也是可口可乐公司首次尝试使用线上渠道和社交媒体来发布一款产品。不管是可口可乐还是百事,在重推怀旧产品的态度上,它们都没打算认认真真地去卖。

(资料来源:《强大的百事竟然有失败的水晶可乐》,百家号,2017-07-23)

---

2. 包装材料

包装用材也是组成新产品核心竞争要素的战略性元素,包装用材随着现在材料开发领域不断扩大而变得越来越为广大消费者所追捧,包装用材对于彰显新产品品位与风格具有十分重要的外在作用。

以白酒为例，从外包装来看，主要用材有木质包装、纸质包装、竹质包装、铁质包装、塑质包装、玻璃包装等；从内包装来看，玻璃瓶体仍然是现在白酒运用最多的材料，主要是因为玻璃瓶体本身价格比较低廉，容易成型，消费者认知教育简单。神秘、富有诱惑力的陶瓷瓶体也是现代白酒广泛使用的瓶体材料，在现代白酒中，陶瓷瓶体所扮演的角色是高端白酒的另一种风格。一般低端白酒采用这种塑料包装设计，塑料内包装主要是为了消费者携带比较方便，塑料瓶体变形设计也是比较简单的。现代白酒企业也有一部分白酒采用将竹制材料直接使用在白酒酒体上，从而形成风格独特的直接内包装瓶体。这种白酒内包装有很强的绿色环保色彩，给消费者十分细腻的感觉。

3. 包装的文字与视图创意

包装文字与视图创意形成包装文化的又一重要因素。特别是包装中的文字使用，由于中国独特的方块式文字，使得中国企业产品包装中的文字运用成为最具中国特色的包装素材。

汉字的字体有数十种之多，各种字体有其形成的历史与代表的文化，因此，消费品包装在文字选择上或张扬，或严谨，或保守，或洒脱，或飘逸，或空灵。文字的人性与灵动代表了中华文化与现代商业智能的完美结合。但是，我们却发现，中国企业在做产品VI中对来自西方的字母标准比较推崇，而对于中国文字本身的灵性缺少必要的传承，造成消费者对于中国文字传递的产品调性往往比较茫然。视图的角度选择与调性选择方面越来越倾向于卡通，反映出人们对于日益复杂图形的恍惚与迷茫。

4. 包装的版式与规格设计

包装版式与规格是现在新产品构建差异化的重要手段。尤其是在快速消费品行业，包装版式带给企业新产品往往是具有决定意义的市场销售推动。现在可以看到白酒、烟草、日化等产品各种规格齐全，消费者购买十分方便，在产品上市最初，很多企业在意识上还是比较落后，产品包装大小往往就是一个产品成功上市的法宝。

补充阅读　　江小白新包装里的消费升级

2018年江小白决定将磨砂版表达瓶产品逐渐改换为透明玻璃瓶身。磨砂款表达瓶，是江小白旗下的经典产品，包装简约，文案"走心"。新款表达瓶，使用了高透光度的玻璃瓶身，瓶体通透，酒体通透。表达瓶换装后，江小白仍将坚守简单的包装风格。

在江小白的品牌文化中，简单纯粹是一种生活态度，是一种以真心换真心、不矫揉造作的为人处世方法，更是当今时代所倡导的节约、绿色、低碳、环保的生活方式。在饮酒时，江小白一直提倡不拼酒、不铺张、不浪费。将包装做简单，与提升资本效率、管理效率一样，都属于资源使用效率提升的范围。在江小白的逻辑里，透明玻璃瓶搭配纸套，"这样的简单包装既是对企业自身资源的珍惜，对消费习惯的绿色引导，更是对自然资源的珍惜。"把磨砂瓶逐渐换成玻璃瓶，这样做除了更加绿色环保外，也让包装看起来更干净了一些，更简单纯粹了一些。

江小白让中国白酒实现了"老味新生",利口的高粱酒,轻松的情绪,简单的包装——透明玻璃表达瓶,结合简单纯粹的品牌文化,很可能会吸引更多年轻人,留住更多年轻人。

(资料来源:《江小白:简单包装里的消费升级》,百家号,2018-04-08)

12.3.2 不同类型新产品包装策略

包装是新产品无声的推销员,特别是消费类新产品的包装。在消费者品牌意识尚未形成之前,人们对新产品的选择在很大程度上依赖新产品的包装。

全新产品在包装上需诉求其新颖和独特,让消费者能够很好地认知。因此,如何突现产品的新颖,吸引消费者的眼球,让消费者来认知这种新产品最为关键。改进型产品一般采用与原先类似的包装,同时做些改进,其包装不仅提示老顾客,而且突出改进的一面来吸引新顾客。模仿型新产品在包装上需要与其他类似产品实现差异化,突出品牌。重新定位型新产品一般采用更新的包装,与产品新的定位和市场一致。

12.4 新产品价格策略

在营销组合中,价格是唯一能产生收入的因素,是实现企业总体战略目标的手段和保证。因此,新产品定价是一个谨慎而科学的管理过程。在开始确定新产品的定价目标时,必须解决公司需要这一特定新产品达到什么样的价格目标,也就是新产品的产品、技术、目标群等一系列定位。如果企业已经选择了新产品的目标市场,进行了市场定位,确定了营销组合,价格将是相当明确的。假设一种新型高档豪华小轿车,外观高雅,造价昂贵,采用国际领先技术,定位金领阶层,那么,它必然价格不菲,一般工薪阶层望尘莫及。

12.4.1 企业市场营销战略目标

1. 追求市场地位

一般企业对市场地位的追求分为四种情况:创造新的市场机会,扩大现有市场占有率,保持市场占有率,争取中间商。市场占有率是企业竞争状况和经营能力的综合反映,市场占有率越高,产品销量越大,企业的市场地位越高,产品和品牌在消费者心目中的地位越稳固,也越能提高企业的盈利水平。而前三种情况反映的正是企业对市场占有率的孜孜不倦的追求。另一个方面,建立和保持与中间商良好的合作关系对绝大多数企业来说是影响新产品营销目标实现与否的重要因素之一,而企业在处理双方关系时必然涉及经济利益,其中价格最为敏感。所以在具体定价时要考虑到中间商的合理利益,双方共同制订价格或给予合理折扣。

2. 追求利润

微观经济学中,企业利润最大化有两种标准:总量标准即总收益与总成本之差最大,或边际收益等于边际成本时利润最大。企业要实现利润最大化与价格紧密相关。只有制订科学合理的价格才能实现企业当期或长期的利润最大。也有一些企业追求投资回报率，都会制订预期利润率作为投资回报率的保障。但在现实的营销活动中，企业追求的最大利润或预期利润率又受到种种限制，难以如愿以偿。所以，有些企业只将它们作为参照标准，根据客观环境的变化再不断修改，以企业感到满意的盈利标准作为具体的定价目标。还有些企业为达到较高的市场占有率、反击竞争对手等会采取保本定价甚至亏本定价的策略，也是短期内企业可以接受的。

总之，新产品的定价受到企业各种营销战略目标的制约，同时也成为新产品定价的依据。

12.4.2　影响新产品定价的因素

影响新产品定价的主要因素除了产品的定价目标以外，还有如下因素。

1. 产品成本

产品成本是构成产品价格的主要部分，也是决定产品价格的最低界限，据资料统计，目前大部分工业品成本在出厂价中的比例平均达到了 70%。在经济学中成本一般有两种分类：固定成本与可变成本，边际成本、总成本与平均成本。研究固定成本与可变成本主要为了确定成本变动与产量变动之间的关系，对成本进行动态分析。而研究边际成本、总成本与平均成本可使企业根据边际成本等于边际收入的原则，以寻求利润最大化时的均衡产量，也可以使社会资源得到充分利用。

2. 市场需求

公司可能采取的每一种价格都会导致一种不同水平的需求及由此对不同的营销目标产生的不同效果，因此需求一般有两个变量，即一种商品的价格水平及此价格水平上人们愿意接受并有能力购买的商品数量。价格和需求量一般成反比关系，就是价格越高，需求数量越少，反之亦然。但有时需求曲线的斜率也成正数，如一种香水提高了价格反而销量更大，因为消费者认为更昂贵的价格意味着更体现品位的香水。然而价格定得太高，需求量还是会下降。在不同的市场上存在着不同的商品的价格变动，市场的反映又有所不同，这就涉及了经济学中又一概念——价格弹性。一般来说，缺乏弹性的商品，提价会使销售收入增加，降价会使销售收入减少；富有弹性的商品，则成相反方向变化，提价会使销售收入减少，而降价会使销售收入增加。一般影响价格弹性的因素有：竞争的激烈程度、替代品的多少、产品必需程度、消费者购买力的高低等。

3. 竞争产品状况

直接竞争产品的价格和所提供的东西若与新产品相似，那么新产品的定价必须低于竞争者，否则无法真正占领市场；如果新产品是优越的，企业才可索要更高的价格，这是企业定价的起点。并且企业在定价时也必须考虑竞争者会做出的反应。

12.4.3　新产品一般定价方法

1. 撇脂定价法

用从鲜奶中撇取乳酪来比喻高价产品从消费者中赚取高额利润，其一般适用于不易模仿、受专利保护的全新产品、改进型产品或重新定位型产品，消费者需求迫切，需求弹性较小，没有竞争者或竞争者较弱的情形。这种定价法优点主要表现在：主动性大，随着时间逐步推移，价格可分阶段逐步下降，以利于从其他细分市场吸引新的顾客群；适应性强，可与生产能力相适应，可限制需求量迅速扩张而造成供不应求的局面；能从市场中迅速吸取利润，较快收回成本；另外，还有利于在消费者心目中树立企业、品牌和产品形象。但其缺点也很明显，价格高，不利于扩大市场，也容易招致竞争者，导致恶性竞争。杜邦公司是这种定价法的主要实施者，对尼龙、莱卡等发明物最初制订一个根据新产品与有效代用品的比较利益而决定的较高价格，但仍使目标顾客认为值得使用而产生较大销量，当销售量逐步下降以后再降低价格来吸引价格敏感的顾客，这样使杜邦公司获了大量的最大额收入。备受关注的苹果公司的产品售价不断上涨，在 2018 年发布的 iPhone Xs Max 的售价已经破万元，成为史上最贵的 iPhone 手机。苹果公司依靠 iPhone，拿走了智能手机市场62%的利润。虽然 iPhone 占据智能手机市场的份额不足十分之一，但是依靠较高的单价，iPhone 成为全球较赚钱的产品。

补充阅读　　演唱会门票贵出新高度

王菲作为华语流行乐坛很有代表性的女歌手，如今在歌坛依旧很活跃。2016年，王菲演唱会在上海举办，月初开始在网上发售门票。其票价分为3个档次，分别是1800元、5800元和7800元。与华语歌坛其他大牌明星2000元左右的演唱会门票定价相比，这场演唱会门票的定价在很多消费者看来是贵得出奇了，远远高出消费者的预期。

当时王菲演唱会的最低门票价格定为1800元，后来站台门票价格也炒到了4800多元，最高的门票价格甚至一度炒到了数十万元。

（资料来源：《她的演唱会门票价格贵出新高度，甚至一度达到 60 万一张》，百家号，2017-17-04）

2. 渗透定价法

和撇脂定价法相反，渗透定价法的目的是为了争取最大的市场占有率和目标消费者。它有许多优点：新产品能迅速为市场接受，快速打开销路，使成本随着生产的发展而降低，并且由于利润率低使竞争者望而却步，降低竞争的激烈程度。当新产品没有显著特色，竞争激烈，需求弹性又较大，适宜采用这种定价方法。但是使用这种方法的前提是新产品必须有一个巨大的潜在市场，企业也有较大的生产规模和大型营销经验。如金佰利国际集团旗下的舒而美系列妇女用品针对这一市场品牌众多的特点，在高质量的前提下，制订较低价格，此价格甚至比大众消费品牌安而乐更低，以此来占领市场，在很短的时间内迅速赢得消费者。但这种定价法会造成由于价格定得过低，而使品牌形象难以树立，甚至低得让消费者怀疑其是否存在质量问题。

> 补充阅读　　　　　**越来越贵的西贝**
>
> 　　西贝给人塑造的品牌形象是"小贵大惊喜",近几年其客单价一直在上涨,从 50~60 元到 80~90 元,它背后的原理就在于:价格是一个品牌的顶层设计,打造品牌的目的就是要实现高价格。为印证顾客"贵的就是好的"这种思想,西贝可谓是内外兼修,下足了功夫:小而美的店面、少而精的菜单;邀请全世界的大厨和美食家参与西贝菜品研发;搭建西贝传统手工美食大师平台;打造精益求精的优质原材料供应体系。在涨价的几年里,西贝门口的队伍越排越长,年营收从 5 亿元飙到了 21 亿元。
>
> 　　(资料来源:《为什么越卖越贵的西贝和越卖越便宜的外婆家都成功了?》,餐饮职业网,2017-06-14)

12.4.4　不同类型新产品定价策略

1. 全新产品定价策略

　　那些不易被模仿、受专利保护,消费者需求迫切,竞争者较少的全新产品一般采用撇脂定价法。当全新产品是耐用品时,主要也采用撇脂定价法。而全新产品为一般的消费品,竞争又比较激烈时主要采用渗透定价法。手机、平板电脑、蓝牙耳机等新产品最初上市的时候其价格相对较高,购买的人群也比较少,而现在这些数码产品已经成为一种较为大众的消费品,其价格相对于最初刚刚研制成功时来说已经降低很多。

2. 改进型新产品定价策略

　　随着新产品包装、规格、性能等方面的改变,这类新产品往往会因产品的重新定位、渠道的重新选择、成本的增加等原因适当提高原有产品的价格,但价位一般与原有产品一致。2018 年,强生迎来 50 年来最大品牌升级,新品中不添加任何色素,采用 90%天然成分来源,从万千原料中严选 2%安全低敏成分,确保每一滴产品安全低敏。原来 280ml 的产品售价为 35.9 元,升级后 300ml 新产品的售价为 48.9 元。

3. 其他类型新产品定价策略

　　当模仿型新产品无显著特色,竞争激烈,有巨大潜在市场,企业有较大生产规模和大型营销经验时,一般采用渗透定价法。模仿型新产品一般会考虑竞争对手的定价,然后采用一个适合该新产品的价格。成系列型新产品的定价一般会沿用原有产品的定价策略,与原有产品保持一致。降低成本型新产品由于成本的降低往往会打出低价的概念,比原先产品价格要低一些。而重新定位型新产品依据所进入市场具体行情,当该市场已经存在强大的竞争对手,往往采用比竞争对手略低一些的定价策略;当品牌本身具有较高的知名度,且企业实施的品牌有战略要求的情况下,可以采用企业一贯的定价原则。

12.5 新产品渠道策略

现代市场营销理论和实践证明"谁控制了渠道,谁就赢得了客户"。新产品入市阶段,其产品本身的易腐性、季节性、重量、体积等因素决定渠道的长短。消费者本身的数量、分布情况、购买心理、文化程度、态度等因素也会影响渠道的选择。企业本身的能力和愿望决定着新产品渠道的设计和策略。最佳的渠道是以最小流通费用,取得最大利润和控制效果。因此,分销渠道对新产品的快速扩散十分重要。

12.5.1 影响新产品营销渠道策略的因素

1. 产品性质

产品性质包括很多方面,如产品的生命周期、易腐性、季节性、流行程度、体积、重量、价格、附加服务、购买频率等。一般而言,便利品的密集分销与长渠道相互关联,而特殊品在特定区域的选择性分销决定了渠道较短。

2. 消费者特点

渠道设计在很大程度上同样受消费者特点的影响。消费者的特点多种多样,譬如消费者的数量、分布状况、购买心理、文化特征、态度倾向等。当企业进入一个大规模或消费者分布广泛的市场时,一般选择长渠道以满足其随时购买,反之则可采取较短渠道。

3. 企业状况

企业本身的规模、能力与信誉等直接影响渠道的选择,因为这涉及企业能否控制销售渠道,中间商是否愿意与企业合作。若公司的财务状况良好,营销管理能力强,则可承担一部分或全部的渠道管理的营销职能,若企业内部状况不允许或没有直接管理渠道的愿望,则可委托中介机构管理,当然这些中介机构是要与你分享利润的。

4. 市场环境

从微观环境看,新产品的分销渠道最好与其代用品采取不同的渠道,新产品经理必须有一个概念就是渠道的选择也可以创新。另外,零售商规模的大小也与渠道选择密切相关,如果某市场上零售商规模大,进货多且频率高,制造商完全可以不通过批发商而直接卖给零售商,采取较短的销售渠道;相反,如果中小型零售商数目多,竞争激烈,则通过批发商的长渠道,以取得较高的营销效益。从宏观环境分析,经济形势对企业营销渠道的决策也有较大影响。在通货膨胀的形势下,市场需求降低,企业的关键是控制和降低产品的最终价格,避免不必要的流通费用,因此大部分企业都采取短渠道销售。若经济形势良好,企业选择营销渠道的主动权会更大一些。

12.5.2 不同类型新产品的渠道策略

1. 全新产品和开拓新市场的新产品渠道策略

全新产品的出现意味着将要开拓一个全新行业,而进入新市场的新产品也一样,这个营销渠道的建设首先面临的问题就是采用直接销售还是间接渠道销售。直接营销渠道即我们一般所说的厂家直销，这种渠道对验证和开发顾客兴趣来说是一种很重要的方法。如果事先已研究过了目标消费者，则可以只与那些预期顾客取得联系，快速发掘新产品的潜力。若采用信函或电话(包括 800 免费电话)的方式，那么销售范围受限制较小。直销的最大优点就是节约流通成本，提高了利润率，并且不受中介渠道的各项限制，延长新产品市场推广的时间。但若要占领较大市场，则启动费用和成本同样很大，企业孤军奋战使风险增大，顾客接触新产品的方式和途径也很单一，常常无法亲自感受它的存在。

如果新产品具备以下一条或几条特征，采取直接渠道比间接渠道有优势：运输和储运复杂，批量采购订货很多，质量的担保很重要，产品的客户化程度很重要，技术的复杂性导致对信息的要求很高。

若采取间接渠道，将会面临是自建还是依靠流通商现有渠道的问题。与流通商合作，他们有完善的销售体系，可以在一个有效的地理范围内销售你的新产品，从而极大地扩展你的产品影响范围。有的行业流通商还会在你的产品基础上再增加服务，如编入当地存货目录、财务支持、提供当地售后服务等。但他们也是流通商，这就意味着要和你分利，他们还会根据产品具体的市场情况，推迟接受新产品或不作促销地接受新产品，这些方式的运用都取决于流通商是否有利可图和能牟利多少。并且如果流通商已经接受了你的竞争对手的产品，那就很难再让他们接受你的新产品。这还只是一方面，另一方面选择行业流通商意味着将不能进行渠道创新，而传统的销售模式不一定完全适合全新产品的需求，在这一点上必须认真考虑，不能因为仅仅节约成本、降低风险就委曲求全。

销售模式决定后就要开始坚苦卓绝的建设活动了，就像燕子衔泥一样，一点一点地构建自己的王国，一点一点地赢得自己的竞争优势。

2. 改进型和模仿型新产品的销售渠道

这类新产品的出现意味着产品步入成长期，竞争将会愈演愈烈。对于新进入的厂家，跟进全新产品的销售模式当然可取，若是在渠道的建设中采用一些新的元素就更好了，这不仅适合自己的实力，也是差异化的一种体现。

农夫山泉于 2015 年推出了农夫山泉天然饮用水（适合婴幼儿）。作为一款新的主推产品，农夫山泉婴儿水除了传统的销售途径，还联合微趋道，一个专注为商家打造线上商城和推广方案的公司，推出了农夫山泉婴儿水商城，让消费者通过手机便能迅速下单。简洁直观的商城外观，便捷的操作方式，让它为更多消费者所接受。

伊利谷粒多燕麦牛奶作为以年轻人为核心用户群的品牌，充分迎合年轻人的消费习惯，重点强化电商渠道，通过微博、爱奇艺等主要内容营销平台实现与电商的紧密捆绑关联，并通过赞助《奇葩说》第二季，配合节目播出节奏，进行节目周边买赠、抽奖等可以让消费者切实得到红利的活动，成功将谷粒多推为牛奶界"网红"。

3. 形成系列型或降低成本型新产品的渠道决策

这两种新产品的销售一般采用企业已经建立起来的销售网络，这是企业的资源，推出这两种新产品的目的之一就是充分利用现有资源，利用企业原有品牌和销售渠道，以较小的边际成本取得最大利润。格力电器以"区域股份制销售公司"模式开启其销售渠道合伙人制模式。这一模式使原本属于外部独立商业组织的经销商群体，一夜之间成了专营格力产品的生力军,其熟悉各自所在的区域市场,并善于利用一切资源建立和维护格力空调在竞争中的优势地位。

本章小结

新产品市场化策略主要包括品牌策略、沟通策略、包装策略、价格策略和渠道策略。在新产品市场化的过程中,要将各个具体的策略进行最佳组合,扬长避短,产生一种协调作战的综合作用。

新产品品牌策略强调了新产品命名的重要性,列举了命名的原则:国际性、现代感、简洁、音韵和谐、大气、不重复、寓意深刻,有品位,文化内涵丰富,等等。新产品品牌的策略包括多品一牌策略、一品多牌策略和一品一牌策略,每种策略都有其优缺点,每种策略都有其适用的范围。

新产品沟通策略主要包括广告策略、人员推销策略、销售促进策略、公共关系策略。针对不同类型的新产品提出了相应的广告策略;人员推销主要包括试探性策略、针对性策略、诱导性策略;销售促进主要针对经销商提出了返利和现金卡策略,针对消费者提出了免费品尝和赠送礼品策略;公共关系强调了新产品上市要做好形象宣传工作,在公众当中树立良好的形象。

新产品包装策略强调了包装的要素和不同类型新产品的包装策略。新产品价格策略强调了影响定价的因素,以及如何应用撇脂定价策略和渗透定价策略。新产品渠道策略强调了不同类型新产品所采用的渠道策略。

思考题

1. 如何优化组合新产品市场化策略?试举例说明。
2. 多品一牌、一品多牌和一品一牌策略的优缺点及其对应的适用范围是什么?
3. 如何进行新产品沟通策略的优化组合?举例说明。
4. 什么情况下使用撇脂定价策略?什么情况下使用渗透定价策略?
5. 列举新产品包装的经典案例,并分析其成功的原因。
6. 新产品如何选择分销渠道策略?

案例研讨

红牛如何赢得中国心

红牛功能饮料源于泰国,至今已有 40 年之经营历史,凭着卓著的品质和功能,产品行销全球 140 个国家和地区,凭借着强劲的实力和信誉,"红牛"创造了非凡的业绩,功能饮料销售规模位居世界前列,2007 年全球销量超过 40 亿罐。

1995年春节联欢晚会之后的广告上红牛首次出现，以一句"红牛来到中国"告知所有中国消费者，随后红牛便持续占据中央电视台的广告位置里，从"汽车要加油，我要喝红牛"到"渴了喝红牛，累了困了更要喝红牛"，大量黄金时间广告的空中拉动，配合以地面终端建设，红牛在很短的时间里建立起全国的代理经销制度，在各地迅速拓展市场，占领中国的大部分城市，也拉开了功能饮料市场营销的帷幕。于是，红牛在随后短短的两年里，汽车司机、夜场娱乐人士、经常熬夜的工作人员、青少年运动爱好者，都成为红牛的忠实消费群体。红牛一举成为中国功能性饮料第一品牌，在中国享有很高的知名度。后来就出现了大量模仿甚至假冒红牛的饮料，如蓝狮、金牛、红金牛、金红牛等。但是，这些仿冒饮料最后都没有在市场上生存下来。红牛是如何赢得中国心的呢？很大程度上应归因于其登陆中国市场初期的营销策略。红牛进入中国市场并没有像有些公司盲目崇洋，在给产品起名字的时候特意起些洋味十足的名字，而是取了个非常本土化的名字——红牛，两只红牛撞出一个太阳的醒目标志更是强化了这一点，红字当头，牛劲十足，适合中国人吉祥如意的彩头，所以红牛刚一推出，它的礼品套装在国内某些地区就销售得非常红火，几至脱销。这一时期红牛最注重推广两个概念：一是红牛是中国人创造的世界著名功能饮料，现在回到中国；二是提神醒脑，补充体力。红牛维生素功能饮料目前在国内上市的产品有三种：250 ml 原味型、250 ml 牛磺酸强化型和 180 ml 浓郁型，红牛的市场零售价格基本在 6.0 元~7.5 元/听。单从价格对比上看，红牛是各类饮料产品中单位容量价格最高的。如果仅从价格上说红牛定价过高是不合适的，因为一个产品的价格定位是和它的消费群体定位相符的。价格策略是要服从它的消费群体定位，如果是无细分群体市场，高(相对其非酒精饮料)价格是不适合的；如果是细分群体市场，那它的市场营销推广是要和它的细分市场相一致。高价格与高利润、无细分市场与高市场销量这种"萝卜两头切"的美事，红牛看来也难有实现。红牛的渠道有着明显的区域发展特点，它往往是择取小块的区域市场(如广东)集中深耕或者将全国市场划为一二三类的等级片区，然后根据不同区域给予不同的资源投入。在终端上则集中力量于 A 类终端及一些运动场所进行操作，而基本上放弃了普通零售终端。红牛在市场上明显的南强北弱，这一点，从红牛 50%的销售收入都来自广东市场可以得到证明。在过去的十年里，红牛国际赞助过的 F1 大奖赛车队和车手遍布各主要国家。2004 年 11 月，红牛国际收购美洲虎车队，以红牛车队的名义参加 2005 赛季。在中国范围内，红牛中国大力推广 F1 赛车运动，赞助香港著名车手马修参加保时捷亚洲挑战赛，赞助明星车手马英健等行动都表明了红牛在这项运动上的无比热情，而在未来日子里，红牛品牌还将研究建立中国红牛车队，或签约优秀车手。红牛还是 NBA 中国战略合作伙伴，多年来红牛携手 NBA 在中国为广大球迷带来"全明星票选活动"并奖励参与者中的幸运者，赴美国亲身感受 NBA 魔力。NBA 运动正是一项国际化运动，红牛把中国的消费者带到国际运动舞台，也使国际化的运动更加贴近中国。红牛曾连续多次赞助中国青少年三人篮球赛(TBBA)，在校园中培养起一批红牛拥护者，如今第一代参赛者已经成为具有巨大消费能力的青年精英群体。

(资料来源：陈志华，《红牛中国营销策略》，全球品牌网，2007-03-26)

案例思考题

1. 分析红牛市场化策略的成功之处。
2. 思考红牛市场化策略有哪些可改进之处？
3. 结合案例，查阅相关资料，讲述红牛市场化策略的过程。

第 13 章　新产品投放市场

📝 **本章阐述的主要内容**

(1) 新产品上市营销计划的内容；
(2) 新产品铺货的策略；
(3) 新产品上市效果追踪。

引　　例

大疆的"一夜成名"

大疆，这家默默无闻地研发、制造民用小型无人机的公司，于 2014 年突然声名鹊起：其不同系列产品先后被英国《经济学人》杂志评为"全球最具代表性机器人"之一；被美国《时代周刊》评为"十大科技产品"；被《纽约时报》评为"2014 年杰出高科技产品"。其占据了全球民用小型无人机约七成的市场份额，主要市场集中在欧美国家。

大疆创立于 2006 年，其始终以用户的体验反馈为依据，致力于技术研发，不断实现产品的升级换代：2012 年的第一代"大疆精灵"，支持悬挂微型相机，达到航拍功用，在失控情况下可实现自主返航；2013 年的第二代"大疆精灵"则配备了高性能相机，除可拍摄高清照片外，还能实现录影，并实时回传，内嵌的 GPS 自动导航系统，可以准确锁定高度和位置，稳定悬停；到 2015 年，第三代"大疆精灵"推出时，其高清数字图像传输系统可实现 2 公里内的图像传输，内置的视觉和超声波传感器可让飞行器在无 GPS 环境中实现精确定位悬停和平稳飞行。大疆公司执着于对产品品质的追求，并且选择了低价市场。价格过高意味着产品市场有限，希望能够让更多的人用上好的无人机产品，于是年轻的大疆在利润率最高的时候开始了主动转型，把价格降下来，赢得了海内外用户的一致认可。

（资料来源：http://finance.people.com.cn/n/2015/0504/c1004-26941114.html）

13.1 新产品上市计划

新产品上市对于实现销量提升、抢占细分市场、实现产品升级或产品替代、打击竞争对手、创造新的主销产品、实现品牌活化或形象提升等方面有积极作用。在新产品投放市场之前,应对市场进行战略性的分析,制订详细的新产品上市计划,以达到合理有效投放的效果。

13.1.1 新产品上市营销计划内容

制订计划的过程应该是全面的、协作的、交流的过程。它有许多要求:一是自我的约束,二是需要对一些可能被回避的问题做出决策,三是对潜在问题进行预测,四是它还显示许多不易引起注意的不同见解。这对于缺乏经验的企业处理新产品有特殊意义。根据行业的差异和企业政策的不同,新产品上市营销计划的内容也会有很大的差别,但一般模式还是固定的,其内容详见表13-1。

表13-1 新产品上市营销计划

一、引言
1. 新产品名称——未注册的品牌和商标
2. 目标市场及细分市场的界定和重要特征的简要描述
3. 计划的作用与时效
4. 编制计划的人员
二、形势分析
1. 市场描述
1-1 消费者或使用者及其他市场参与者
1-2 购买营销成果的过程
1-3 竞争
1-3-1 直接的和间接的竞争
1-3-2 预测生命周期的阶段
1-4 竞争战略
1-5 总体市场及相应细分市场上的市场占有率
1-5-1 销售数量、销售金额
1-5-2 促销活动
1-5-3 利润
1-6 有效的分销渠道及其变化和相关实践
1-7 经营的关键外部环境因素
1-8 以上七项在最近可能发生的变化,这些是计划的假设
2. 新产品描述(包括产品性能、用户反应、包装等),竞争产品资料

续表

三、机会和问题
1. 市场可开发的主要机会
2. 计划需要解决的主要问题

四、营销战略
1. 总体指导战略说明——关键目标和每个目标的主要推销活动,包括数量和质量目标
2. 市场细分和产品定位
3. 总体营销努力

　　3-1 产品的总体作用(产品计划的变动和增加)

　　3-2 广告、销售促进、公关的作用

　　3-3 人员推销的作用

　　3-4 批发商和零售商的作用

　　3-5 价格政策及详细说明(包括折扣、协议及计划变动)

　　3-6 其他手段的作用(样品、贸易展销会、商品示范等)

　　3-7 非市场营销部门的特殊角色

五、商业分析
1. 销售数量预测(对每一时期每一产品而言)
2. 销售额预测(对各时期)
3. 各种活动的费用预算
4. 企业间接费用与利润贡献、预计收入
5. 风险评估——描述计划的安全性
6. 说明需要的或计划的资金投入及随后的现金流

六、战术计划
(这部分随产品的不同会有很大变化,使用的营销手段也在变化)
1. 广告(目标、预算、计划、频率、费用、日期)
2. 销售促进、公关(细节)
3. 其他(销售培训、代理商的选择)
4. 其他——分销、定价、产品改进、商标、包装、技术指导、担保

七、控制
1. 关键事件的控制
2. 改变和有效降低费用的关键市场、条件和事件
3. 信息收集和预算(内部的和外部的)

八、对主要支持性活动的概述
　　包括所有非营销部门的活动,如仓储、数据处理、技术服务、研究与开发、财务、人事等部门,概述应列出任务、日期和个人责任

九、活动程序
　　计划期关键活动应按年月顺序排列

(资料来源:MBA 必修核心课程编译组. 新产品开发[M]. 北京:中国国际广播出版社,1999)

> **补充阅读**
>
> ## 卫龙辣条"独领风骚"
>
> 辣条辛辣过瘾的口味及劲道、有韧性的口感符合小孩子乃至大众口味,是无数"80后"、"90后"童年美好的舌尖回忆。消费者吃的不止是辣条,更是童年情怀。然而,如今辣条品牌众多,由于生产门槛较低,产品质量良莠不齐,频频传出"垃圾食品"、"致癌"等负面新闻。唯有一个辣条品牌脱颖而出——卫龙。淘宝、天猫、京东甚至美国亚马逊都在卖卫龙辣条,在美国竟然卖到7.2美元一包,价格飞涨十几倍。是什么原因使卫龙辣条能够"独领风骚"呢?
>
> 卫龙致力于打造辣条行业特色科技化卫生安全大品牌,打造新的品牌形象。卫龙企业声明过他们将永远从客户的角度审视产品,做到严格控制、精益求精,以消费者的立场控制自己的产品质量,打造卫龙"健康、快乐、共赢"的企业精神。其对原材料精挑细选,进行科学的产品研发及严格的品控,引进国内领先的全自动生产线。为扭转消费者对辣条脏、不卫生的刻板印象,卫龙邀请消费者参观其生产车间,表明其生产过程安全、卫生、规范,得到了消费者的认可。卫龙重新设计了自己的产品包装——简洁干净的白色底色、清晰诱人的食品图片。卫龙还推出全新的系列产品,包括各色各样的豆干、点心面、拉面丸子、魔芋爽等新产品,使其更加干净卫生上档次。
>
> 2016年9月,借助 iPhone 7上市的热度,卫龙模仿苹果体验店开了一家自己的辣条线下体验店,装修风格与苹果体验店一脉相承,迅速火爆网络,更增加了自身的知名度。相应地,卫龙的官方旗舰店也模仿了简洁干净的苹果风,新产品彻底改头换面,扭转了人们原来对辣条品质低劣、不卫生的刻板印象。
>
> (资料来源:作者根据网络资料整理而成)

上市营销计划是拿来用的,而不是拿来看的。企划人员在撰写新产品上市营销计划时一定要注重实用性,不要把上市营销计划的重心放在花哨的格式、烦琐的背景数据分析上。有关企划专业的数字分析(如区隔市场详尽的占比分析、各种产品测试结果统计)可作为附件提交给上级领导参考。在提交给销售部做指引的上市营销计划中,不要出现过多的企划专业数据模型,这样的内容销售人员看不懂,也不会用,还容易引起反感。只要通过一些简洁的数据让销售人员知道,新产品设计符合市场机会,在质量、价格等几个要素上相对竞品产品有明显优势即可。

13.1.2 新产品上市计划的实施

新产品上市计划定稿提交管理层审批后,接下来就是确认执行新产品上市计划所需要的各项细节工作到位。为保证新产品上市计划的顺利实施,营销人员可以将计划中各个主要环节罗列出来,并一一确定各环节的所需时间、人员配备、预算等。示例如图13-1所示。

(1) 新产品上市前的准备工作很多都是有递进关联的次序(例如,生产原材料不到位无法生产,广告片及广告宣传品不及时完成会影响销售部的铺货效果)。产品经理要对上述工作每日跟踪,日清日结,任何环节(包括非本部门的原因)出现问题都要及时协调、解决(必要时上报寻求总经理支持),以确保各环节按时到位,避免出现一个环节断链,全局瘫痪。

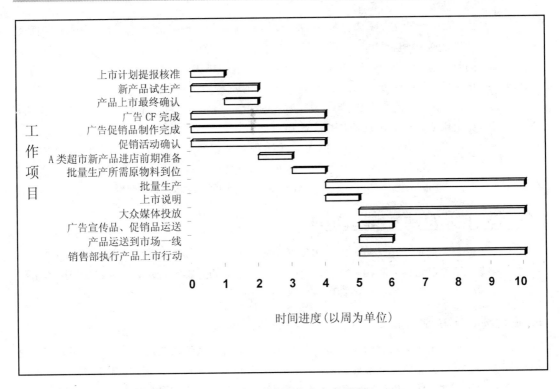

(改编自中国营销传播网魏庆、顾凡、贺亮《新产品上市完全手册》)

图 13-1　新产品上市阶段工作进度甘特图

（2）在上市阶段，市场部、生产部、销售部、采购部、物流部之间工作职责的划分一定要清楚明了，避免滋生部门本位主义，产生内耗，最好有专门的副总来指挥新产品上市工作。

（3）采购部在产品确定可以生产上市后，就应该着手选择供应商，从质量、价格、信誉程度为产品生产把好第一道关。

（4）与分销商紧密合作，通过制定政策来约束和激励经销商，发展战略合作伙伴关系，在市场运作中做到"双赢"，才能使生意变得长久。

（5）前期的总体产品营销策略并不能够代表所有的产品进入市场都要千篇一律地采用同样的策略。因为每个市场都有自己的特点，面临的竞争态势通常会有所区别，比如竞争对手的数量、竞争力大小、投入的策略、配备的资源、经销商的能力、销售团队的战斗力、零售业态的分布、媒体的特征、消费者的购买心理等。因此进入的策略在总体营销策略的指引下，要灵活地应用到当地市场。这些入市策略主要有：正面攻击、侧翼战略、强势终端、强势媒体策略等。具体采用哪一种或者哪几种，视乎自身的资源及竞争态势而定。

（6）消费者沟通、通路及消费者促销必须有明确的计划和思路，并能够产生实际的促销作用以提高购买率。它表现在媒体广告支持的销售力，终端的陈列展示，陈列的质量和数量，赠品的策划和配送，促销人员的知识、态度和技巧，分销覆盖水平，促销的落实等预先策划。

(7) 高素质的销售管理团队不应该仅仅局限于生产商和制造商，还要保证分销商拥有高效率的销售执行团队，因此对这些人员不仅要考虑他们过去的工作经历和基本素质，而且要进行培训，统一思想，统一执行，统一销售和市场运作的工作流程。

(8) 要督促销售部在正式的产品上市之前就着手进行相关工作，商品超市一般有 30~45 天的新产品进店采购周期，产品正式上市前，提前就新产品进店与商品超市接洽，可避免上市后新产品迟迟不能摆上超市货架。

(9) 上市说明是这一环节的重点。上市说明是在产品正式投放市场前最后的内部资源整合及沟通过程，是新产品上市的誓师大会，是对销售人员讲解新产品上市计划的培训大会，上市说明的质量直接影响新产品上市计划的执行效果。

13.1.3　增加新产品上市计划的可执行性

企划部指定上市计划，销售部负责执行上市计划，而在新产品上市过程中最常见的是销售部和企划部之间相互指责，销售部说企划部的方案不合实际，企划部却说销售部工作不力，如何避免这种内耗现象出现呢？

1. 企划部和销售部应相互协调

为避免企划部与销售部之间相互扯皮，使销售部做的通路促销方案更有针对性，很多企业的销售部负责上市计划中"通路促销"的策划工作，企划部只负责消费者促销。这样做的缺点是销售部制定的通路促销政策往往倾向于销量的即时提升，造成促销的片面和费用增加。另一种方法是：企划部在上市计划中对每项促销活动的执行细节全部详细列明，对销售部人员各环节工作形成具体的行动指引，同时在执行过程中对各促销活动每一步骤的执行进行实地调查和数字追踪，及时纠偏。但这样做有点企划部监督销售部的味道，更容易引起两个部门之间的相互指责形成内耗。

不管哪种方式，企划部、销售部一定要有一个人说了算(或者企划部经理领导销售部经理，或者销售部经理领导企划部经理，或者有一个营销副总同时领导两个部门)。而这位领导要具备全面的企划、销售知识，并且同时对销量、费用负责。这样，这位领导会利用专业技能和领导权威去协调这两个部门之间的矛盾。

2. 企划人员要深入一线市场

上市计划是在各地上市进度、铺货进度的安排和通路促销、消费者促销等活动的基础上设计的，企划人员应该比销售人员更懂市场一线的情况，要广泛走访一线市场，加强与销售人员的沟通，增强方案的可执行性、可操作性。

3. 上市计划要精确到细节

一般情况下促销方案必须落实到以下细节：促销时间精确到天，促销地点精确到最小区域，促销目标客户精确到具体区域渠道、具体的客户遴选方法，促销执行人员精确到具体岗位，促销内容精确到促销政策和限制条件，防止促销资源流失，促销方式精确到促销活动每个步骤的细则。

13.2 新产品铺货

铺货又称铺市，是说服零售商经销本企业产品的一系列过程，是企业与经销商(或上线经销商与下线经销商)之间合作在短期内开拓市场的一种活动，是市场快速启动的重要基础。铺货有利于产品快速上市，有利于建立稳定的销售网点，有利于造成"一点带动一线，一线带动一面"的联动局面。新产品上市时，无论如何做广告宣传造势都必须保证一点，就是客户看到广告后可以顺利地买到新产品，否则所有的市场营销活动都会变成打水漂。

13.2.1 铺货管理的误区

1. 铺货目标不明确

铺货目标的制订不是靠个人主观臆断做出决策的，它需要建立在分析市场机会及企业优势的基础上，市场调研和预测是目标制定的前提和基础。有很多企业宁愿花费大量的人力、财力、物力开展铺货工作，却很少愿意抽出部分资金在铺货之前对目标市场、铺货对象等状况进行必要的调查和分析，结果铺货目标的制定失去了决策依据，同时又造成了资金的浪费。还有部分企业盲目地认为目标越大越好，甚至叫嚣在一个月内将产品铺到全国市场，而企业自身实力、人员配备和资源状况等，却根本达不到那个条件。最后，铺货目标也分主次，先铺哪个市场，后铺哪个市场；是先铺市区的市场，还是先铺周边市场，都应该有明确规定。

2. 缺乏可行的铺货计划

很多企业的铺货计划不具体，只是笼统地写着"2008年2—3月，将货物全部铺到郑州市场"、"要在3个月内，将货物铺向全国大部分的市场"、"力求在2个月内打开华北地区市场"……其中"大部分"、"部分"到底是个什么概念，该如何衡量呢？一个月的时间，每天具体该干什么？铺货对象是什么？是家属区附近的小型零售店、超市，还是经销商、批发商？衡量货物全部铺到市场的标准是什么？应该采用何种方法呢？还有些企业在制订计划时根本没有经过调查，凭想象办事，没有充分考虑到产品铺货时会遇到的各种问题。如经销商不愿合作，竞争对手提高市场进入壁垒，产品在铺货初期遭到消费者的投诉等，使得计划无法开展实施，导致后期产品推广、促销策略等根本无法正常地操作运行。

3. 铺货人员选择、使用不当

铺货人员本身代表着厂家的形象和产品的形象，铺货人员自身素质的低下，不仅会影响产品形象，而且还影响着整个品牌的形象。部分企业认为铺货是一种简单的推销过程，在选择铺货人员时，根本不考虑其必备的素质，只是随便从社会上招收一些人员，或是从单位中随便找几个"能人"，分给他们不同的市场，让他们自己去招聘自己的铺货人员，使得铺货人员的素质参差不齐，铺货质量无法保证。

在铺货过程中，遭遇客户的拒绝是常事，如"价格那么贵，没法买"、"我们已经有其他同类产品"等。作为一个初入道者，没有经验，很容易产生挫败感，动摇信心。说服终端铺货时，也抓不住终端商与企业合作的利益点，吸引不了终端铺货。而一个经验丰富的铺货员明白客户的真正需求，可以抓住时机，从双方的利益点出发说服客户。因此，铺货人员相关经验和能力的缺乏，是很多企业产品铺货不能到位的重要原因。

4. 铺货的时效性把握不准

产品推向市场，时机的选择很重要。厂家是先促销后铺货、先铺货后促销，还是二者同时进行，时效的把握一定要准，而很多企业在实际操作中往往错失了大好良机。

有些企业促销活动已经投入很久，产品却没有及时铺向市场，消费者在市场上找不到该产品。2002年夏天，第5季在推向市场的过程中就犯了这样的错误，促销活动开始于5月份的世界杯开赛，而到了7月初，除了中南部分市场外，其他大部分市场连铺货工作都还没有开始，产品还停留在代理商的货仓里。

还有的企业产品已铺向市场，可各种促销活动却迟迟不见踪影。有的企业，由于促销力度跟不上，铺了一半的货，由于终端"拉力"和消费者拉力不足，货物摆在货架上，乏人问津，使得终端对此产品销售产生了怀疑，不愿再销，要求退货，很多企业在铺货过程中存在这种问题。

另外，一些季节性比较强的产品，要注重铺货季节的选择，充分考虑产品的淡旺季问题。如白酒在销售旺季，竞争很激烈，新产品进入的壁垒相应也很高，不容易铺货，成本也很高。而选择淡季进行铺货就不同了，淡季白酒的销量少，竞争不激烈，市场进入壁垒较低，企业投入铺货的成本费用也少，淡季铺货还可以为旺季到来做充分的准备。

5. 监督力度不够

铺货人员在被派出去的同时，企业还应要求填写"铺货一览表"、"客户调查表"及"市场调查表"。通过表格的填写，企业对铺货人员的工作情况进行监督控制，还可以从中及时了解终端动态，建立客户档案，为以后建立客情关系打下基础。而很多企业恰恰忽略了这一点，表格发下去了，却缺少相应的方法及政策进行规范。有的铺货人员认真填写了，企业根本就不回收，更谈不上整理分析。即使回收了，也是被堆在角落里，无人问津，企业根本就不了解铺货工作的进展，当然也谈不上监督。

另外，不同市场存在不同的情况，有的地方人们观念比较新，易于接受新产品；有的地方传统观念比较浓，不易接受新产品；有的经销商与厂家合作很好，可有的经销商根本不愿与厂家合作，等等。而部分厂家单纯以铺货量、铺货率的大小或多少作为衡量铺货人员工作完成好坏的标准。铺货人员为了增加铺货量或铺货率采用各种不正当手法，例如：贿赂终端商暂时同意铺货，等业绩评估期一过，铺货对象向企业退货；虚报铺货业绩，制造假报表，等等。其不负责任的行为给企业造成了很大的危害。

6. 后期服务不到位

在铺货过程中，铺货人员承诺一旦铺上的货物售完，保证及时送货。为了降低风险，开始的铺货量很少，铺货对象先前铺上的货物已经售完，就向企业要货，而企业正忙于其他市场的铺货，人员或运输工具不到位，致使货物无法及时地送到。终端的货架上没货,终端商由于无货而经销其他产品,给消费者造成断货的印象,好不容易建立的市场因货物供应不及时而丢失。

还有很多厂家为了把货物顺利地摆到经销商及终端的货架上,不惜口头承诺"质量达国家一流水平,包退、包换"、"终身免修"等,不管能否兑现,先把货物铺上再说。而很多企业根本就没有实力和能力去兑现,最终失去经销商和终端的信任。

13.2.2 合理铺货的策略

1. 灵活的铺货策略

铺货的难处在于:并不是你想铺就能把货顺利铺下去,而经常会遇到来自渠道环节的种种阻力。要想减少铺货的阻力,可根据实际情况灵活创新地运用铺货策略。大多数企业采取铺货奖励策略,拉动二批商和零售商进货,如定额奖励、坎级奖励、进货奖励、开户奖励、铺货风险金、促销品支持、免费产品和现金补贴等。

也有企业采用搭便车的策略,通过畅销产品来带动新产品的铺货。

补充阅读　　微软的捆绑销售

微软是一家美国跨国科技公司,也是世界 PC 软件开发的先导,以研发、制造、授权和提供广泛的电脑软件服务业务为主。较为著名和畅销的产品是 Microsoft Windows 操作系统和 Microsoft Office 系列软件,目前是全球最大的电脑软件提供商。

2017 年 7 月,微软 365(Microsoft 365)软件包正式推出,里面包含了 Windows 10 操作系统、Office 365 办公软件、面向移动设备的安全软件。微软 365 共有两个版本:一是微软 365 Business(Microsoft 365 Business),主要面向中小企业;二是微软 365 Enterprise(Microsoft 365 Enterprise),主要面向更大的组织机构。微软将各种软件进行捆绑销售,企业付费一次就可以购买微软旗下的多个企业软件,无须一一单独购买,给企业带来了极大的便利,同时也形成了大量的忠实用户,避免了用户转向其他产品。

(资料来源: http://tech.sina.com.cn/it/2017-07-11/doc-ifyhwefp0548394.shtml)

2. 合理规划铺货线路图

经销商铺货前,要合理规划铺货线路图,能够安排在一条线路上的,就不要分开、分叉铺货,这样做的好处是往往可以一条直线地铺下去且能够按部就班地进行铺货。不能分布在一条线上的,就按照一定区域范围内销售网点的多少,本着就近的原则,将相近的网点聚拢或"圈"到一起进行铺货。这样以点为圆心、以合适距离为半径的铺货方式,往往可以节省时间和费用,从而步步为营,步步推进。

设计和规划了铺货路线图之后,要能把所有的销售网点都填写上去。这样的话,铺货不仅一目了然,也不容易有漏掉的网点,以避免路线重复或二次"返工"现象的出现。有了合理的铺货线路图,经销商可以对销售区域进行整体规划,从而不出自家门,照样可以运筹帷幄,铺货千里。

3. 做好铺货前的准备工作

凡事预则立，不预则废。经销商要想做到铺货的有序、有效，还必须要在铺货前，做好充分的准备工作。它包括如下几个方面。

(1) 车辆。兵马未动，车检先行。车辆可以说是铺货的第一大事，经销商在铺货前，一定要做好车辆的检核和检修工作，要把该办的养路费、管理费及日常维护、保养等在平时都做好。因为如果在铺货过程中，车辆被查、被扣或者损坏的话，"临时抱佛脚"，不仅费时、费力并费钱，还有可能贻误铺货或销售战机。

(2) 铺货工具。铺货工具是铺货时随手要用到的东西，如"铺货日报表"、"促销品兑现表"、"客户订单"等铺货用的相关票据、表单等。这些东西准备好了，才能在铺货时从容不迫、有条不紊，使当天的铺货有计划、有步骤、有效率。

(3) 促销品。准备铺货所必须要带的促销品或礼品，如铺货时随产品赠送的促销品、答应兑现给下游经销商的奖品等。铺货工作只有事先进行了充分的准备，才能让铺货人员满怀信心地前去铺货，并能够带来更好的市场业绩和表现。

4. 铺货的标准化、规范化

铺货车一旦出去作业，往往便不在经销商的视线中了，但一定要在可控范围内。因此，经销商要想达到"人在千里之外，法眼无处不在"之效果，就必须要将铺货标准化、流程化、规范化。它包括如下几点。

1) 对营销人员的市场铺货作业内容进行规范

相关内容包括订货的补充、主销产品推荐、批零店堆箱和货架的陈列调整、新上市产品推荐、促销政策告知、即期品处理、对批零店异议的处理、竞品对应产品的价格、促销等信息、填写日工作表单和促销表单。其中，能够量化的内容一定要进行量化和细化，以便于督察。

2) 铺货时的拜访八步骤

(1) 进店前的准备：整理服装仪容，检查店外海报，进行店外海报更新、张贴。

(2) 进店后良好的开场白：找到适当位置和时间与客户交谈。

(3) 货架库存检查：货架上存货盘点，仓库存货盘点，堆头或特殊陈列区检查。

(4) 理货：使自己的产品陈列在有更多销售机会的位置；检查客户库存，运用先进先出原则作库存调整；记录即期品数量、货龄；未上货库存整理、封箱。

(5) 销售补货：根据产品库存向客户提出专业订单建议。

(6) 促销产品铺货：介绍公司本次促销活动、产品推广策略，确定今日订单。

(7) 异议处理：对即期品向店主提出警示，对职权范围内的客户异议及时给予客户清晰的答复。

(8) 行政作业：POP张贴、条幅悬挂；了解竞品促销信息并记录，最后道别出门。

拜访八步骤是检查经销商的营销人员是否训练有素及铺货技能表现的最基本的东西，拜访八步骤执行较好的营销人员，往往铺货效果也较为理想。

3) 确定铺货的周期

铺货要想持续得到好的效果，就必须定期、定时、持续进行铺货，绝不可三天打鱼，两天晒网。例如，对下游客户进行 ABC 分类，根据核心客户、重点客户、一般客户的分类，确定铺货的周期；如核心客户，一个礼拜要铺货或巡访一次，重点客户十天左右铺货一次，一般客户半个月左右铺货一次等。

铺货的标准化、流程化、规范化，将使铺货工作有章可循，有"法"可依，从而达到铺货效果的最大化。

5. 注意铺货的细节

细节决定成败。在铺货过程中，细节同样重要，需要注意的铺货细节包括如下几点。

(1) 铺货的措辞。要注意铺货时的标准语言，有的营销员在铺货时，往往大大咧咧，嘴巴不甜，不善于称呼人，这有时也在很大程度上影响铺货的质量。

(2) 忘记带相关物品。如促销品，答应给下游经销商的返利、折扣或奖品等。铺货时出现如此纰漏，往往会引起下游经销商的反感，甚至会出现下游经销商因此而不进货的现象。因此，出门前一定要检查看该带的物品是否已经带齐，如有意外，要向客户真诚道歉以取得谅解和理解。

(3) 营销员不拘小节。在巡视市场时，经常发现有的营销员在铺货时往往不修边幅，邋遢异常，见了客户面，甚至直呼其名，要么就是一到客户门店，就一屁股坐在凳子上，或随意"搜罗"客户的瓜子、糖等小食品吃，从而让客户虽然嘴里不说，但心里却极其反感，影响厂家的良好形象。

总之，新产品铺货的过程中无小事。作为厂家或经销商，要想真正有效地铺货，就必须充分准备，不断规范铺货的流程与内容，关注日常铺货的细节，只有从大处着眼，小事着手，铺货才能有的放矢，才能针对性更强，才能真正地低成本铺出新产品，最大限度地收获利润，不断地让自己的铺货能力越来越强。

13.3 新产品上市效果追踪

新产品能够上市并非万事大吉，高枕无忧。要想不断提高市场份额，巩固市场地位，就要对新产品上市效果进行追踪，不断纠偏。为了真实地反映新产品上市的效果，企业需要实施业绩报表追踪和过程指标追踪，结合市场一线的实际情况，及时查找问题，避免新产品被扼杀于摇篮之中。

13.3.1 业绩报表和过程指标追踪的作用

在新品上市执行、控制的过程中，不仅仅依靠业绩报表所给出的结果，还要靠对新品上市阶段过程指标及市场现象的追踪，才能更全面地解读销量异常背后隐藏的问题实质，从而寻找解决方案。

对业绩报表和过程指标追踪可以起到以下几个方面的作用。

(1) 业绩数据分析是企业高层领导的眼睛——通过业绩分析领导才能坐镇总部掌握各地动态，快速反应。数据分析是各地业务人员的镜子和紧箍咒——及时把业绩分析传递至各地一线人员手中，可帮助业务人员认识到自己工作中的疏漏与不足。

(2) 对铺货率生动化等过程指标的调查，实际上是在不断给业务人员"施加压力"，引导他们去努力做好这些指标。没有这些过程做后盾，新品上市不可能有好的结果。

(3) 各种报表还可以作为业务人员和区域经理的考核依据,客观公正的报表能够真实地反映市场的实际情况和业务人员的努力程度,将各项指标与其绩效工资挂钩,对业务人员和区域经理会起到较好的约束和激励作用。

13.3.2 过程指标和市场表现追踪

对过程指标和市场表现的追踪,其数字来源要比销量追踪困难得多,需要企业投入一定的人力、物力和时间去做全面的调查、采样、数据汇总工作。新品上市要追踪的过程指标和市场表现包括以下几项内容。

1. 铺货追踪

铺货追踪的重要指标就是铺货率,即在规定期限内所完成的新品铺货数量占铺货目标的百分比。在具体的追踪指标上,要对不同分销渠道的铺货率进行追踪调查,新产品上市铺货率是随时间阶梯递增的。因此,要追踪各分销渠道初期铺货率、中期铺货率和最终铺货率。例如(见表13-2),分别追踪K/A渠道前10天、前20天、第1个月、第2个月,直到第6个月各阶段的铺货率。

表 13-2 分公司铺货作业追踪表

地区:　　　　　分公司　　　　　　　　　　　　　　日期:　　年　　月　　日

渠道	项目 总户数/家	目标铺货率										第一次 上市铺 货箱数
		上市10天		上市20天		第1个月		第2个月		第3个月		
		目标	达成	目标	达成	目标	达成	目标	达成	目标	达成	
零售店												
K/A 店												
批发市场												
经销商												

审核:　　　　　　　　　　　　　　　　　　　　　制表:

在铺货率调查的过程中要注意确保数字的真实可信度,让各区销售人员自己报铺货率往往会有水分,所以最好用总部人员亲自调查、高层经理复核严惩谎报现象的手段提高信息准确率。

2. 生动化追踪

对快速消费品而言,生动化是尤其重要的终端促销手段之一,产品能否占据更大的货架直接决定着产品销量。零售店的生动化要求相对简单,主要考核POP(终端广告)和产品陈列位置,产品陈列排面一般会随铺货率增长而上升。商超、批发生动化要求相对较高,具体追踪方向(见表13-3)包括排面数、特殊陈列、堆头面积、POP及条幅等助陈物的数量。

表 13-3　生动化追踪记录表

部门：			分公司					日期：	年　月　日
序号	客户名称	客户类型	品牌	品项/个	排面/个	特殊陈列/m²	POP/个	条幅/个	位置
			本品						
			主竞品1						
			主竞品2						

生动化追踪首先要锁定主竞品，然后进行各地市场的调查，访员进店统计本品及竞品的排面数、特殊陈列数字、助陈物数字汇总，以主竞品的生动化数字为样板，对比本品生动化达成情况来寻找差距。生动化追踪还可以帮助各区主管认识工作上的失误，纵向对比发现竞品的动态，横向分析各品牌各渠道的表现，判断竞品的渠道策略重点，考虑新品渠道调整方向。

3. 价格追踪

新产品的通路价格是否合理、执行是否到位，直接关系到厂家是否有足够的利润和操作空间，关系到经销商、批发户和零售店卖本品是否能够比卖竞品更挣钱，关系到消费者是否买得起和愿意购买，进而影响到铺货、促销等其他上市工作的顺利开展。

针对不同分销渠道实施新品上市的月度市场调查，以问卷方式收集零售店、批发商、经销商的进出货价格，以及竞品相关价格，查明主流价格、价位及占比，由销售部提供本品及竞品的进出货价格体系，结合走访进行验证。

某分公司月度价格追踪表如表 13-4 所示。通过计算可知：某地区各渠道的利润状

表 13-4　某分公司月度价格追踪表

部门：		分公司				日期：	年　月　日
渠道	品项 价格	本品1	本品2	竞品1	竞品2	竞品3	
零售店	最高价占比						
	最低价占比						
	最大数占比						
	进货价						
K/A 店	最高价占比						
	最低价占比						
	最大数占比						
	进货价						
批发商	最高价占比						
	最低价占比						
	最大数占比						
	进货价						
经销商	出货价						

制表：

况及与竞品各价格段利润对比状况,是否有优势。当主流价格与计划价格相吻合时,是最好的市场价格状况,而且主流价格越大,价格越稳定,如果最高/低价占比较大/小,则说明市场部分售点价格偏高/低,该区域价格控制存在问题。

13.3.3 业绩报表追踪

目前,大多数企业的销售业绩分析往往只停留在总销量达成的层面,这使很多市场隐患不能及时暴露(如冲货/部分区域、部分品项销量下滑),而当这些问题一旦显示到总销量的变化上时往往恶果已很难挽回。不管大、中、小企业,健全销售业绩分析体系刻不容缓。

1. 销售日报表

完备科学的销售日报表要对销量进行实时监控,能够反映各区域的当天日销量及各区域累计销量和达成率;能够对各品项起到控制作用,随时反映分品项的每天出货量、月累计出货量,便于暴露重点品项——新品项的销量问题;通过各品项占比分析,反映各区域累计销量中各品项占的比重。

通过对销售日报表(见表13-5)关键数据的分析,可以帮助销售经理随时监控每一天、每个区域、每个品项的销售进度及目前各区域以至整个大区的品项占比是否正常,及时发现新品(及各品项)销售异常势头,将强势区域的成功经验进行推广,跟进弱势区域。

表 13-5 销售日报表

部门:华北大区　　　　　　　　　　　　　　　　　　　　　　　　　　　日期:7月10日

	区域 A		区域 B		区域 C		合计	
	销量/个	占比	销量/个	占比	销量/个	占比	销量/个	占比
品项 1	200	33%	1 400	58.3%	250	25%	1 850	46.25%
品项 2	300	50%	400	16.7%	600	60%	1 300	32.5%
品项 3(新品)	100	17%	600	25%	150	15%	850	21.25%
目标	2 000	—	4 000	—	4 000	—	10 000	—
累计销量	600		2 400		1 000		4 000	
累计达成率	30%		60%		25%		40%	

2. 账款日/周报表

在新品上市铺货过程中,为迅速扩大市场影响往往会有对部分客户的铺底(即赊销)行为,但这绝不是产生账款的理由,销售新品是为了创造利润,没有回收账款之前的一切销售行为都是成本——新品铺货阶段账款管理尤其不可放松!

控制应收账款的通用原则是对赊销客户设定信用额度和信用期限。每次在客户下订单发货之前,审核该客户的累计欠款是否超期超限,对超期超限的客户停止发货。销售总监可以对特殊客户(如重点商超等)或特殊情况(如客户已回款但货款在途)特批放行,每天/周销售结算人员将当日/周发生的异常欠款(即超期超限)的订单绘制成账款日/周报表(见表13-6)抄送总经理、大区经理、销售总监。

表13-6 账款日/周报表

日期：8月10日　　　星期一

客户名称	责任业代	责任经理	日常欠款金额	欠款时间	应付款日期	滞收日期	目前处理
新兴批发	钱红	张良	1.5万	43天	8月1日	10天	已停货责令追收
长安工贸	赵刚	李明	7.4万	31天	8月9日	1天	欠款已在途，特批继续发货
台州酒业	谭国	王英	16万	50天	7月20日	20天	上月底已经特批放行供货一次，至今货款未追回，现已停货
合计			24.9万				

3. 销售月度分析

大多数企业销售月会上对新品销量及总销量的检点停留在只追究各区域新品/总销量达成率的层次上，实际上仅靠销量达成率很难客观评价一个区域的销售贡献，因为各地市场规模不同，市场基础不同，存在很多影响销量的"先天"因素。

完备科学的销售月度报表(见表13-7)要能够引导各分区经理关注自己的出货品项占比是否健康；分析整个大区的当月销量、同期增长率、较上月成长率；引导各区特别关注当月公司重点任务——新品推广的销量；深度分析分公司地区不同分销渠道的新品销量，把握新品销售的渠道策略；排除市场容量不同、市场基础不同、任务量不合理等因素的干扰，客观公平地评估各区的新品销量及总体销量贡献。

表13-7 新品销售月度报表

华北大区

	部门名	A(新品)	B	C	D	E	F	G	H	I	J	K	L	M
1月	新品销量/个	20	210	0	15	0	0	200	20	70	0	110	90	27
	新品达成率排名	7	1	9	8	9	9	2	7	5	9	3	4	6
	占比	3%	28%	0%	2%	0%	0%	26%	3%	9%	0%	14%	12%	4%
	改进意见(经理填写)	A新品本月达成不佳，请关注新产品销售，建分公司后车辆人员增加销量应更具主动性；B、G、K、L提出奖励100元/办，C、D、E、F、H、J、M请尽快启动新产品市场。												
2月	新品销量/个	95	135	215	0	210	55	0	46	181	156	214	95	47
	新品达成率排名	6	5	1	9	2	7	9	8	3	4	1	6	8
	占比	7%	9%	15%	0%	14%	4%	0%	3%	12%	11%	15%	7%	3%
	改进意见(经理填写)	新品上市已两个月：A新品销量有提升；G上月销200箱本月挂零，可见上月压货太多，请注意库存安全；I、K稳定增长是大好消息；D、F进展缓慢，作为地级市新品销量落后于I、J、K这样的小县城，请自我反省；K再创新高奖励200元。												

注：A~M为12个区域，其中A~F为地级市场，G~M为县级市场。

(资料来源：魏庆、顾凡、贺亮，《新品上市完全手册》，中国营销传播网，2004-03-01)

本章小结

新产品上市是需要制订营销计划的，通过对市场整体现状的调查、目标客户群体的界定、竞争对手优劣势分析，发现市场上所存在的问题和机会，然后从产品、定价、分销、促销等方面制订相应的策略，确保新产品能够顺利上市。营销计划是新产品上市活动的依据，是拿来用的，不是拿来看的。因此，营销计划的制订一定要具备可行性和可操作性。

铺货又称铺市，在铺货管理当中，一定要避免几个经常犯的错误：铺货目标不明确，缺乏可行的铺货计划，铺货人员选择或使用不当，铺货时效性把握不好，监督力度不够，后期服务不到位。要灵活制定合理的铺货策略：合理规划铺货的线路图，做好铺货前的准备工作，铺货的标准化、规范化，注意铺货的细节。

新产品上市的追踪主要通过过程指标和业绩报表来表现，铺货追踪表、生动化追踪表、价格追踪表可反映新产品上市过程中的成功和失败之处，日报、月报、账款报表等可以反映新产品上市的弱势区域和强势区域所在，通过对上述报表的数据分析，能够及时地发现问题，找出对策，对新产品上市进行有效的管理。

思考题

(1) 如何制订新产品营销计划的内容？
(2) 如何增加新产品上市计划的可执行性？
(3) 新产品铺货的误区有哪些？
(4) 新产品铺货的合理策略有哪些？
(5) 如何通过日报、周报、月报对新产品上市进行追踪管理？
(6) 如何通过铺货追踪表、生动化追踪表等对新产品上市进行过程管理？

案例研讨

茶π投放市场

一、背景

2016年3月，农夫山泉的新品饮料——茶π在全国上市。终端零售价格为5~6元/瓶（500ml），拥有4种不同口味（柚子绿茶、西柚茉莉花茶、蜜桃乌龙茶、柠檬红茶）的茶π在货架上依次摆开，颜色深浅不一，格调清新怡人。与老品牌康师傅、统一茶饮料的包装比较起来，显得尤为赏心悦目。茶π继承了农夫山泉一贯色彩鲜明的插画风，色彩纯朴轻灵，手绘的剪影图案简约大方，线条流畅，整体格调协调而动人。

小茗同学，是2015年3月份统一集团推出的一款冷泡茶饮料，以"认真搞笑，低调冷泡"为品牌口号，主要面向"95后"消费者群体，是统一集团针对年轻年龄层开发的一款商品。产品采用了冷泡工艺，充分释放茶叶中的茶氨酸，使茶清爽甘甜不苦涩，拥有青柠红茶、冰橘绿茶、翡冷绿茶、茉莉萃茶、溜溜哒茶五种口味。小茗同学自上市以来非常热销，2015年统一的销售和净利率大幅上升，2015年年报净利8.3亿，同比增长192.26%，其中新品小茗同学和海之言功不可没。据统计，这两款新饮料贡献了25亿元的收入，占总销售额的近20%。小茗同学茶饮料是茶π上市时面临的主要竞争对手。

二、实战

在强大的竞争对手面前，农夫山泉茶π是如何进入市场，抢占市场份额，后发制人，保持强劲的销量和势头的？

（一）精准定位，瞄准主流消费群

茶π作为农夫山泉专为"90后"、"00后"设计的一款轻茶饮料，主打年轻的风格，取名"茶π"就独具一格。农夫山泉在其官方微信公众号的推文中表示，π这个无限不循环小数，象征着无限不循环的青春。茶π添加了果汁成分，整个产品的口感变得更加清新爽利，并且拥有柚子绿茶、西柚茉莉花茶、蜜桃乌龙茶、柠檬红茶四种口味，给消费者提供多样化的选择，迎合目标消费群体的不同口味需求。特色漫画涂鸦式的包装，显得俏皮清新、缤纷多彩，让整个包装显得大气而美丽，符合当代年轻消费群体的个性审美需求。

（二）宣传——BIGBANG代言

农夫山泉利用BIGBANG明星代言，有节奏地抛出热点，进行产品的宣传。5月11日，茶π上市一个多月后，农夫山泉抛出重磅消息：韩国人气组合BIGBANG已签约成为新品形象代言人。据悉，茶π是BIGBANG以全员形式代言的首个中国品牌。与此同时，农夫山泉在京东进行了网络首发，共有10万瓶免费赠饮。在代言消息宣布两周后，茶π更换了印有BIGBANG头像的新包装，并推出促销装产品，"开盖赢大奖"，其中包括BIGBANG演唱会门票500张。此外，农夫山泉还推出了BIGBANG的各类周边产品，如买茶π送海报等，充分利用代言人带来的明星效应，在年轻消费者中引发购买热情。

6月9日，BIGBANG为农夫山泉拍摄的茶π广告大片首发，再次引爆市场，以高频率、高热点维持茶π的话题度、新鲜度。据了解，在接下来的合作中，农夫山泉将携手BIGBANG进行全方位的推广。农夫山泉生产茶π的新安江二厂和茶园工厂也已经全面开放，让消费者可以直接参观茶π的生产流程，增加与消费者的接触，持续引发更广泛的讨论和曝光。

（三）上市

1. 优先选取校园渠道进行铺货

旺销茶饮料的消费群体主要是年轻人，茶π从口味到外包装的设计风格都与其目标人群——"90后"、"00后"群体高度吻合。而"90后"、"00后"群体大多数为在校学生，因此校园渠道成为茶π上市之初开发的重点渠道，并且主要依靠经销商的已有渠道网络，对校园渠道进行重点铺货。农夫山泉通过辅助经销商在学校周边进行试饮活动拉动茶π销售；与此同时，随着韩国偶像团体BIGBANG正式代言茶π，农夫山泉更换印有代言人图像的新包装，并投放BIGBANG海报，推出"买茶π送BIGBANG海报"活动，市场反馈极为热烈，校园渠道成为茶π上市之初销量最大、表现最为强劲的渠道。

江西宜华商贸有限公司总经理孙长亮表示，茶π在当地主要在高中、大学周边销售比较强劲。每周厂家会组织1~2个促销员在学校周边协助做试饮活动，BIGBANG的代言的确对茶π的销量起到了很大的推动作用，学生们跟风现象比较多，校园渠道一个月的销量能占到总销量的70%。

2.暑期以社区店、网吧代替校园渠道

随着暑期的来临，茶π的渠道重心也由校园渠道转向社区店、网吧、商超等渠道。2015年底，农夫山泉成立了重点大客户部，主要通过网吧、酒店、健身房等特通渠道协助经销商拓市。特通渠道与商超、流通渠道所产生的市场费用有所不同，在经销商运作不同渠道时，新成立的重点大客户部能够快速及时地处理相关核销问题，效率更高。

3."厚利多销"，稳定利润分配

茶π规格为 500ml×15/箱，根据代理商所控渠道不同，一级经销商开票价格为每箱50.2~50.5元，发到二级经销商价格为每箱56元，发到终端店铺、卖场价格为每箱58~59元。由此来看，经销商利润为每箱5~6元，直接发到终端利润为每箱7~9元；二级渠道商利润为每箱2~3元；直接面向消费者的终端商每箱利润能达到16~17元，换言之，终端门店每瓶能赚取1元利润。这样的利润设置，使其从低利润的老产品中脱颖而出，即使与统一推出的"小茗同学"上市时相比（经销商开票价52.5元/箱，终端售价75元/箱），也存在一定优势，真正实现了"厚利多销"。

此外，为了激励一线业务员达成铺货率目标，快速占领市场并实现终端形象生动化，农夫山泉不但利用新品的高利润来刺激渠道商快速铺市，对运作茶π的业务员也给予了奖励政策：完成铺市任务，以2元/箱对其进行奖励。此政策极大地激励了业务员协助经销商进行快速铺市。

4.陈列生动化，吸引眼球

农夫山泉向来对旗下的产品有陈列要求。而此次的茶π新品虽没有特殊的陈列要求，但也延续着以往的陈列风格。根据渠道、终端大小不同，部分地区制定了不同的生动化陈列标准。以流通渠道终端店铺为例，茶π有4种口味，因此每个店面要求以4箱产品为一个组合来投放，并且在终端货架以6瓶产品为一个排面，进行纵向陈列（4层），达到要求则每月赠送农夫山泉瓶装水一件；而在KA卖场大型商超的主货架上进行茶π产品的集中陈列，占据黄金排面。此外，在社区便利店以及连锁便利店内加强冰冻化陈列，满足消费者夏日清凉的需求。

三、效果

在2016年的中国饮料市场上，农夫山泉茶π绝对是黑马产品，上市短短7个月时间，其销售业绩就突破了10亿元。

（资料来源：http://www.sohu.com/a/108871169_428689）

🎬 案例思考题

请结合时代背景和相关理论知识，评价农夫山泉茶π的营销策略。

参考文献

[1] 莫尔·克劳福德,安东尼·迪·毕尼迪托. 新产品管理[M]. 7版. 黄炜,等译. 北京:中国人民大学出版社,2006.

[2] 格伦·厄本,约翰·豪泽. 新产品的设计与营销[M]. 韩冀东,译. 北京:华夏出版社,2002.

[3] 罗伯特·G 库伯. 新产品开发流程管理[M]. 刘崇献,刘延,译. 北京:机械工业出版社,2003.

[4] 加里·S 林恩,理查德·R 赖利. 新产品开发的5个关键[M]. 冯玲,王星明,译. 北京:机械工业出版社,2003.

[5] 康拉德·贝伦桑. 新产品开发[M]. 2版. 游世雄,朱晋晶,译. 北京:中国人民大学出版社,2003.

[6] 菲利普·科特勒,凯文·莱恩·凯勒. 营销管理[M]. 12版. 梅清豪,译. 上海:上海人民出版社,2006.

[7] 埃德温·E 鲍勃罗. 新产品开发[M]. 沈阳:辽宁教育出版社,1999.

[8] 理查德·L 达夫特. 组织理论与设计精要[M]. 李维安,译. 北京:机械工业出版社,1999.

[9] 甘华鸣. 新产品开发[M]. 北京:中国国际广播出版社,2000.

[10] 甘华鸣,王俊杰. 执行:新产品开发流程操作手册[M]. 北京:中国物资出版社,2004.

[11] 黄静. 产品管理[M]. 北京:高等教育出版社,2001.

[12] 黄静. 品牌管理[M]. 武汉:武汉大学出版社,2005.

[13] 黄静. 新产品营销[M]. 北京:高等教育出版社,2008.

[14] 刘永炬. 产品上市——新产品迅速切入市场的实操方法[M]. 北京:京华出版社,2004.

[15] 琳达·平森,吉里·吉耐特. 新产品市场营销:研究、进入、保持你的目标市场[M]. 李君,范辉政,译. 北京:经济日报出版社,2003.

[16] 李玉萍. 新产品上市营销管理技巧[M]. 北京:北京大学出版社,2005.

[17] 庄寿强,戎志毅. 普通创造学[M]. 北京:中国矿业大学出版社,1997.

[18] 谢科范, 万君康. 技术创新的风险原理[J]. 研究与发展, 1997(2).

[19] 田晓林. 新产品开发风险的营销探悉[J]. 经济纵横, 2006(1).

[20] 盛亚, 吴建中, 张志强. 新产品市场扩散模型研究[J]. 经营管理, 1999(1).

[21] PARTHASARATHY M, JUN S, MITTELSTAED R A. Multiple Diffusion and Multicultural Aggregate Social Systems[J]. International Marketing Review, 1997, 14(4): 233-247.

[22] MOREAU C P, LEHMANN D R, MARKMAN A B. Entrenched Knowledge Structures and Consumer Response to New Products[J]. Journal of Marketing Research, 2001(2):14-29.

[23] NELSON M L, SHAW M J. Adoption of Technology Standards in Supply Chains: a Case of Adopting Rpsettanet Standards[J]. IT Adoption&Diffusion Workshop, 2001(9).

[24] MESAK H I, DARRAT A F. An Empirical Inquiry into New Subscriber Services Under in Terdependent Adoption Processes[J]. Journal of Service Research, 2003,6(2): 180-192.

[25] ROSENKOPF L, ABRAHAMSON E. Modeling Reputational and Informational Influences in Threshold in Threhold Models of Bandwag on Innovation Diffusion[J]. Computational and Mathematical Organization Theory,199(5):361-384.

[26] FRAMBACH R T. An Integrated Model of Organizational Adoption and Diffusion of Innovational Adoption and Diffusion of Innovations[J]. European Journal of Marketing,1993,27(5):22-41.

后 记

迄今，不断开发新产品已成为企业经营活动的核心和常态。企业只是为了生存就要不断开发新产品。许多企业凭借一种新产品迅速获得成功，然而又因新产品开发的后续乏力而迅速衰落。中国老字号企业的衰落，究其根本原因是产品创新不够。只有不断开发新产品才能满足快速变化着的市场需求，这是企业基业长青的根本保证。如何成功开发新产品成为企业经营者面临的巨大挑战，掌握系统的新产品开发与管理理论无疑是成功开发新产品的有效路径。

企业营销实践的需要也催生了高等教育市场营销人才培养中开设新产品营销课程的需要。20世纪50年代，美国就有大学开设了有关新产品的课程；90年代，新产品管理学科诞生，现在已有300多所大学专门开设了有关新产品的课程。国内开设新产品课程的学校近年来开始逐步增多，伴随着学生创业激情的高涨，对新产品开发与管理知识有需求的学生扩散到了许多专业。相对于市场营销领域其他课程而言，新产品开发与管理的教材建设还十分薄弱，笔者根据多年从事新产品开发与管理的教学经验，立足中国本土背景，借鉴国外成熟理论，编写了《新产品管理》。

虽然大多数企业经营者依然认为新产品开发的核心是技术创新，但从中外企业新产品开发史上我们不难发现，因单纯强调技术而导致新产品开发失败的案例比比皆是。在对中国企业新产品开发失败案例的分析中发现，新产品开发失败有70%的原因是来自营销职能的失误。针对中国企业在新产品开发中的缺憾，《新产品管理》一书从营销的视角来构建新产品开发理论体系，即从营销的视角描述对新产品开发整体活动过程的管理。本书的第1章至第4章阐述了新产品开发活动中的基本要素，主要内容有新产品开发成功的关键、新产品风险管理、新产品开发组织的管理及新产品开发战略。第5章至第7章则阐述了新产品实体开发的管理流程，包括新产品创意的构思、构思筛选、新产品概念测试及实体开发。第8章至第13章讲授新产品市场化的过程管理：新产品市场化分析、新产品试销、新产品采用与扩散、新产品进入市场策略、新产品市场化策略及新产品投放市场策略。本次修改，在继承第一版总体逻辑结构的基础上，根据理论和实践的发展，对每一章的书中案例、引例和阅读材料的绝大部分进行了更换，将企业新产品开发实践的最新系列典型案例呈现在教材中，使得教材更具有时代感，对阅读者更具有现实指导意义。

《新产品管理》一书的主要读者如下。

● 大专院校营销管理、企业管理及有志于从事创新活动的其他专业的本科生和研究生。本科生宜在学过市场营销基本理论后学习新产品营销课程,建议课时数为 36 学时。

● 企业总经理、营销经理、新产品经理、营销人员、技术创新人员、生产管理人员。

● 有创新意愿的其他人员。

本书将为主要读者提供以下独特的学习利益。

● 读者能从营销与研发管理过程的整合、渗透中全面系统地掌握新产品开发管理理论体系。

● 以中国企业新产品开发实践为主的最新案例分析将为读者提供最直接的理论与实践指导。

● 读者能学到具有可操作性的新产品开发与管理理论。

● 通俗化的语言让读者可以轻松阅读。

第一版由武汉大学经济与管理学院市场营销与旅游管理系黄静教授主编,曹源、彭华东、王健为副主编,参加编写的有:黄静(前言、第 1 章),曾一帆(第 2 章),姚琦(第 3 章、第 4 章),余晶晶、彭华东(第 5 章、第 6 章、第 7 章),张司飞、曹源(第 8 章、第 9 章),张瑞敏(第 10 章),何昊天(第 11 章),王新刚、王健(第 12 章、第 13 章)。

第二版由武汉大学经济与管理学院市场营销与旅游管理系黄静教授主编,苏婕、曹源为副主编。参加各章修订的有:黄静(后记),苏婕(第 1 章、第 2 章、第 3 章),左乐(第 4 章),费薇(第 5 章、第 6 章),刘如建(第 7 章、第 8 章),廖欢欢(第 9 章),郭浪浪(第 10 章),梁思斯(第 11 章、第 13 章),陈彦旭(第 12 章)。

在本书的编写及此次修订过程中,得到了华中科技大学出版社的领导和编辑们的大力支持和帮助,武汉大学经济与管理学院市场营销与旅游管理系的关心和支持,在此一并表示衷心的感谢。本书参阅了国内外大量的文献和相关资料,在此向文献和相关资料的作者表示深深的谢意。文中不足,敬请读者批评指正。

企业市场营销环境的快速变化必将催生新产品开发理论和实践不断出现新的内容,我们也将与时俱进更新《新产品管理》的内容以满足读者的需求。

编　者
2019 年 1 月 22 日　于武汉珞珈山